NOTICE DES TABLEAUX

EXPOSÉS

DANS LES GALERIES

DU MUSÉE NATIONAL DU LOUVRE

par

FRÉDÉRIC VILLOT

CONSERVATEUR DE LA PEINTURE.

Ire PARTIE

ÉCOLES D'ITALIE.

PRIX : 1 FRANC.

PARIS,

VINCHON, IMPRIMEUR DES MUSÉES NATIONAUX,

Rue J.-J. Rousseau, nº 8.

1849.

AVERTISSEMENT.

A une époque où des critiques éminents s'efforcent, par des travaux remplis d'une saine érudition, de réfuter des erreurs trop longtemps accréditées, et de propager le goût des études sérieuses, la Direction du Musée croirait manquer à ses devoirs en n'offrant au public qu'une simple et aride nomenclature des tableaux exposés dans les galeries du Louvre. Longtemps on a pensé que la seule indication des sujets, accompagnée d'un numéro d'ordre, suffisait à la satisfaction de tous, érudits et curieux, et l'on n'a pas réfléchi que l'absence, dans ces notices, de renseignements à la fois piquants et utiles, était une des causes principales qui concouraient à entretenir une coupable indifférence pour des chefs-d'œuvre si dignes pourtant d'intérêt et d'admiration.

Un pareil laconisme, excusable peut-être alors, ne le serait plus maintenant. Les temps sont changés et présagent un meilleur avenir. Des expositions fréquentes, des écoles nombreuses et habilement dirigées, répandent peu à peu le goût des arts du dessin. Des peintures, des statues qui, il y a quelques années, attiraient à peine les regards d'une foule distraite, fixent à présent son attention et sont, de sa part, l'objet de réflexions judicieuses. L'industrie emprunte aux époques différentes des ornements, des figures qu'elle reproduit souvent avec bonheur, et s'applique, par des recherches auxquelles elle ne s'était pas encore livrée, à ne pas confondre les styles divers qui caractérisent les âges et les maîtres. Encourageons de tout notre pouvoir ces heureuses tendances; venons en aide à ce besoin d'instruction en mettant dans les mains du peuple des livres où il trouve une érudition réservée habituellement à des publications d'un prix élevé et qui ne s'adressent qu'à un nombre restreint de lecteurs; racontons les traits saillants de la vie des grands artistes; faisons parler leurs œuvres muettes; en un mot, rendons autant que possible l'histoire de l'art familière, et tâchons de conduire insensiblement à l'intelligence des plus nobles productions du génie par le chemin de la curiosité.

Jusqu'ici un travail conçu dans un but si louable mais si difficile à atteindre, n'avait été entrepris qu'en France, et lorsque nos armées triomphantes envoyèrent à plusieurs reprises de Flandre, d'Allemagne et d'Italie, de nombreux chefs-d'œuvre, trophées de nos victoires. Les notices publiées alors témoignent d'un goût éclairé et d'une instruction solide. Malheureusement elles ne comprennent que la description d'un nombre fort peu considérable de tableaux retournés maintenant à leur ancienne place. Les Conservateurs du Musée central, sous la République et sous le Consulat, s'étaient engagés, il est vrai, à continuer une œuvre si bien commencée; mais des évènements imprévus les empêchèrent de tenir leur promesse, et leur exemple ne trouva pas d'imitateurs. Cette tâche, qu'ils léguèrent inachevée à leurs successeurs, nous l'avons reprise, et, tenant à honneur de suivre leurs traces, nous nous sommes engagés dans une route périlleuse que nous désirons vivement voir parcourir avec plus de succès par nos savants confrères des autres Musées. La réunion des catalogues raisonnés des galeries de l'Europe permettra seule d'écrire une histoire de l'art à la hauteur des connaissances actuelles, de dresser l'important inventaire des travaux exécutés par chaque artiste, et de rectifier les nombreuses erreurs dont un grand nombre de biographies sont encore remplies.

La notice des tableaux exposés dans les salles du Louvre est divisée en trois parties distinctes : la première est consacrée aux écoles italiennes et espagnoles; la deuxième aux écoles allemande, flamandes et hollandaise; la troisième à l'école française.

Les renseignements, relatifs aux artistes et à leurs ouvrages, sont classés dans l'ordre suivant :

1. — Les noms du peintre, la date de sa naissance et celle de sa mort; le nom des villes où il naquit, où il mourut; l'école à laquelle il appartient.

Ce n'est qu'après une longue hésitation qu'on s'est décidé à adopter, dans ce Catalogue, l'ordre alphabétique de préférence à l'ordre chronologique, plus raisonnable, plus savant, mais évidemment moins commode pour le grand nombre de visiteurs qui, peu versés dans l'histoire de l'art, n'ont pas le temps, en parcourant les galeries, de consulter des tables et des numéros de renvoi afin de trouver la description des peintures qu'ils ont sous les yeux. Certes il serait à désirer qu'un même ordre régnât dans l'exposition et dans la description des tableaux, mais des difficultés pratiques, presqu'insurmontables, se sont opposées, du moins pour l'instant, à la réalisation d'un projet qui n'a été abandonné qu'à regret. Au surplus, pour concilier autant que possible tous les intérêts, on a placé à la fin de chaque école une table chronologique des maîtres, qui suppléera à ce que la disposition alphabétique peut avoir de défectueux sous le point de vue scientifique.

Il n'est point inutile de faire observer que c'est uniquement pour se soumettre à l'avis de personnes éclairées, que l'on s'est conformé à l'usage français d'altérer certains noms italiens anciens, usage d'autant plus étrange qu'il fait une loi de respecter l'orthographe et la prononciation des noms modernes. Quoi qu'il en soit, après le nom altéré sous lequel l'artiste est plus généralement connu chez nous, on trouvera toujours son nom véritable écrit avec sa véritable orthographe et classé à son rang alphabétique.

Les dates ont été l'objet d'une vérification toute spéciale. Un grand nombre de dates, fausses et transmises comme exactes cependant par des historiens qui se copient sans critique les uns les autres, ont été rectifiées au moyen de l'examen attentif des signatures, de la confrontation des textes originaux, de preuves fournies par des actes contemporains, et surtout par le témoignage sans réplique des nécrologes de paroisses.

2. — La biographie du peintre. — Cette biographie, quoique très concise, renferme néanmoins un résumé de ce qui a été écrit de plus important sur la vie de l'artiste. On a consulté avec fruit pour ce travail les monographies nombreuses publiées jusqu'à ce jour, ainsi que les documents inédits renfermés dans les archives publiques et dans les bibliothèques particulières.

3. — L'indication du sujet.

4. — Les dimensions du tableau; la matière sur laquelle il a été exécuté; la grandeur des figures. — On comprend que cette dernière dimension ne peut guère être souvent qu'approximative, parce que dans beaucoup de tableaux il n'existe pas de figures debout. Cependant comme ce renseignement dans certains cas peut être utile, on n'a pas cru devoir le négliger. On a établi aussi la distinction des figures représentées en pied, en buste, à mi-corps, etc.

5. — La description du tableau. — Cette description est aussi abrégée que possible, mais l'on s'est appliqué à mettre en relief, pour ainsi dire, les traits saillants de la composition et à indiquer la place occupée par les figures prin-

cipales, afin qu'on ne soit pas trompé par des gravures infidèles où la disposition originale est intervertie.

6. — Les gravures qui ont été faites d'après le tableau. — Comme on ne s'est pas proposé de décrire l'œuvre complet du peintre, on s'est borné à ne citer ici que les estampes principales. Cependant on a toujours donné le numéro des planches du *Musée Napoléon* de Filhol, et de celles gravées au trait dans les *Annales du Musée* de Landon (2e édit.), ouvrages qui sont dans les mains de tous les amateurs, afin qu'on puisse se faire une idée plus nette de la composition en l'absence du tableau. On trouvera aussi très exactement l'indication des gravures exécutées d'après les tableaux du Musée, et qui se vendent à la Calcographie Nationale, au Louvre.

7. — L'histoire du tableau. — On a réuni dans ce paragraphe tous les renseignements qui peuvent servir à établir son originalité et sa provenance, c'est-à-dire sa présence dans les collections anciennes, son passage dans les ventes célèbres, l'époque où il a été donné ou acquis. Il est inutile d'insister sur l'importance de ces documents, qui seuls constituent la généalogie du tableau, établissent ses titres, et fixent sa valeur. Voici comment ces documents ont été classés : *Collection de François Ier*, quand il est prouvé, par des passages d'auteurs contemporains ou anciens, que le tableau lui a appartenu. — *Collection de Louis XIV*, lorsque le tableau est porté sur l'inventaire dressé en 1709-10, par Bailly, garde des tableaux de la Couronne, d'après les ordres du duc d'Antin. — *Ancienne collection*, quand la peinture n'est pas enregistrée sur l'inventaire précédent, soit par oubli, soit parce qu'elle a été acquise depuis et que sa provenance est ainsi désignée sur les inventaires postérieurs. — *Musée Napoléon:* sous ce titre, sont compris tous les tableaux qui, entrés dans la collection depuis la République jusqu'à la Restauration, ont été inscrits sur l'inventaire général de l'Empire,

et figurent dans les livrets du Musée Napoléon. — *Dons :* on s'est fait un devoir de rappeler les noms des personnes qui ont généreusement enrichi le Musée d'œuvres nouvelles et souvent capitales. — *Acquisitions :* l'on a mentionné soigneusement les ventes où les tableaux ont été livrés aux enchères publiques, l'époque où ils ont été achetés, le prix qu'ils ont été payés, et le nom de leurs différents possesseurs.

La question d'attributions d'auteurs est une des plus graves et des plus délicates. Un grand nombre de celles qui nous ont été léguées par la tradition et par les inventaires sont évidemment fausses ou douteuses. Dans le premier travail de la réorganisation de la galerie, nous n'avons pas voulu prendre sur nous la responsabilité de pareille rectification, et nous nous sommes contentés de réunir, les unes à côté des autres, les peintures, qu'à tort ou à raison, l'on attribuait au même artiste. En étudiant et en comparant avec soin plusieurs tableaux d'un maître exécutés dans ses différentes manières, mais dont l'authenticité est établie d'une manière incontestable par la provenance, on arrivera à reconnaître d'une façon presque certaine si les œuvres voisines qu'on lui donne sont également sorties de son pinceau. Afin de contribuer à la solution de ce problème difficile, nous avons réuni dans cette notice, les avis des connaisseurs les plus distingués des différents pays, nous réservant à formuler notre opinion lorsque les appréciations des artistes et des amateurs auront dissipé une partie de nos doutes, affermi nos convictions, lorsqu'enfin la lumière aura jailli d'une discussion approfondie en présence des pièces de cet intéressant procès. Jusqu'ici nous n'avons rectifié que des erreurs grossières dans lesquelles on ne serait pas tombé en relevant les signatures, en compulsant les inventaires.

8. — Enfin, comme dernier renseignement, on trouvera l'indication des restaurations, rentoilages, enlevages,

changements de dimension que les tableaux ont eu à subir à différentes époques ; puis l'estimation de leur valeur par les experts officiels du Musée sous l'Empire et sous la Restauration. Les chiffres de ces estimations sont encore de l'histoire et se recommandent à plus d'un titre aux réflexions des lecteurs.

Quelque soin que nous ayons apporté à la rédaction de cette Notice, nous sommes bien loin cependant de la croire exempte d'erreurs et de lacunes. A chaque nouvelle édition nous espérons pouvoir la rendre moins imparfaite en corrigeant les unes et en comblant les autres, surtout si les conseils d'une critique éclairée nous viennent en aide, et si les possesseurs de documents précieux pour l'histoire de l'art et de nos tableaux veulent bien nous les communiquer.

EXPLICATION DES ABRÉVIATIONS

USITÉES DANS CETTE NOTICE.

H. — Hauteur.

L. — Largeur.

T. — Toile.

B. — Bois.

C. — Cuivre.

Fig. — Figure.

Gr. nat. — Grandeur naturelle.

Pet. nat. — Petite nature.

Calc. nat. — Calcographie nationale.

Rest. — Restauration.
Emp. — Empire.
} Ces indications se rapportent aux estimations faites par les experts du Musée à ces deux époques.

MUSÉE DU LOUVRE.

ÉCOLES D'ITALIE.

ABATI ou **ABATE** (NICCOLO DELL'), *peintre et architecte, né à Modène vers* 1512, *mort à Paris en* 1570. (École de Modène.)

Élève de Gio. Abati son père, il se perfectionna chez Ant. Begarelli, habile sculpteur, et en étudiant les ouvrages du Corrége. Il fut appelé en France par le Primatice, qui lui fit peindre à Fontainebleau, d'après ses dessins, des fresques presque toutes détruites maintenant. Il y eut quatre autres peintres de ce nom : Pietro Paolo, frère de Niccolo, qui peignait des batailles; Giulio Camillo, autre frère de Niccolo, qui vint en France avec lui ; Ercole, fils de Giulio, imitateur des Vénitiens; et Pietro Paolo, petit-fils d'Ercole, mort à 38 ans, en 1630.

1. *Le mariage mystique de sainte Catherine.*

H. 0, 75 — L. 0, 64 — T. — Fig. de 0, 80.

La Vierge assise tient sur ses genoux l'Enfant-Jésus, qui met l'anneau nuptial au doigt de sainte Catherine d'Alexandrie. La sainte appuie l'autre main sur une table, près laquelle est la roue garnie de dents de fer, instrument de son martyre. Saint Joseph, en buste, est placé à l'un des angles inférieurs du cadre devant le siége de la Vierge.

Filhol, t. 1, pl. 639. — Landon, t. 1, pl. 1.

Collection de Louis XIV. — Plusieurs tableaux semblables à celui-ci sont attribués au Parmesan. — Estimation : Emp. 3,000 f.; Rest. id.

ALBANE (FRANCESCO ALBANI), *né à Bologne en* 1578, *mort dans la même ville, le* 4 *octobre* 1660. (École bolonaise.)

Élève d'abord de Calvart, il passa ensuite dans l'école des Carrache, où il fut le condisciple du Dominiquin, du Guide et du Guerchin.

2. *Le Père-Éternel envoie l'ange Gabriel vers Marie.*

H. 0, 32. — L. 0, 42. — Forme ovale. — Peint sur toile collée sur bois. — Fig. de 0, 10 à 0, 13.

L'Eternel, porté par un groupe d'anges, un sceptre à la main ; s'appuie sur le globe du monde posé sur ses genoux. Il commande à l'archange Gabriel d'annoncer à Marie qu'elle deviendra mère du Sauveur; au-dessous de lui, un ange apporte une tige de lis. Assise sur des nuages, la Paix tient une palme et la Justice une épée; près d'elles un ange montre un cartouche, et de l'autre côté, la Foi et l'Espérance se tiennent embrassées. Dans la partie supérieure du tableau les cieux ouverts laissent voir la cour céleste.

Landon, t. 1, pl. 2.

Collection de Louis XIV. — Estim.: Emp. 3,000 f.; Rest. 4,000 f.

3. *L'Annonciation.*

H. 0, 57. — L. 0, 43. — T. — Fig. de 0, 27 à 0, 29.

La Vierge, à genoux devant un prie-dieu, se retourne à l'aspect de l'ange Gabriel qui s'avance porté sur un nuage, les bras croisés sur la poitrine et tenant de la main droite une branche de lis. Le Saint-Esprit, sous la forme d'une colombe, descend du ciel, accompagné de trois anges.

Filhol, t. 4, pl. 279. — *Landon, t. 1, pl. 4.*

Collection de Louis XIV.—Estimation : Emp. 6,000 f.; Rest. 4,000 f.

4. *L'Annonciatio* .

H. 0, 19. — L. 0, 14. — C. — Fig. de 0, 8 à 0, 10.

Répétition du tableau précédent.

Collection de Louis XIV.—Estimation : Emp. 2,400 f.; Rest. 2,000 f.

5. *Le repos en Égypte.*

H. 0, 74. — L. 0, 95. — C. — Fig. de 0, 25.

Deux anges agenouillés offrent des fruits et des fleurs à l'Enfant-Jésus assis sur les genoux de sa mère; un troisième, de l'autre côté, abaisse la branche d'un arbre pour que la Vierge puisse en cueillir le fruit; à droite, saint Joseph conduit l'âne vers une rivière barrée par une cascade. Dans les airs, des anges apportent des corbeilles de différents fruits qu'ils viennent de cueillir.

Musée Napoléon. — Estimation : Emp. 6,000 f.; Rest. 15,000 f.

6. *Le repos en Égypte.*

H. 0, 76. — L. 0, 95. — T. — Fig. de 0, 28.

Saint Joseph en méditation tient un livre sur ses genoux. A droite, un ange conduit l'âne près d'une source qui s'échappe d'un rocher.

Répétition du tableau précédent avec quelques changements.

Collection de Louis XIV.—Estimation : Emp. 6,000 f. ; Rest. 12,000 f.

7. *Sainte-Famille.*

H. 0, 57. — L. 0, 43. — C. — Fig. de 0, 28.

Sous un portique d'ordre corinthien, la Vierge, assise, soutient l'Enfant-Jésus sur son berceau ; le jeune saint Jean fléchit le genou devant lui et reçoit ses caresses. Près d'eux est sainte Elisabeth ; plus loin, saint Joseph interrompt sa lecture pour les contempler ; derrière la Vierge, deux anges, les mains croisées sur la poitrine, adorent le Sauveur. Dans les airs, deux petits anges, dont l'un apporte dans une corbeille des fleurs que l'autre répand.

Filhol, t. 6, pl. 416. — Landon, t. 1, pl. 23.

Collection de Louis XIV.—Estimation : Emp. 3,000 f. ; Rest. 8,000 f.

8. *Apparition de Jésus à la Madeleine.*

H. 0, 19. — L. 0, 14. — C. — Fig. de 0, 15.

La Madeleine, les cheveux épars et un vase de parfums à la main, s'agenouille devant le Christ appuyé sur une bêche. Dans le fond, deux anges assis sur les bords du sépulcre, à l'entrée de la grotte.

Gravé par Duflos. — Filhol, t. 4, pl. 254.—Landon, t. 1, pl. 7.

Collection de Louis XIV. —Estimation : Emp. 2,400 f. ; Rest. 4,500 f.

9. *Saint François en oraison.*

H. 0, 17. — L. 0, 18. — C. — Fig. de 0, 22.

Le saint, vu à mi-corps, à l'entrée d'une grotte, appuie une main sur sa poitrine et l'autre sur une tête de mort;

il regarde la croix avec ferveur et un rayon lumineux éclaire sa tête. Dans le fond, des collines.

Landon, t. 1, pl. 8.

Musée Napoléon. — Estimation : Emp. 800 f.; Rest. 1,000 f.

10. *La toilette de Vénus.*

H. 2, 03. — L. 2, 52. — T. — Fig. de 0, 65.

Vénus, assise sur le bord de la mer, se regarde dans une glace que l'Amour lui présente ; les Grâces et les Amours s'occupent à la parer.

Gravé par Baudet et par B. Audran.—Landon, t. 1, pl. 16.

Collection de Louis XIV. — Estimation : Emp. 30,000 f. ; Rest. id.

11. *Le repos de Vénus et de Vulcain.*

H. 2, 03. — L. 2, 55. — T. — Fig. de 0, 65.

Vénus est couchée sur un lit de repos. Vulcain étendu à ses pieds s'appuie sur son marteau. Deux amours présentent à la déesse un bouclier percé de flèches. Devant eux, des amours forgent des traits et les aiguisent ; d'autres façonnent des arcs et les essaient. Diane, portée sur un nuage, accompagnée de deux nymphes, tient un javelot.

Gravé par Baudet et par B. Audran.—Landon, t. 1, pl. 17.

Collection de Louis XIV.—Estimation : Emp. 40,000 f.; Rest. 30,000 f.

12. *Les Amours désarmés.*

H. 1, 98. — L. 2, 45. — T. — Fig. de 0, 60.

Pendant que les Amours se livrent au sommeil, les nymphes de Diane les surprennent, les désarment, détruisent les carquois, les arcs et les traits qu'elles redoutent. Calisto semble défier les Amours, mais sa compagne, plus prudente, l'engage à ne pas les réveiller. Diane, dans les airs, s'applaudit de sa victoire.

Gravé par Baudet et par B. Audran.—Landon, t. 1, pl. 18.

Collection de Louis XIV.—Estimation : Emp. 70,000 f.; Rest. 30,000 f.

13. *Adonis conduit près de Vénus par les Amours.*

H. 2, 03. — L. 2, 53. — T. — Fig. de 0, 65.

Un amour conduit Adonis aux pieds de Vénus endormie. Des amours, placés près du lit de la déesse, semblent, par leurs signes, recommander le silence et le secret.

Gravé par Baudet et par B. Audran. — Landon, t. 4, pl. 49.

Collection de Louis XIV.—Estimation : Emp. 40,000 f.; Rest. 30,000 f.

14. *Apollon chez Admète.*

H. 0, 88.— L. 1, 03. — C. — Fig. de 0, 32.

Apollon, pour venger la mort de son fils Esculape, que Jupiter avait foudroyé, tua les Cyclopes à coups de flèches. Banni de l'Olympe, il était réduit à garder les troupeaux d'Admète, roi de Thèbes, lorsque le maître des dieux, touché de ses souffrances, rassembla les divinités du ciel et commanda à Mercure de lui annoncer la fin de son exil. Dans le lointain, on aperçoit Pégase, l'Hélicon, l'Hippocrène et les Muses.

Gravé par Delaunay jeune.

Collection de Louis XIV.—Estimation : Emp. 25,000 f.; Rest. 20,000 f.

15. *Le triomphe de Cybèle.*

H. 0, 88. — L. 1, 03. — C. — Fig. de 0, 27 à 0, 32.

Cybèle, assise sur son trône, accompagnée de Flore, de Cérès, de Bacchus, de Pomone, invoque la chaleur de l'astre du jour, qui fait naître et mûrir les productions de la terre.

Collection de Louis XIV.—Estimation : Emp. 25,000 f.; Rest. 30,000 f.

16. *Actéon métamorphosé en cerf.*

H. 0, 50. — L. 0, 61. — C. — Fig. de 0, 33.

Diane, entourée de ses nymphes, est assise sur un tertre élevé au bord d'un ruisseau ; elle étend le bras vers Actéon, dont la métamorphose commence déjà à s'accomplir.

Filhol, t. 3, pl. 176. — Landon, t. 4, pl. 41.

Collection de Louis XIV. — Estimation : Emp. 20,000 f. ; Rest. id.

17. *Actéon métamorphosé en cerf.*

H. 0, 76. — L. 1, 00. — T. — Fig. de 0, 32.

Diane, entièrement nue et debout au milieu de ses nymphes effrayées qui se couvrent de leurs draperies, étend la main vers Actéon qui s'enfuit et dont la tête subit déjà un commencement de transformation.

Collection de Louis XIV. — Estimation : Emp. 600 f. ; Rest. 5,000 f.

18. *Actéon métamorphosé en cerf.*

H. 0, 67. — L. 0, 93. — T. — Fig. de 0, 32.

Répétition du tableau précédent.

Collection de Louis XIV. — L'inventaire de l'empire attribue ce tableau à Cesari d'Arpino dit le Josepin. — Estimation : Emp. 3,000 f. ; Rest. 5,000 f.

19. *Apollon et Daphné.*

H. 0, 17. — L. 0, 33. — C. — Fig. de 0, 12.

Apollon, son arc à la main, poursuit Daphné, qui fuit armée d'un trait. Dans les airs, l'Amour, porté sur un nuage, jouit de sa victoire.

Filhol, t. 5, pl. 338. — Landon, t. 1, pl. 10.

Collection de Louis XIV. — Estimation : Emp. 6,000 f. ; Rest. 5,000 f.

20. *Salmacis et Hermaphrodite.*

H. 0, 14. — L. 0, 31. — C. — Fig. de 0, 12.

Salmacis, cachée derrière des arbres, aperçoit Hermaphrodite, qui se dépouille de ses vêtements pour se baigner dans la fontaine de cette nymphe.

Filhol, t. 1, pl. 16. — Landon, t. 1, pl. 9.

Collection de Louis XIV. — Estimation : Emp. 7,000 f. ; Rest. 5,000 f.

21. *Vénus et Adonis.*

H. 0, 46. — L. 0, 62. — T. — Fig. de 0, 26.

A l'ombre de grands arbres, Vénus entourée d'Amours est étendue sur des coussins. Un Amour conduit vers elle Adonis qui l'admire ; un autre joue avec le chien du chasseur.

Collection de Louis XIV. — Estimation : Emp. 1,000 f. ; Rest. 4,000 f.

22. *Latone métamorphosant des paysans en grenouilles.*

H. 0, 75. — L. 0, 70. — T. — Fig. de 0, 40.

Latone assise sous un arbre, et tenant ses deux enfants, Apollon et Diane, est entourée de pêcheurs; la tête de l'un deux a déjà subi la métamorphose.

Collection de Louis XIV.—En 1709 ce tableau était de forme ronde. — Estimation : Emp. 300 f.; Rest. id.

ALBANE (d'après).

23. *Lucrèce se donnant la mort.*

H. 1, 89. — L. 1, 30. T. — Fig. gr. nat.

Lucrèce, les yeux levés vers le ciel et agenouillée sur un coussin placé sur une estrade, s'apprête à se percer le sein avec un poignard.

Ancienne collection.

ALBERTINELLI (MARIOTTO), *né à Florence vers* 1467, *mort vers* 1512. (École florentine.)

Élève de Cosimo Roselli; il fut l'émule et le condisciple de Baccio della Porta, plus connu sous le nom de Fra Bartolomeo.

24. *Saint Jérôme et saint Zénobe adorant l'Enfant-Jésus dans les bras de la Vierge.*

H. 1, 86. — L. 1, 76. — T. — Fig. gr. nat.

La Sainte-Vierge, debout sur une espèce de petit pilier, tient dans ses bras l'Enfant-Jésus qui bénit saint Jérôme et saint Zénobe, évêque de Florence, tous deux à genoux. Dans le lointain, à gauche, saint Jérôme priant au pied d'un crucifix; à droite, saint Zénobe visitant les faubourgs de Florence et ressuscitant un jeune homme qu'on allait enterrer. Sur la plinthe du bas-relief placé au-dessous des pieds de la Vierge, et représentant Adam et Eve près de l'arbre de la science, on lit : MARIOCTI. DE BERTINELLIS. OPVS. A. D. MDVI.

Landon, t. 1, pl. 20.

Musée Napoléon. — Ce tableau, suivant Vasari, fut peint en 1506 pour Zanobi del maestro, qui l'avait fait placer dans l'église de la Sainte-Trinité, à Florence. — Estimation : Emp. 10,000 f.; Rest. 6,000 f.

ALEXANDRE VÉRONÈSE (**ALESSANDRO TURCHI**, *dit* **L'ORBETTO**), *né à Vérone vers* **1580**, *mort à Rome vers* **1650**; *quelques auteurs donnent les dates de* **1600** *et* **1670** *pour celles de sa naissance et de sa mort.* (École vénitienne, style mixte.)

Élève de Felice Riccio, dit il Brusasorci, il étudia en passant à Venise sous Carletto Caliari, et imita ensuite le Guide et les Carrache. Il a exécuté beaucoup de peintures sur le marbre et sur l'agate. Un grand nombre de copies de Gio. Ceschini, son élève, passent pour être des tableaux originaux de Turchi.

25. *Le déluge.*

H. 0, 74. — L. 0, 96. — T. — Fig. de 0, 32 à 0, 37.

Les habitants de la terre, pour échapper à l'inondation, cherchent un refuge sur les hauteurs. Un homme fait entrer sa femme et son enfant sous une tente; plus loin un homme retire une femme des flots, près d'eux est un enfant qui se couvre d'une draperie; deux hommes s'accrochent aux branches d'un arbre. Dans le fond, l'arche portée sur les eaux.

Gravé par Gérard Edelinck en 1681. (*Calc. nat.*). — *Filhol, t.* 9, *pl.* 668. — *Landon, t.* 8, *pl.* 28.

Collection de Louis XIV.—Estimation : Emp. 5,000 f.; Rest. 4,000 f.

26. *Samson et Dalila.*

H. 1, 59. — L. 2, 56. — T. — Fig. gr. nat.

Dalila, assise sur un lit de repos, fait signe à deux soldats philistins de s'emparer de Samson endormi, la tête appuyée sur ses genoux. Un barbier coupe une touffe de la chevelure de Samson; deux enfants tiennent son épée et la mâchoire d'âne qui lui avait servi de massue.

Landon, t. 8, *pl.* 29.

Collection de Louis XIV.—Estimation : Emp. 4,000 f.; Rest. 4,000 f.

27. *La femme adultère.*

H. 0, 29. — L. 0, 37. — C. — Fig. 0, 24.

Jésus-Christ baissé, écrit avec son doigt sur la terre. Quatre de ses disciples le suivent, et trois hommes amènent devant lui la femme adultère, qui se tient debout les mains jointes.

Filhol, t. 10, pl. 633.

Ce tableau, indiqué comme appartenant à l'ancienne collection de la Couronne, n'est cependant pas mentionné dans le catalogue de la collection du roi par Lépicié. — Estimation : Emp. 4,000 f. ; Rest. 1,500 f.

28. *Le mariage mystique de sainte Catherine.*

H. 1, 21. — L. 1, 77. — T. — Fig. à mi-corps gr. nat.

L'Enfant-Jésus assis sur les genoux de la Vierge met un anneau au doigt de sainte Catherine d'Alexandrie, qui appuie la main gauche sur une roue, instrument de son martyre.

Gravé par Scotin en 1679. (Calc. nat.) — Landon, t. 8, pl. 30.

Ce tableau, estimé 75 livres tournois dans l'inventaire du cardinal Mazarin, fut acheté par Louis XIV à ses héritiers.—Estimation : Emp. 6,000 f. ; Rest. 4,000 f.

29. *Mort de Cléopâtre.*

H. 2, 55. — L. 2, 67. — T. — Fig. gr. nat.

Marc-Antoine, que deux soldats viennent de transporter dans le tombeau où s'est réfugiée Cléopâtre, expire étendu sur un lit. La reine se fait mordre le sein par un aspic ; deux de ses femmes la soutiennent ; trois autres sont dans l'attitude de la douleur.

Filhol, t. 1, pl. 31. — Landon, t. 8, pl. 31.

Musée Napoléon. — Ce tableau a fait partie du cabinet de M. de Tolozan. — Estimation : Emp. 48,000 f. ; Rest. 15,000 f.

ALEXANDRE VÉRONÈSE (genre d').

30. *Saint Sébastien secouru par les saintes femmes.*

H. 1, 79. — L. 1, 46. — T. — Fig. gr. nat.

Irène, veuve chrétienne, panse, avec sa suivante, les plaies de saint Sébastien percé de flèches.

Musée Napoléon. — Estimation : Emp. 1,000 f.; Rest. 1,000 f.

ALEXANDRE VÉRONÈSE (attribué à).

31. *Mort d'une jeune femme.*

H. 2, 00. — L. 2, 60. — T. — Fig. gr. nat.

Une jeune femme qui vient d'accoucher est étendue

expirante sur son lit; à gauche, son époux debout, un bras appuyé sur l'oreiller, la contemple en versant des larmes. Au pied du lit, la nourrice tenant le nouveau-né; à gauche, deux enfants en pleurs; à droite, au fond, une femme chauffant des langes.

Ancienne collection. — Estimation : Emp. et Rest. »

ALFANI (Orazio di Paris), *né à Pérouse vers 1510, mort en 1583.* (École romaine.)

Elève, non du Pérugin, comme on l'a prétendu, puisque ce peintre mourut lorsque Orazio n'avait que 14 ans, mais de son père Domenico di Paris Alfani, condisciple et ami de Raphaël à l'école du Pérugin. Domenico agrandit le style de son maître et Orazio imita souvent avec bonheur celui de Raphaël.

32. *Mariage mystique de sainte Catherine d'Alexandrie.*

H. 2, 12. — L. 1, 45. — B. — Fig. gr. nat.

Sainte Catherine d'Alexandrie, à genoux aux pieds de la Vierge, reçoit du Sauveur l'anneau nuptial. Saint Antoine de Padoue tenant une branche de lis d'une main, un cœur de l'autre, et saint François d'Assise, portant un livre et un crucifix, assistent à cette union mystique. On lit sur un cartouche au pied du trône de la Vierge : A. D. MDXLVIII.

Musée Napoléon. — Estimation : Emp. 5,000 f.; Rest. 6,000 f.

ALLEGRI (*voir* Corrège).

ALLORI (Christoforo), *né à Florence en 1577, mort en 1621.* (École florentine.)

Élève de son père Alessandro Allori, surnommé il Bronzino, dont il n'imita pas toutefois le style.

33. *Isabelle d'Aragon aux pieds de Charles VIII.*

H. 1, 21. — L. 1, 57. — T. — Fig. de 0. 80.

Charles VIII traversant la Lombardie en 1494, pour marcher à la conquête du royaume de Naples, s'arrêta dans le château de Pavie, et voulut voir le jeune duc Jean Galéas, atteint d'une cruelle maladie. La présence de Louis Sforce, dit le More, oncle et tuteur du jeune duc, empêcha les deux princes de se parler en liberté. Le roi, dont un page porte le manteau fleurdelisé, étend son sceptre vers Isabelle, agenouillée devant lui; à gauche un autre page soulevant une portière de velours à bande d'or. Dans le fond, le jeune duc malade.

Compris dans les 100,000 fr. de tableaux acquis en 1817 de M. Quatresols de la Hante.

ALUNNO (Niccolo), *de Foligno, peignait de* 1458 *à* 1492. (École romaine.)

Il fut l'un des maîtres du Pérugin.

34. ***Gradin d'autel divisé en six compartiments:***

1° ***Cartouche soutenu par deux anges.***

H. 0, 36. — L. 0, 15. — B. — Fig. de 0, 15.

Il contient une inscription en vers élégiaques latins altérée par le temps. Voici cette inscription telle qu'elle est citée dans les *Lettere pittoriche Perugine* d'*Annibale Mariotti* :

Ad lectorem.
Nobile testata est pingi pia Brisida quondam
Hoc opus. O! nimium munera grata Deo.
Si petis auctoris nomen : Nicholaus Alunnus
Fulginis, patriæ pulcra corona suæ.
Octo quincties centum de millibus anni
Cum manus imposita est ultima vanuerant.
Sed quis plus meruit quæso, te judice, lector,
Cum causam dederit Brisida et ille manum?

Au lecteur. — Par son testament la pieuse Brisida autrefois ordonna de peindre ce noble ouvrage. O présent trop agréable à Dieu! Si tu demandes le nom de l'auteur, c'est Nicolas Alunno de Foligno, digne fleuron de sa patrie. Quinze fois cent années moins huit s'étaient écoulées lorsque la dernière main y fut apposée. Mais qui eut plus de mérite, je t'en fais juge, lecteur, de Brisida qui l'a commandé ou de la main qui l'a exécuté?

2° ***La prière au jardin des Oliviers.***

H. 0, 36. — L. 0, 35. — B. — Fig. de 0, 15.

A gauche, Jésus-Christ à genoux auquel un ange présente le calice; à droite, sur le devant, les apôtres endormis; dans le fond, Judas montrant le Christ aux soldats.

3° *La Flagellation.*

H. 0, 26. — L. 0, 40. — B. — Fig. de 0, 15.

Un bourreau lie le Christ à la colonne d'un édifice sur lequel sont inscrites les lettres S. P. Q. R.

4° *Le Christ conduit au supplice.*

H. 0, 26. — L. 0, 64. — B. — Fig. de 0, 15.

A gauche, la Vierge soutenue par les saintes femmes.

5° *Le Christ entre les deux larrons.*

H. 0, 26. — L. 0, 77. — B. — Fig. de 0, 15.

Deux anges recueillent le sang qui coule des mains du Christ.

6° *Joseph d'Arimathie et Nicodème sur le chemin du Calvaire.*

H. 0, 26. — L. 0, 15. — B. — Fig. de 0, 15.

Joseph d'Arimathie tient le marteau, et Nicodème les tenailles qui doivent leur servir à déposer le Christ de la croix.

Musée Napoléon. — Estimation : Rest. 6,000 fr.

AMERIGHI ou **MORIGI** (MICHEL-ANGIOLO). *Voir* **CARAVAGE.**

ANDRÉ DEL SARTE (ANDREA VANNUCCHI), *né à Florence le 26 novembre 1478, mort en 1530, âgé de 52 ans.* (École florentine.)

Il fut pendant trois ans élève de Gio. Barile, peintre grossier, puis de Pier di Cosimo, et étudia les fresques de Masaccio, de Ghirlandajo et surtout les fameux cartons de Michel-Ange et de Léonard de Vinci. Appelé en France par François Ier, il arriva à la fin de mai 1518, exécuta un grand nombre de peintures perdues pour la plupart maintenant, et repartit pour Florence en 1519, chargé par le Roi de faire des acquisitions de statues, de tableaux et d'objets d'art. Ayant dissipé en folles dépenses l'argent que lui avait confié François Ier, il n'osa plus revenir en France comme il l'avait juré sur l'Evangile, et mourut de la peste, abandonné des médecins et même de sa femme qui s'était opposée à son départ et dont les prières avaient eu sur lui plus d'empire que son intérêt et ses serments.

35. *L'Annonciation.*

H. 0, 91. — L. 1, 90. — B. — Forme cintrée, fig. pet. nat.

La Vierge assise, les yeux baissés, écoute dans l'attitude de la surprise et du recueillement les paroles de l'ange agenouillé devant elle et tenant une branche de lis. Entre les deux figures, un vase de fleurs et un livre posés sur le bord d'un petit mur.

Acquis de M. Seitivaux en 1821, et compris dans le choix de tableaux qui lui furent payés 100,000 fr.

36. *Sainte-Famille.*

H. 1, 08. — L. 0, 88. — T. forme ovale. — Fig. gr. nat.

La Vierge à genoux tient l'Enfant-Jésus; le jeune saint Jean est près de lui dans les bras de sainte Elisabeth. Derrière la Vierge, saint Joseph appuyé sur un bâton.

Gravé par Jacques Callot dans sa jeunesse.—Landon, t. 1, pl. 40.

Ce tableau, d'abord de forme ronde, était placé autrefois dans l'appartement de la reine à Fontainebleau, et fut acheté pour une somme très modique par des marchands qui le revendirent un prix quatre fois plus élevé à François Ier. On trouve cette note dans l'inventaire Bailly dressé en 1709 : Sainte-Famille. « Hauteur 5 pieds sur 4 pieds de large, » peint sur bois; il a été mis en ovale, rehaussé de 13 pouces et élargi » d'un pied dans sa bordure dorée. Versailles, cabinet des tableaux. » — Estimation : Emp. 6,000 fr.; Rest. id.

37. *Sainte-Famille.*

H. 1, 41. — L. 1, 06. — B. — Fig. gr. nat.

La Vierge, assise à terre, tient l'Enfant-Jésus qui tourne la tête vers le jeune saint Jean-Baptiste; ce dernier, debout et retenu par sa mère, sainte Elisabeth, élève la main droite vers le ciel. Deux anges sont derrière la Vierge.

Landon, t. 1, pl. 39.

Collection de François Ier. — Estimation : Emp. 110,000 fr.; Rest. 100,000 fr.

38. *La Charité.*

H. 1, 85. — L. 1, 37. — T. — Fig. gr. nat.

Elle est représentée par une femme assise avec deux enfants sur ses genoux; l'un d'eux lui prend le sein avec avidité; l'autre lui montre en souriant un bouquet de noisettes qu'il tient dans la main: à ses pieds un troisième enfant dort la tête appuyée sur une draperie. A gauche, on lit sur un papier : ANDREAS SARTVS FIORENTINVS ME PINXIT MDXVIII.

Gravé par Pierre Audoin. — Filhol, t. 8, pl. 515. — Landon, t. 1, pl. 42.

Ce tableau, un de ceux qu'André del Sarte peignit en France pour François Ier, fut aussi un des premiers qui, exécuté primitivement sur bois, ait été transporté sur toile. M. Picault, sous la surveillance de C. Coypel, réussit parfaitement dans cette opération toujours délicate, mais dont le succès maintenant ne présente presque plus d'incertitude. Les planches qui avaient servi de fond furent exposées, avec le tableau remis sur toile, dans la galerie du Luxembourg, ouverte pour la première fois le 14 octobre 1750. Depuis, en 1842, cette première toile ayant été pourrie par l'humidité, la peinture fut transportée de nouveau sur une autre toile et retouchée complétement. André del Sarte exécuta encore deux autres tableaux de la Charité que quelques auteurs ont confondus avec celui du Musée. L'un d'eux, fort beau et également avec trois figures d'enfants, fut acheté, après la mort d'André, à Lucrezia Fede, sa femme, par Domenico Conti, peintre et son élève, qui le vendit à Nicolo Antinori. L'autre Charité fut peinte pour un mercier, ami d'André, qui avait une boutique à Rome. Il existe une belle répétition ou copie ancienne de cette composition au musée de Nantes. Estimation : Emp. 24,000 fr.; Rest. 70,000 fr.

ANDRIA (TUCCIO OU TUZIO DI), *travaillait dans l'église de St-Jacques, à Savone, en 1487.* (École génoise.)

39. *Jésus-Christ au milieu des Apôtres.*

H. 0, 18. — L. 2, 04. — B. — Fig. à mi-corps de 0, 40.

Jésus-Christ, au centre du tableau, pose la main gauche sur un globe et lève la droite dans l'attitude de la bénédiction. A ses côtés, saint Jean et saint Pierre; les autres apôtres sont groupés par deux et en regard, excepté aux deux extrémités, où se trouve un apôtre isolé.

Gradin de rétable à fond doré et gauffré.

ANGELI (FILIPPO d'), *dit il* NAPOLITANO, *né à Rome et mort jeune sous le pontificat d'Urbain VIII, vers 1640.*

Elève de son père, peintre de Sixte V, son séjour à Naples pendant son enfance lui fit donner le surnom de Napolitain. Heineken prétend que l'artiste nommé Théodore Filippo di Liagno qui a gravé une suite de caprices en 13 planches est le même que celui que Baglione appelle Filippo de' Angelis.

40. *Le satyre et le paysan.*

H. 0, 37. — L. 0, 50. — T. — Fig. 0, 28.

A gauche, le paysan assis souffle sur sa cuiller; à droite, le satyre debout, les deux mains appuyées sur la table. Dans le fond, au milieu, une femme debout, tenant un enfant dans ses bras.

Ancienne collection. — Ce tableau fut aussi attribué à Sébastien Ricci, mort en 1734, à une époque très postérieure au temps où vivait Filippo Angeli. — Estimation : Emp. 300 fr.

ANGELI (GIUSEPPE), *vivait en* 1763. (École vénitienne.)

Il fut le meilleur élève de Gio. Batista Piazetta.

41. *Le militaire et le petit tambour.*

H. 0, 82. — L. 0, 68. — T. — Fig. à mi-corps, gr. nat.

Un militaire, la tête couverte d'un bonnet de poil, les épaules revêtues d'un manteau fourré et appuyé sur son épée, écoute un enfant qui bat du tambour à ses côtés.

Ce tableau a été gravé à Dresde en 1756 par C.-F. Kauke, sous ce titre : Le petit tambour.

Ancienne collection. — Porté sur l'inventaire de l'Empire à G. B. Piazzetta. — Estimation : Emp. 300 fr.; Rest. 200 fr.

ANSELMI (MICHEL-ANGELO), *dit aussi* MICHEL-ANGELO DA LUCCA OU DA SIENA, *né à Lucques en* 1491, *vivait encore en* 1554. (École de Parme.)

Il fut élève de Sodoma ou de Riccio, gendre de Sodoma, et se perfectionna à Parme, en étudiant les ouvrages du Corrége qui était moins âgé que lui.

42. *La Vierge et l'Enfant-Jésus adoré par saint Jean-Baptiste et par saint Etienne.*

H. 1, 69. — L. 1, 23. — B. — Fig. pet. nat.

La Vierge assise, tenant son fils dans ses bras, est portée sur les nuages et environnée d'une gloire d'anges. Saint Jean-Baptiste, à genoux, lève les yeux au ciel; sa croix de roseau est posée devant lui; saint Etienne, martyr, tient une palme et indique du doigt ces paroles inscrites sur le livre qu'un ange lui présente : *Ecce vias et cœlos apertos, et Jesum stantem à dextris virtutis Dei.*

Landon, t. 1, pl. 45.

Musée Napoléon. — Estimation : Emp. 24,000 fr.; Rest. 18,000 fr.

ASSISI (ANDREA LUIGI DI), *surnommé l'*INGEGNO, *né vers* 1470, *mort vers* 1556. (École romaine.)

Elève de Pérugin, qu'il aida dans les travaux de la salle du *Cambio*. Rumhor le classe parmi les élèves de Nicolo Alunno. Compétiteur de Raphaël, il concourut à donner de la grandeur au style et au clair-obscur. Il cessa de peindre fort jeune, étant devenu aveugle subitement.

43. *Sainte-Famille.*

H. 2, 13. — L. 1, 48. — B. forme cintrée. — Fig. pet. nat.

Des anges soutiennent le pavillon du trône sur lequel la Vierge, assise, présente son fils à l'adoration de deux saints martyrs. Elle est accompagnée de saint Joseph et de saint Luc l'Évangéliste. On lit sur le trône : AVE MARIA GRATIE PLENA.

Musée Napoléon. — Estimation : Rest. 6,000 fr.

BANDINELLI (attribué à BACCIO), *peintre et sculpteur, né en* 1487, *mort en* 1559. (École florentine.)

Élève de Francesco Rustico et surtout imitateur de Michel-Ange.

44. *Portrait présumé de Bandinelli.*

H. 0, 92. — L. 0, 68. — T. — Fig. gr. nat.

Il est représenté coiffé d'une toque, appuyant la main droite sur une tête de marbre, et le bras gauche sur une plinthe de pierre, où se trouve un ciseau qu'il montre du doigt.

Ce tableau, qui faisait partie de la collection de Louis XIV, est désigné dans le catalogue de Lépicié comme le portrait de Bandinelli peint par lui-même. Depuis, on a reconnu que Bandinelli ne pouvait en être l'auteur, et que ce portrait, dû à un peintre de l'école de Florence, devait être celui de Baccio da Monte Lupo, sculpteur, qui vivait en 1553. Ce tableau, suivant l'inventaire de 1709, fut réduit en forme ronde ou plutôt ovale. — Estimation : Emp. 4,000 f. ; Rest. 3,000 f.

BARBARELLI. *Voir* GIORGION.

BARBIERI. *Voir* GUERCHIN.

BAROCHE (FEDERIGO BAROCCI) *ou* FIORI D'URBINO, *peintre et graveur, né à Urbin en 1528, mort en 1612.* (École romaine.)

Il fut élève de Batista Franco, Vénitien de naissance, mais imitateur des maîtres florentins. Baroche étudia d'abord, à Rome, les ouvrages de Raphaël; mais, de retour dans sa patrie, la vue des peintures du Corrége lui fit prendre une manière très caractéristique qu'il a toujours suivie depuis. Il eut pour imitateurs Al. Vitali, Ant. Viviani, Fil. Bellini, Fr. Barocci, son neveu, et surtout Fr. Vanni.

45. *La Vierge et l'Enfant-Jésus adoré par saint Antoine et sainte Lucie.*

H. 2, 85. — L. 2, 20. — T. — Fig. gr. nat.

Assise sur des nuages, et couronnée par deux anges, la Vierge tient sur ses genoux l'Enfant-Jésus, qui présente une palme à sainte Lucie, prosternée à ses pieds. Derrière la sainte, un ange porte sur une coupe les yeux dont elle fut privée en souffrant le martyre; à gauche, saint Antoine, abbé, médite sur les divines écritures.

Landon, t. 1, pl. 51.

Musée Napoléon. — Estimation : Emp. 45,000 f.; Rest. 40,000 f.

46. *Sainte Catherine.*

H. 0, 82. — L. 0, 68. — T. — Buste gr. nat.

Près d'elle est une roue garnie de dents de fer, instrument de son martyre.

Acquis en 1819 de M. Giraud, avec un autre portrait attribué à Michel-Ange, pour 4,500 f.

BARTOLO (TADDEO DI), *de Sienne, florissait en 1414; mort à l'âge de 59 ans.*

Il était fils de Bartolo et petit-fils de Fredi ou Manfredi, artistes de quelque mérite. Taddeo les surpassa bientôt et fut le maître et l'oncle de Domenico Bartoli, dont Raphaël et le Pinturicchio étudièrent les ouvrages.

47. *Rétable divisé en trois compartiments :*

1° *La Vierge et l'Enfant-Jésus.*

H. 1, 42. — L. 0, 72. — B. — Fig. pet. nat.

La Vierge, assise et environnée de chérubins, tient

sur ses genoux l'Enfant-Jésus ; il est debout et joue avec un petit oiseau.

2° *Saint Gérard et saint Paul.*

H. 1, 30. — L. 0, 70. — Fig. 1, 10.

Saint Gérard, revêtu de l'habit de son ordre, s'appuie de la main droite sur une béquille et tient de la gauche un chapelet; saint Paul tient une épée de la main droite et de la gauche un rouleau sur lequel on lit : *Adromanos.*

3° *Saint André et saint Nicolas, évêque de Myre.*

H 1, 30. — L. 0, 70. — Fig. 1, 10.

Saint André tient une croix de la main droite et un livre de la gauche; saint Nicolas porte une crosse de la main droite et de la gauche un livre et trois besans.

Au-dessus des parties latérales se trouvent les médaillons de saint Grégoire, pape, et de saint Louis, roi de France.

Musée Napoléon.— Ces trois ouvrages, peints en détrempe sur bois et sur fond doré, sont renfermés dans une même bordure sur la base de laquelle on lit : *Thaddeus Bartola de Senis pinxit hoc opus* 1390. Au bas du tableau, de chaque côté, on remarque les armes du donataire. — Estimation : Emp. 3,000 f.; Rest. 4,000 f.

BARTOLOMMEO. *Voir* FRA BARTOLOMMEO.

BASSAN (JACOPO DA PONTE, *dit* IL BASSANO, *ou* LE), *né à Bassano en* 1510, *mort en* 1592. (École vénitienne).

Son nom lui vient du lieu de sa naissance ; il fut élève de Francesco da Ponte, son père, l'inventeur du genre adopté par Jacopo et suivi avec talent par ses quatre fils, Francesco, Leandro, Gio. Batista et Girolamo.

48. *L'entrée des animaux dans l'arche.*

H. 1, 02. — L. 1, 21. — B. — Fig. de 0, 53 à 0, 59.

A gauche, deux lions gravissant une planche qui conduit à l'arche; au-dessous, une femme accroupie près d'ustensiles de ménage; à droite, un mouton, une chèvre, un bœuf, et un âne conduit par un homme.

Collection de Louis XIV.— On voit par l'inventaire de Bailly qu'on

1709 ce tableau avait été : « raccourci de 2 pouces et rélargi 17 pouces. » — Estimation : Emp. 600 f.; Rest. 1,000 f.

49. *Le frappement du rocher.*

H. 0, 93. — L. 1, 11. — T. — Fig. de 0, 32 à 0, 37.

A gauche, un homme à cheval à qui on présente de l'eau dans un vase; au pied du rocher, des enfants, des hommes accroupis, recueillant l'eau et s'apprêtant à en donner à des animaux; dans le fond, Moïse et Aaron.

Landon, t. 2, pl. 2.

Collection de Louis XIV. — Estimation : Emp. 800 f.; Rest. 1,000 f.

50. *L'adoration des bergers.*

H. 1, 26. — L. 1, 0. — T. — Fig. de 0, 60.

La Vierge, à genoux près de l'Enfant-Jésus couché dans la crèche, lève le lange qui le couvre pour l'offrir à l'adoration des bergers, tandis que saint Joseph le contemple avec admiration. Les cieux ouverts laissent apercevoir une gloire d'anges.

Landon, t. 2, pl. 3.

Collection de Louis XIV. — La toile de ce tableau était primitivement octogone, elle a été rehaussée de cinq pouces et élargie de trois (Inventaire de 1709). — Sa bordure seule maintenant est octogone. — Estimation : Emp. 3,000 f.; Rest. 1,000 f.

51. *Les noces de Cana.*

H. 1, 52. — L. 2, 14. — T. — Fig. demi-nat.

Jésus-Christ assis sur le devant de la table, bénit les vases qui lui sont présentés; la Vierge est en face de lui auprès de la nouvelle mariée. Des domestiques entourent la table, où se trouvent de nombreux convives; derrière le Christ, un jeune homme joue de la guitare.

Landon, t. 2 pl. 4.

Ce tableau, qui faisait partie de la collection de Mazarin, était estimé 600 livres dans son inventaire et fut acquis des héritiers par Louis XIV. — Estimation : Emp. 2,000 f.; Rest. 3,000 f.

52. *Jésus sur le chemin du Calvaire.*

H. 1, 33. — L. 1, 87. — T. — Fig. de 0, 60.

Jésus-Christ, à genoux, succombe sous le poids de la croix qu'il porte avec l'aide de Simon de Cyrène. La

Vierge, couchée, est soutenue par les saintes femmes. Plus loin, sur le chemin qui conduit au Calvaire, un bourreau portant une échelle et plusieurs cavaliers.

Collection de Louis XIV. — Estimation : Emp. 300 f.; Rest. 2,000 f.

53. *Les apprêts de la sépulture de Jésus.*

H. 1, 84. — L. 2, 23. — T. — Fig. gr. nat.

Le corps du Christ, étendu au pied de la croix, est soutenu par Joseph d'Arimathie, qui l'enveloppe d'un linceul; derrière lui, près de l'échelle, Nicodème. Aux pieds du Christ, la Vierge, soutenue par une sainte femme, se penche vers son fils; près d'elle, Marie-Madeleine à genoux est en prières; plus loin saint Jean debout étend les mains. Un flambeau dans lequel brûle un cierge est posé à terre, près du corps du Christ, et éclaire cette composition.

Landon, t. 2, pl. 7. — Filhol, t. 6, pl. 361.

Collection de Louis XIV. —Estimation : Emp. 10,000 f.; Rest. 2,500 f.

54. *Les pèlerins d'Emmaüs.*

H. 0, 93. — L. 1, 12. — T. — Fig. de 0, 40.

A droite, dans le fond, les pèlerins assis à une table et servis par un page; à gauche, un dressoir avec des ustensiles de ménage; une femme accroupie occupée à nettoyer des vases; au milieu, un homme assis dans un fauteuil.

Acquis de M. Lebertre en 1840 pour la somme de 800 f.

55. *Les travaux de la campagne pendant la moisson.*

H. 0, 89. — L. 1, 60. — T. — Fig. de 0, 60.

A droite, un homme monté sur un arbre cueille des fruits; au pied de l'arbre, une femme assise semble présider aux travaux; près d'elle, une autre femme agenouillée nettoie des vases; à gauche, les moissonneurs et deux bœufs attelés à une charrette chargée de foin.

Landon, t. 2, pl. 8.

Ancienne collection. — Estimation : Emp. 500 f.; Rest. id.

56. *Travaux de la campagne pendant les vendanges.*

H. 0, 97. — L. 1, 20. — T. — Fig. de 0, 50.

A gauche, des hommes réparent des tonneaux ; au milieu, un enfant boit dans une coupe ; à droite, un homme foule le raisin dans un baquet ; au fond, des bœufs traînant des cuves, et un homme montant à un arbre.

Collection de Louis XIV. — Ce tableau, suivant l'inventaire Bailly, a été rehaussé et rélargi de 14 pouces. — Estimation : Emp. 300 f. ; Rest. 600 f.

57. *Portrait de Jean de Bologne, sculpteur, né à Douai en 1524, mort en 1608 ; élève de Michel-Ange.*

H. 0, 61. — L. 0, 52. — T. — Buste gr. nat.

Il est tourné vers la droite ; sa tête est nue. Il porte une fraise montante et un pourpoint noir.

Musée Napoléon. — Acquis à Florence par l'Administration impériale. — Estimation : Emp. 600 f. ; Rest. 1,000 f.

BASSAN (Francesco da Ponte, *dit* il Bassano *ou* le), *né en 1546, mort le 15 juillet 1592, âgé de 42 ans. Il périt en se précipitant du haut d'un balcon, dans un accès de fièvre chaude.* (École vénitienne.)

Fils aîné de Jacopo Da Ponte, son père et son maître.

58. *Marché au poisson sur le bord de la mer.*

H. 1, 20. — L. 1, 85. — T. — Fig de 0, 70.

Un jeune homme, suivi d'un chien, et un homme tenant une bourse, sont debout devant l'étalage d'un marchand de poisson. Derrière eux, un homme accroupi, tient un panier rempli d'huîtres. Dans le fond, des barques de pêcheurs et des fabriques. Ce tableau est signé FRANC^{S}. BAS^{IS}. F.

Ancienne collection. — Estimation : Rest. 1,000 f.

BATTONI (il Cavaliere Pompeo Girolamo), *né à Lucques en 1708, mort à Rome en 1787.* (École romaine).

Il fut élève de Gio. Dominico Brugieri, de Gio. Dom. Lombardi, et se perfectionna en étudiant les ouvrages de Raphaël.

59. *La Vierge les yeux baissés et les mains croisées sur la poitrine.*

H. 0, 47. — L. 0, 37. — T. — Buste gr. nat.

Ancienne collection. — Estimation : Emp. 120 f. ; Rest. 300 f.

BECCAFUMI (**DOMENICO MECHERINO**, *dit*), *peintre, sculpteur et graveur, né près de Sienne en* **1484**, *mort, selon Vasari, en* **1549**. *Le père della Valle dit qu'il vivait encore en* **1551**. (**École de Sienne.**)

Domenico Mecherino, fils d'un laboureur, joignit à son nom celui de Lorenzo Beccafumi, son bienfaiteur, qui lui fit quitter l'état de berger et le plaça chez Pacio Campana, peintre florentin. Beccafumi s'attacha ensuite au style de Pérugin, puis à celui de Michel-Ange. Il inventa un nouveau genre de mosaïque qu'il employa pour le pavé de la cathédrale de Sienne.

60. *Jésus au jardin des Oliviers.*

H. 1, 10. — L. 0, 80. — C. — Fig. de 0, 40 à 0, 30.

Le Christ est agenouillé près d'un palmier. Un ange lui présente le calice, et l'on voit sur le devant trois apôtres endormis. Dans le fond, Judas indiquant le Christ aux soldats.

Grisaille sur cuivre. Le métal transparaît dans les clairs. — Ce tableau est compris dans le lot de 22 tableaux acquis de M. de Langeac pour une somme de 20,000 f. en 1822.

BELLIN (**GIOVANNI BELLINI**), *né en* **1426**, *mort le* **29** *novembre* **1516**, *âgé de* **90** *ans.* (**École vénitienne.**)

Il fut le disciple de Jacopo Bellini, son père, mort en 1470, et de son frère aîné Gentile Bellini, qu'il surpassa beaucoup en talent. Il est justement regardé comme le principal fondateur de l'École vénitienne, ayant été à 62 ans le maître du Giorgion et du Titien. Les progrès de ces deux élèves l'enflammèrent d'une nouvelle ardeur. Il agrandit sa manière, et ses meilleurs ouvrages furent ceux qu'il produisit à partir de cette époque jusqu'à celle de sa mort, arrivée à 90 ans. C'est encore lui qui répandit la pratique de la peinture à l'huile dont il avait surpris le secret en se faisant peindre par Antoine de Messine ; Antoine tenait lui-même ce secret de Jean de Bruges. — Son frère aîné Gentile Bellini, né en 1421, mort le 23 février 1507, fut également élève de son père et de Girolamo Malatini pour la perspective. Mantegna, son beau-frère, lui donna aussi des conseils. Mahomet II ayant demandé un *bon peintre* à la république de Venise, Gentile fut choisi par le sénat et envoyé à Constantinople le 1er août 1479. Il y peignit beaucoup de portraits et dessina la colonne Théodose qui a été gravée par P. F. Giffart, d'après lui. Cette longue frise appartient à l'Académie des Beaux-Arts de Paris et se trouve actuellement au Louvre.

61. *La Vierge et l'Enfant-Jésus.*

H. 0, 74. — L. 0, 86. — T. — Fig. en buste, pet. nat.

L'Enfant-Jésus est dans les bras de la Vierge ; à droite, saint Sébastien, percé de flèches et attaché à un arbre.

Ancienne collection. — M. Waagen pense que ce tableau n'est pas de Gio. Bellini. — Estimation : Rest. 2,000 f.

62. ***Réception d'un ambassadeur de Venise à Constantinople.***

H. 1, 18. — L. 2, 03. — T. — Fig. de 0, 38.

L'ambassadeur vénitien, en robe rouge, accompagné de cinq personnages vêtus de noir, est présenté à un vieillard coiffé d'un turban à cinq pointes et assis sur un divan placé devant la porte d'un palais. Sur les marches et dans la cour un grand nombre d'orientaux dont un à cheval accompagné de deux gardes. Dans le fond, le jardin et les terrasses du palais.

Collection de Louis XIV. — M. Waagen pense que ce tableau n'est pas de Gio. Bellini. Dans l'inventaire de Bailly (1709-1710), il est attribué au maître de Paul Véronèse, Antonio Badile. — Estimation : Rest. 4,000 f.

63. ***Portraits de Jean et de Gentil Bellin.***

H. 0, 44. — L. 0, 63. — T. — Bustes gr. nat.

Tous deux sont coiffés d'une toque : les cheveux de Jean sont noirs, et ceux de Gentil sont roux.

Collection de Louis XIV. — On voit dans le musée de Berlin une répétition de ce tableau, mais d'une exécution moins fine. — Estimation : Emp. 15,000 f. ; Rest. 8,000 f.

BELLOTTO (Bernardo), *dit aussi* Canaletti, *peintre et graveur, né à Venise en 1724, mort à Varsovie en 1780.*

Il sut imiter si bien la manière d'Antonio Canal, son oncle et son maître, que ses peintures passent souvent pour être de cet habile artiste.

64. ***La salle du Collége, au palais ducal, à Venise.***

H. 0, 66. — L. 1, 00. — T. — Fig. de 0, 11.

Le doge sur son trône, entouré de ses conseillers. — Foule de masques.

Gravé par Brustolon, sous le nom de Canaletto.

Ancienne collection. — Rentoilé en juillet 1833. — Estimation : Emp. 250 f. ; Rest. id.

BELTRAFFIO (Giovanni Antonio), *né en 1467, mort en 1516.* (École milanaise.)

Gentilhomme milanais, élève de Léonard de Vinci. Il ne s'occupa de peinture que dans ses moments de loisir.

65. ***La Vierge de la famille Casio.***

H. 1, 86. — L. 1. 84. — B. — Fig. pet. nat.

Au milieu de la composition, la Vierge assise et tenant l'Enfant-Jésus sur ses genoux, reçoit les hommages de deux donateurs agenouillés de chaque côté du tableau. A gauche, le plus âgé, présenté par saint Jean-Baptiste, est Girolamo Casi, ou da Casio, père de Giacomo qui, placé à l'angle de droite, la barette à la main, porte sur la tête, en sa qualité de poëte, une couronne de lauriers. Près de lui, saint Sébastien debout, les mains derrière le dos et attachées à un arbre. Au-dessus de la tête de la Vierge, sur un nuage, un ange jouant du luth.

Landon, t. 2, pl. 10.

Girolamo Casio de' Medici, poëte, d'une famille illustre de Bologne, naquit vers 1463. S'étant embarqué en 1497, pour aller visiter les lieux saints, la galère qu'il montait fut prise par les Turcs, et il dut sa délivrance à un capitaine vénitien qui le conduisit à Candie. Dans un voyage qu'il fit à Rome, le pape Léon X le créa chevalier, et, en 1523, Clément lui décerna le laurier poétique; il mourut peu à près dans la ville de Bologne. — Vasari cite ce tableau, peint en 1500, dans l'église de la Miséricorde, près de Bologne, comme le chef-d'œuvre de Beltraffio. Cette date peut faire supposer que Girolamo le fit exécuter par suite d'un vœu qu'il avait fait à la Vierge pour sa délivrance. Vasari dit aussi que Beltraffio y avait inscrit son nom et sa qualité d'élève du Vinci, mais cette inscription a disparu depuis longtemps. D'après Malvasia et Baldinucci, l'ange qui joue du luth serait attribué, par tradition, à Léonard de Vinci, mais cette opinion est très contestable. Les œuvres de Beltraffio sont extrêmement rares, et, au rapport de Lanzi, ce tableau est le seul authentique de ce maître. — Ce tableau, placé d'abord dans la chapelle de la famille Casio de l'église de la Miséricorde, près Bologne, passa ensuite au musée de Brera, à Milan. Depuis, il fut acquis par le musée français, ainsi que le tableau de Carpaccio, nº 103, celui d'Uggione, nº 503, ceux de Bonvicino, nºs 73 et 74, moyennant un échange avec le musée de Milan, autorisé par le gouvernement, qui reçut cinq tableaux de l'École flamande. — Estimation : Emp. 80,000 f.; Rest. 30,000 f.

BIANCHI FERRARI (Francesco), *dit* il Frari, *florissait en 1481, et mourut en 1510.* (École de Modène.)

Quelques auteurs ont répété, sur l'assertion de Vedriani, que Bianchi fut le maître du Corrége. Tiraboschi a réfuté cette opinion. Corrége, né en 1494, n'avait que 16 ans lorsque Bianchi mourut en 1510. Il n'a pu, en tous cas, apprendre de lui que les premiers éléments de la peinture.

66. ***La Vierge sur son trône, l'Enfant Jésus et deux saints.***

H. 2, 10. — L. 1, 38. — B. — Fig. gr. nat.

La Vierge, assise sur un trône élevé, tient l'Enfant-Jésus sur ses genoux; deux anges assis au pied du trône, jouent l'un de la viole, l'autre du théorbe. Saint Benoît en habits abbatiaux, saint Quentin couvert d'une armure et appuyé sur une épée, sont debout de chaque côté du tableau. Dans le fond, une galerie ouverte soutenue par des pilastres décorés d'arabesques, laisse apercevoir un paysage montueux.

Landon, t. 2, pl. 11.

Musée Napoléon. — Estimation : Emp. 8,000 f. ; Rest. 10,000 f.

BOLOGNESE (GIO. FRANCESCO GRIMALDI, *dit* LE), *peintre, graveur et architecte, né à Bologne en 1606, mort à Rome en 1680.* (École bolonaise.)

Il était parent des Carrache et se forma en étudiant leurs œuvres. Le cardinal Mazarin le fit venir en France et l'occupa, pendant trois ans, à embellir son palais, ainsi que celui du Louvre. Chargé des bienfaits de Louis XIV, il retourna à Rome, où il fut nommé deux fois prince de l'académie de Saint-Luc. Il mourut à l'âge de 74 ans, laissant des biens considérables à six enfants, dont le cadet, Alexandre, fut assez bon peintre.

67. *Les baigneuses ; paysage.*

H. 0, 33. — L. 0, 42. — C. — Fig. 0, 10.

Fleuve ombragé par de grands arbres et barré dans le fond par une cascade. A gauche, sur la rive, trois femmes à demi-nues; l'une d'elles couchée sur un coussin, relève sa draperie.

Filhol, t. 3, pl. 173.

Ancienne collection. — Estimation : Emp. 1,000 f. ; Rest. 2,000 f.

68. *Paysage.*

H. 0, 34. — L. 0, 42. — C. — Fig. 0. 70.

A gauche du tableau un homme drapé à l'antique s'adresse à un autre personnage assis au bord d'un chemin. Au milieu d'un fleuve, un homme assis dans une barque, et sur la rive, un marinier paraissant engager deux femmes à y entrer. Dans le fond, cascade et fabrique sur une éminence.

Filhol, t. 9, pl. 700.

Ancienne collection. — Estimation : Emp. 1,000 f. ; Rest. 2,000 f.

69. *Paysage.*

H. 0, 34. — L. 0, 42. — T. — Fig. de 0, 10.

A droite sur le devant, deux femmes, trois enfants

et un jeune homme assis sur une pierre carrée; au deuxième plan, une barque contenant cinq personnes. De l'autre côté de la rivière, fabriques au bas d'une montagne couronnée par une espèce de forteresse.

Landon, t. 2, pl. 13. — Filhol, t. 4, pl. 34.

Ancienne collection. — Estimation : Emp. 600 f.; Rest. 2,000 f.

70. *Les laveuses; paysage.*

H. 0, 37. — L. 0, 68. — T. — Fig. de 0, 10.

Une femme lave du linge sur le bord d'une rivière; près d'elle, deux femmes accompagnées d'un enfant portent un panier plein de linge sur leur tête. On aperçoit dans le fond des fabriques et un pont jeté sur la rivière.

Ancienne collection. — Ce tableau est attribué, par quelques auteurs, à Annibal Carrache. — Estimation : Emp. 400 f.; Rest. 6,000 f.

BONACORSI. *Voir* PERINO DEL VAGA.

BONIFAZIO, *né à Venise vers* 1500, *mort en* 1562. (Ecole vénitienne.)

Il a existé certainement deux peintres portant le nom de Bonifazio, travaillant dans la même ville et dont les historiens n'ont fait qu'un même artiste. Vasari, Ridolfi, Boschini, Martignoni, Zanetti disent que Bonifazio était *Vénitien*. Sansovino, Lomazzo, Morelli, Lanzi prétendent qu'il était *Véronais*. Sur un ancien registre de la compagnie des peintres de Venise on trouve l'inscription d'un Bonifazio de Vérone, et sur le nécrologe de l'église de Saint-Ermagora l'enregistrement du décès d'un Bonifazio, peintre, mort le 19 octobre 1553. Ces deux mentions doivent se rapporter au même artiste véronais dont parle Sansovino son contemporain, artiste qui peignit dans la sacristie de l'église de Saint-Sébastien et à l'*uffizio della Zecca*, en 1547, d'un style si sec et si peu vénitien que Lanzi attribuait ces ouvrages à un maître de l'école florentine. Quant au Bonifazio donné comme Vénitien par Vasari, également son contemporain, c'est évidemment celui dont on a des toiles datées de 1533, 1556 et 1562, d'un style tout-à-fait giorgionesque, et qui ne ressemble en rien à celui des peintures authentiques du Bonifazio cité précédemment. Ajoutons encore que, suivant Ridolfi, ce Bonifazio vénitien mourut en 1562, âgé de 62 ans, ce qui concorde parfaitement avec un tableau du palais ducal daté de cette même année 1562 et d'une exécution tout-à-fait analogue à celle du Titien. Ridolfi veut que Bonifazio ait été élève de Palme le vieux, Boschini dit que Titien fut son maître. Quoi qu'il en soit, il a imité souvent ce dernier avec une grande perfection et sa place est marquée naturellement entre Titien et Palme le vieux.

71. *La résurrection de Lazare.*

H. 1, 83. — L. 2, 92. — T. — Fig. pet. nat.

Marthe et Marie, sœurs de Lazare, sont agenouillées

de chaque côté du Christ accompagné de ses disciples. A droite, Lazare, soutenu par deux hommes, sort de son tombeau en présence de plusieurs juifs, dont l'un détourne la tête, et l'autre se bouche les narines pour ne pas respirer l'odeur qui s'exhale du tombeau.

Landon, t. 2, pl. 14.

Ce tableau était placé autrefois dans l'église Saint-Louis des Français, à Rome. — Estimation : Emp. 10,000 fr.; Rest. id.

BONINI (GIROLAMO), *dit* L'ANCONITANO, *du nom d'Ancône, sa patrie. Il vivait encore en* 1660. (École bolonaise.)

Élève et ami de l'Albane, dont il fut un des plus fidèles imitateurs.

72. *Le Christ adoré par les anges, par saint Sébastien et par saint Bonaventure.*

H. 2, 48. — L. 1, 78. — T. — Fig. gr. nat.

Dans le fond, le Christ, tenant un roseau et portant la couronne d'épines, est soutenu par un ange; deux autres anges sont à genoux devant lui. Sur le premier plan, saint Sébastien, attaché à une colonne, le corps percé de flèches, et saint Bonaventure à genoux, montrant le Sauveur.

Landon, t. 2, pl. 15.

Musée Napoléon. — Estimation : Emp. 3,000 fr.; Rest. id.

BONVICINO (ALESSANDRO), *dit* IL MORETTO DA BRESCIA, *du nom de sa patrie, peignait dès l'an* 1516, *et vivait encore en* 1547. (École vénitienne.)

Il étudia à l'école du Titien et imita parfaitement sa manière, surtout dans les portraits. Plus tard, ayant vu des tableaux et des estampes de Raphaël, il se forma un nouveau style.

73. *Saint Bernardin de Sienne et saint Louis de Sicile.*

H. 1, 13. — L. 0, 60. — B. cintré du haut. — Fig. pet. nat.

Les deux saints sont debout; saint Bernardin, religieux de l'ordre des Cordeliers de Sienne, tient une patène; saint Louis, évêque de Toulouse, porte un manteau fleurdelisé et s'appuie sur une crosse.

Landon, t. 2, pl. 16.

Musée de Brera à Milan. — Estimation : Emp. 6,000 f.; Rest. 2,500 f. Acquis par échange, ainsi que le suivant. *V.* Beltraffio.

74. *Saint Bonaventure et saint Antoine de Padoue.*

H. 1, 13. — L. 0, 60. — B. cintré du haut. — Fig. pet. nat.

Les deux saints sont debout; saint Bonaventure, cardinal et évêque d'Albano, porte le chapeau de cardinal et s'appuie sur une crosse; saint Antoine de Padoue, religieux de l'ordre des Mineurs, tient une branche de lis et un livre.

Landon, t. 2, pl. 16.

Musée de Brera à Milan.—Estimation : Emp. 6,000 fr.; Rest. 2,500 fr.

BONZI (Pietro Paolo). *Voir* Gobbo.

BORDONE (Paris), *né à Trévise en 1500, mort à Venise le 19 janvier 1571, à l'âge de 70 ans.* (École vénitienne.)

Il fut élève du Titien, et plus encore l'imitateur du Giorgion. Appelé en France par François II, et non par François Ier, mort le dernier jour de mars 1547, il y arriva en 1559, fit une grande quantité de portraits et travailla aussi pour le duc de Guise et le cardinal de Lorraine. Il eut un fils peintre qui ne marcha que de loin sur les traces de son père.

75. *Vertumne et Pomone.*

H. 1, 30. — L. 1, 24. — T. — Forme ronde, demi-fig. gr. nat.

Landon, t. 2, pl. 19.

Musée Napoléon. — Ce tableau a été aussi indiqué comme représentant : *Angélique et Médor.* — Estimation : Emp. 3,000 fr.; Rest. 6,000 fr.

76. *Portrait d'homme.*

H. 1, 07. — L. 0, 86. — T. — Buste, gr. nat.

Il est vêtu d'une robe fourrée, tient une lettre de la main droite, et pose la gauche sur une table. On lit sur un pilastre où sont sculptées les armes de ce personnage : ÆTATIS. SUÆ. ANN. XXVII. MD.XXXX.

Collection de Louis XIV. — Rentoilé en 1831. — Estimation : Emp. 3,000 fr.; Rest. 5,000 fr.

77. *Portraits présumés de Philippe II, roi des Espagnes, et de son précepteur.*

H. 1, 13. — L. 0, 53. — T. — Fig. gr. nat.

Tous deux portent la main sur un globe, symbole

de la vaste domination à laquelle ce prince était appelé, ou de sa grande aptitude aux mathématiques.

Musée Napoléon. — L'inventaire de l'Empire indique ce tableau comme attribué seulement à Bordone, ce qui explique la faible estimation qu'on en a fait à cette époque. — Estimation : Emp. 12 fr. ; Rest. 6,000 fr.

BOSCHI (FRANCESCO), *né en 1619, mort en 1675* (École florentine.)

Il fut élève et neveu de Matteo Roselli, et réussit particulièrement dans le genre des portraits. Alfonso, son frère aîné et son condisciple, mort jeune, donnait les plus grandes espérances.

78. *Portrait de Galilée.*

H. 0, 51. — L. 0, 45. — T. — Tête gr. nat.

Compris dans le lot de 22 tableaux acquis de M. de Langeac, en 1822, moyennant 20,000 fr.

BOSELLI (ANTONIO), *bergamasque de la vallée de Brembana. Les ouvrages que l'on connaît de lui ont été exécutés de 1509 à 1536.* (École vénitienne.)

Lanzi pense que cet artiste, presque inconnu, est le même qu'Antonio Bosello qui aida Pomponio Amalteo de San Vito dans les peintures exécutées de 1534 à 1536 à Ceneda, ville de la Marche Trévisane.

79. *Quatre têtes de saintes :*

1° *Sainte Cécile ;*

2° *Sainte Agnès ;*

3° *Sainte Marie-Madeleine ;*

4° *Sainte Barbe.*

H. 0, 26. — L. 0, 33. — Les nos 1 et 4, B; les nos 2 et 3, T. — Fig. pet. nat.

Musée Napoléon. — Ces quatre peintures, de forme octogone, sont réunies dans un même cadre. — Estimation : Emp. 2,000 fr. ; Rest. 600 fr.

BOTTICELLI (ALESSANDRO FELIPPI *ou* FILIPPI, *dit* SANDRO), *peintre et graveur, né à Florence en 1437, mort en 1515.* (École florentine.)

Alessandro, et par abréviation Sandro Felipepi, travailla d'abord chez Botticelli, orfèvre, dont il joignit le nom au sien. Il fut ensuite élève de fra Filippo Lippi.

80. *La Vierge et l'Enfant-Jésus.*

H. 1, 14. — L. 1, 14. — *B.* — Forme ronde. — Fig. gr. nat.

L'Enfant-Jésus, assis sur les genoux de la Vierge, appuie la main gauche sur une grenade, et la droite sur le bras de sa mère qui vient d'inscrire le *Magnificat* dans un livre que tiennent deux jeunes saints présentés par leur ange gardien. L'archange saint Michel pose sur la tête de la Vierge une couronne étoilée qui reflète les rayons du soleil, symbole de la splendeur divine.

Landon, t. 2, pl. 21.

Musée Napoléon. — Estimation : Emp. 1,500 fr. ; Rest. 4,000 fr.

81. *La Vierge, l'Enfant-Jésus et saint Jean.*

H. 0, 93. — L. 0, 69. — B. — Fig. gr. nat.

La Vierge assise dans un jardin, tient l'Enfant-Jésus debout sur ses genoux. A gauche, le jeune saint Jean près d'un socle sur lequel est posé un livre.

Ce tableau, suivant M. Waagen, semble plutôt être de Filippino Lippi, élève de Botticelli, né en 1460 et mort en 1505.—Compris dans le lot de tableaux acquis de M. Mauco (*Musée européen, en 1824*), moyennant une somme de 20,000 fr.

BOTTICELLI (école de).

82. *La Vierge et l'Enfant-Jésus.*

H. 0, 63. — L. 0, 47. — B. — Fig. pet. nat.

La Vierge, tenant l'Enfant-Jésus sur ses genoux, est assise près d'une fenêtre ouverte qui laisse apercevoir un fleuve coulant au pied de montagnes.

Musée Napoléon. — Ce tableau, portant le nº 951 dans le livret de 1841, était attribué à Cimabue, suivant l'indication donnée par l'inventaire de l'Empire. Cette attribution est évidemment fausse, car ce tableau a été exécuté certainement plus de 150 ans après la mort de Cimabue. — Estimation : Emp. 50 fr.

BRONZINO (Angiolo), *peintre, graveur et poète, né à Florence vers* 1502, *vivait encore en* 1567. (École florentine.)

Élève de Giacomo Pontormo, qui l'aimait comme son fils, il chercha aussi à imiter le style de Michel-Ange. Il fit un grand nombre de portraits justement estimés.

83. *Le Christ apparaît à la Madeleine.*

H. 2, 91. — L. 1, 95. — B. — Fig. gr. nat.

Jésus-Christ, tenant une bêche à la main, apparaît à

la Madeleine, qui se jette à ses pieds. A la vue du Christ, deux saintes femmes, placées près de la Madeleine, témoignent leur étonnement. Dans le fond, le calvaire, la ville de Jérusalem; et, près du sépulcre, un ange annonçant à Marie-Madeleine et à ses compagnes que Jésus est ressuscité.

Etruria pittrice, t. 1, pl. 52.

Musée Napoléon. — « Giovani Battista Cavalcanti, ayant construit à Santo-Spirito de Florence, en marbres précieux amenés d'outremer à grands frais, une chapelle où il déposa les restes mortels de son père Tommaso, y fit sculpter par fra Giovanni Agnolo Montsorli le buste de son père, et peindre par Bronzino le Christ apparaissant à Marie-Madeleine sous la figure d'un jardinier. Au fond de cette composition, on aperçoit les deux autres Maries. Toutes ces figures sont étudiées avec un soin incroyable. » (VASARI.) — Dans la notice de 1823, nº 335, ce tableau est donné à Alessandro Allori. — Estimation : Emp. 10,000 fr.; Rest. 3,000 fr.

BRUSASORCI (FELICE RICCIO, *dit* IL), *né à Vérone en* 1540, *mort en* 1605. (École vénitienne.)

Felice Riccio fut d'abord élève de son père Domenico et se perfectionna ensuite à Florence sous Jacopo Ligozzi. Il imita le style du Titien et surtout celui de Paul Véronèse. Sa sœur Cécile se distingua dans le portrait.

84. *Sainte-Famille.*

H. 0, 87. — L. 0, 97. — T. — Fig. à mi-corps, pet. nat.

La Vierge assise tient dans ses bras l'Enfant-Jésus; derrière elle est saint Joseph; sainte Ursule, debout de l'autre côté, offre une colombe à l'Enfant-Jésus.

Filhol, t. 10, pl. 638. — Landon, t. 2, pl. 23.

Musée Napoléon. — Ce tableau a été longtemps attribué à Paul Véronèse. — Estimation : Emp. 12,000 fr.; Rest. 4,000 fr.

CALABRÈSE (MATTIA PRETI, *dit* LE), *né à Taverna, dans le royaume de Naples, en* 1613, *mort à Malte en* 1699. (École napolitaine.)

Il fut élève de Lanfranc et étudia les ouvrages du Guerchin et du Caravage.

85. *Saint Paul et saint Antoine dans le désert.*

H. 1, 79. — L. 1, 25. — T. — Fig. gr. nat.

Les deux saints agenouillés et les yeux tournés vers le ciel, rendent grâce au Seigneur du pain qu'un corbeau vient leur apporter tous les jours dans le désert.

Musée Napoléon. — Estimation : Emp. 4,000 fr.; Rest. id.

86. ***Martyre de saint André.***

H. 0, 34. — L. 0, 43. — T. — Fig. à mi-corps de 0, 38.

Le saint, attaché à une croix avec des cordes, tourne ses regards vers le ciel. A droite, un jeune homme appuyé sur un bâton, contemple son extase; de l'autre côté, le proconsul, suivi d'un de ses gardes, attend que le saint soit expiré. Dans le fond, deux vieillards.

Filhol, t. 4, pl. 224. — Landon, t. 2, p. 27.

Ancienne collection. — Estimation : Emp. 800 fr.; Rest. 200 fr.

CALABRÈSE (genre de).

87. ***Reniement de saint Pierre.***

H. 1, 19. — L. 1, 67. — T. fig.

Saint Pierre a renié son maître devant la servante du grand-prêtre; un soldat le reconnaît, le menace, et porte la main sur son épée.

Musée Napoléon. — Ce tableau, attribué à l'école du Calabrèse et à celle de Valentin, a été quelquefois donné à Manfredi. — Estimation : Emp. 400 fr.; Rest. 1,000 fr.

CALCAR (JEAN VAN), *né à Kalker dans le duché de Clèves en 1499 et mort à Naples en 1546.* (Ecole vénitienne.)

On a aussi appelé cet artiste Calcher, et écrit son nom de deux manières différentes : Chalcher et Kalker. — Il fut disciple de Titien et fit de si grands progrès à son école que ses ouvrages ne se distinguaient pas de ceux du maître. Les écrivains contemporains nous apprennent que souvent, de leur temps, les tableaux et surtout les portraits de Calcar ont été vendus comme des ouvrages de Titien. Il en fut de même lorsque Calcar changea de manière et imita Raphaël au point de tromper les plus habiles connaisseurs de l'époque. Il dessina presque tous les portraits des artistes dont Vasari a écrit la biographie, et les belles figures anatomiques gravées sur bois dans la première édition du traité de Vésal. Ces figures ont été longtemps attribuées au Titien.

88. ***Portrait d'homme.***

H. 1, 09. — L. 0, 88. — T. — Fig. à mi-corps. gr. nat.

Il a la barbe rousse et fourchue, la tête nue et les cheveux courts; il est vêtu d'une robe noire mise par-dessus un pourpoint violet; la main gauche pose sur la hanche, et la droite, appuyée sur le piédestal d'une colonne, tient un papier. On remarque sur la colonne un écusson portant d'azur à trois têtes de pavot d'or, et on lit cette inscription : ANNO 1540 ÆTATIS 26.

Filhol, t. 2, pl. 47. — Landon, t. 8, pl. 18.

Collection de Louis XIV. — On trouve dans l'inventaire de Bailly (1709-10), sous le nom de *Jean Van Calcard :* « un tableau représentant un portrait d'homme, la main droite appuyée sur un piédestal et la gauche sur le côté. Figure comme nature ayant de hauteur trois pieds et demi sur deux pieds six pouces de large. » Ce portrait ne figure plus dans le catalogue de Lépicié (1753) au nom de Calcar, mais il reparaît mieux décrit, à l'article de Tintoret, avec des dimensions qui avaient varié ainsi que celles de tant d'autres tableaux : « Hauteur trois pieds sept pouces et demi sur trois pieds de large, forme ovale. » Ce portrait n'est évidemment pas du Tintoret ; M. Waagen le donnait à Pâris Bordone. Nous avons cru devoir lui rendre sa plus ancienne attribution.

CALDARA. *Voir* POLIDORE DE CARAVAGE.

CALIARI (PAOLO). *Voir* PAUL VÉRONÈSE.

CAMPI (BERNARDINO), *peintre et écrivain, né à Crémone en* 1522, *vivait encore en* 1590. (École de Crémone.)

Il fut élève de Giulo Campi qui eut deux frères, Antonio et Vincenzio, et d'Ippolito Costa, qu'il ne faut pas confondre avec Lorenzo Costa ou avec Ludovico Costa, de l'école de Jules Romain. Il eut de nombreux disciples et les tableaux des différents Campi et de leurs élèves se confondent souvent. Campi a publié en 1584 un livre intitulé : *Parer sulla pittura.*

89. *La Mère de pitié.*

H. 1, 63. — L. 1, 60. — T. — Fig. gr. nat.

La Vierge agenouillée lève les yeux au ciel en présence du corps du Christ détaché de la croix et assis sur son cercueil.

Filhol, t. 4, pl. 231. — Landon, t. 2, pl. 28.

Musée Napoléon. — Estimation : Emp. 3,000 fr.; Rest. 3,000 fr.

CANALETTO (ANTONIO CANAL, *dit*), *peintre et graveur, né à Venise en* 1697, *mort en* 1768. (École vénitienne.)

Elève de Bernardo Canal, son père, peintre de décors. Il fut un des premiers qui fit usage de la chambre obscure, pour obtenir rapidement une perspective exacte. On a confondu souvent ses ouvrages avec ceux de Bernardo Bellotto et de François Guardi qui, tous deux, prirent le surnom de Canaletto.

90. *Vue de l'église et de la place Saint-Marc, à Venise.*

H. 0, 66. — L. 0, 98. — T.

91. *Vue du palais ducal à Venise, et du môle, pris de la riva degli Schiavoni, au-delà du pont della Paglia.*

H. 0, 66. — L. 0, 98. — T.

Dans le lointain, on aperçoit la douane de mer et l'église dite *la Madona della Salute.*

Filhol, t. 4, pl. 27.

Ancienne collection. — Estimation : Emp. 800 fr.; Rest. 1,000 fr.

92. *Vue de l'église dite* la Madona della Salute, *à Venise.*

H. 1, 24. — L. 2, 13. — T. — Fig. de 0, 10.

Elle fut élevée en accomplissement d'un vœu formé par le sénat pour la cessation de la peste qui ravageait Venise en 1630. La première pierre fut posée par le doge Nicolas Contarini, en 1631. L'architecture est de B. Longheno.

Compris dans cinq tableaux acquis, en 1818, de M. le comte de Claparède, moyennant la somme de 18,000 fr.

93. *Le doge se rendant processionnellement à l'église Santa Maria della Salute, à Venise, pour assister à la commémoration de la cessation de la peste de* 1630.

Gravé par Brustolon.

H. 0, 67. — L. 1, 00. — T.

Ancienne collection. — Estimation : 150 fr.

94. *Fête du jeudi-gras, à Venise.*

H. 0, 67. — L. 1, 00. — T. — Fig. de 0, 10.

Un temple doré et magnifiquement orné est élevé sur la Piazzetta; des gondoliers exécutent le tour des *forces d'Hercule.* Le doge assiste à cette fête de la galerie du palais ducal.

Gravé par Brustolon.

Ancienne collection. — Estimation : Emp. 150 fr.; Rest. 1,000 fr.

95. *Fête du* Corpus Domini, *à Venise.*

H. 0, 67. — L. 0, 99. — T. — Fig. de 0, 10.

La place Saint-Marc est décorée d'une galerie circulaire sous laquelle passent processionnellement le doge, les dignitaires et les confréries religieuses suivant le Saint-Sacrement.

Gravé par Brustolon.

Ancienne collection. — Estimation : Emp. 150 fr.; Rest. 1,000 fr.

96. *Couronnement du doge sur le haut de l'escalier des Géants du palais ducal, à Venise.*

Gravé par Brustolon.

H. 0, 67. — L. 1, 00. — T. — Fig. de 0, 10.

Ancienne collection. — Estimation : Emp. 150 fr.; Rest. 3,000 fr.

97. *Procession du doge à l'église de Sainte-Zaccharie, le jour de Pâques.*

H. 0, 67. — L. 0, 98. — T. — Fig. de 0, 10.

Le doge est suivi et précédé de dignitaires portant le bougeoir, la corne ducale, le parasol, le siège doré et l'épée, insignes de son rang.

Gravé par Brustolon.

Ancienne collection. — Estimation : Emp. 150 fr.; Rest. 750 fr.

98. *Vue de Venise.*

H. 0, 46. — L. 0, 93. — T. — Fig. de 0, 05.

La place Saint-Marc, vue du côté des procuraties nouvelles, le Campanile, l'église Saint-Marc; au fond la Piazzetta; plus loin Saint-Georges-Majeur.

Ce tableau et le suivant sont généralement attribués à Van Vitelli.

99. *Vue de l'extrémité de la piazzetta, prise de la riva degli Schiavoni.*

H. 0, 46. — L. 0, 93. — T. — Fig. de 0, 05.

Le doge, suivi d'une escorte nombreuse, rentrant au palais Saint-Marc après la cérémonie de son mariage avec la mer. A gauche, les barques dorées qui ont accompagné le bucentaure.

CANALETTO (école de).

100. *Vue perspective de la piazzetta et d'un côté de la place Saint-Marc, à Venise.*

H. 0, 66. — L. 1, 02. — T. — fig. de 0, 10.

Estimation : Rest. 1,000 fr.

CANTARINI. *Voir* PÉSARÈSE.

CARAVAGE (MICHELANGIOLO AMERIGHI *ou* MORIGI, *dit* LE), *peintre et graveur, né à Caravagio, près Milan, en 1569, mort en 1609 à Porto-Ercole.* (École romaine.)

Il n'eut point de maître ; il se forma sur les ouvrages du Giorgion, et surtout en copiant la nature. Son style, vigoureux et original, trouva de nombreux imitateurs, même parmi des peintres déjà célèbres. Manfredi, le Valentin suivirent sa manière ; le Guerchin, le *Guide*, le *Dominiquin* et *Ribera* étudièrent ses productions.

101. *La mort de la Vierge.*

H. 3, 69. — L. 2, 45. — T. — Fig. gr. nat.

La Vierge est étendue sur son lit de mort. Les apôtres et leurs disciples sont plongés dans l'affliction ; sur le premier plan, une femme assise, absorbée dans la plus vive douleur, essuie ses larmes.

Gravé par Simon Vallée, par Henry Laurent et Claessens. — Filhol, t. 7, pl. 475. — Landon, t. 3, pl. 9.

Ce tableau, peint pour l'église *della Scala in Transtevere*, à Rome, fut acheté par le duc de Mantoue, et placé dans sa galerie ; il devint ensuite la propriété de Charles Ier, de Jabach et de Louis XIV. — Estimation : Emp. 40,000 fr.; Rest. 50,000 fr.

102. *La diseuse de bonne aventure.*

H. 0, 99. — L. 1, 31. — T. — Fig. à mi-corps, gr. nat.

Une bohémienne tient la main d'un jeune homme vêtu avec élégance, qui semble l'écouter attentivement.

Gravé par Benoît Audran. — Filhol, t. 8, pl. 537.

Collection de *Louis XIV*. — Bellori prétend que Caravage fit ce tableau afin de prouver qu'on pouvait être un peintre parfait sans avoir étudié l'antique ou Raphaël. L'imitation exacte de la nature devait être, suivant lui, le but de l'art. — Estimation : Emp. 3,000 f.; Rest. 4,000 f.

103. *Portrait en pied d'Alof de Vignacourt, grand-maître de Malte en 1601.*

H. 1, 95. — L. 1, 34. — T. — Fig. gr. nat.

Il est debout, couvert d'une armure et tient un bâton de commandement. Près de lui, un page porte son casque.

Gravé par Nicolas Larmessin. — Landon, t. 3, pl. 2. — Filhol, t. 11, pl. 35.

Collection de Louis XIV. — Caravage, suivant Bellori, reçut du grand-maître, pour ce portrait, outre la croix de chevalier de l'ordre, une chaîne d'or et deux esclaves pris parmi les prisonniers musulmans, que les chevaliers vainqueurs avaient le droit de vendre à leur profit.

CARAVAGE (école de).

104. *Un concert.*

H. 1, 21. — L. 1, 72. — T. — Fig. à mi-corps, gr. nat.

Huit musiciens, debout devant un pupitre, chantent et jouent de divers instruments; un organiste, assis sur un tabouret, les accompagne.

Filhol, t. 4, pl. 248. — Landon, t. 3, pl. 10.

Ancienne collection. — Ce tableau a été aussi attribué à Manfredi. — Estimation : Emp. 5,000 fr.; Rest. 8,000 fr.

CARDI. *Voir* CIGOLI.

CARPACCIO (VITTORE), *né à Venise suivant quelques historiens, et à Capo d'Istria suivant d'autres auteurs, vivait en* 1521, *date la plus moderne d'un de ses tableaux. Ridolfi dit qu'il mourut dans un âge très avancé.* (École vénitienne.)

Vasari l'appelle *Scarpazza*, et Sansovino *Scarpaccia*. Il fut l'émule et le contemporain des deux Bellini et de Luigi Vivarino. Il eut pour élève Lazzaro Sebastiani (et non Lazzaro et Sebastiano, ses frères, comme le dit par erreur Vasari) et pour imitateur un Benedetto Carpaccio, peut-être son fils ou son neveu, qui florissait à Venise en même temps que lui.

105. *Prédication de saint Étienne, à Jérusalem.*

H. 1. 52. — L. 1, 95. — T. — Fig. de 0, 65.

Saint Etienne, monté sur un piédestal où l'on remarque un médaillon d'empereur, annonce l'Evangile au milieu de Jérusalem. Il est entouré des sénateurs de la synagogue, des affranchis, des Cyrénéens, des Alexandrins, des Ciliciens et de différents peuples de l'Asie qui écoutent sa parole.

Musée de Brera à Milan (v. Beltraffio).—On croit que le peintre s'est représenté parmi les spectateurs, sous les traits du personnage ayant un habit bleu, un bonnet violâtre et une longue barbe, à laquelle il porte la main.—Ce tableau, un des meilleurs ouvrages de Carpaccio, faisait partie d'une suite de cinq compositions représentant des sujets empruntés à la légende de saint Étienne, et exécutées à la *Scuola* de ce saint, à Venise, pendant les années 1511-1524. — Estimation : Emp. 15,000 fr.; Rest. 5,000 fr.

106. *Portrait de femme.*

H. 0, 69. — L. 0, 53. — B. — Buste, gr. nat.

Elle tient de la main gauche un collier, et de la droite des gants. Les chiffres formés des lettres C.A. et B.I. sont répétés plusieurs fois sur le bandeau qui retient ses cheveux, et indiquent, sans doute, les initiales de son nom.

Musée Napoléon. — *Attribué* seulement à Carpaccio par l'inventaire de la Restauration. — Estimation : Emp. 2,000 fr. ; Rest. 1,000 fr.

107. *Portrait d'homme.*

H. 0, 69. — L. 0, 53. — B. — Buste, gr. nat.

Sa tête est couverte d'une toque; il tient de la main droite, qui est gantée, une lettre sur laquelle on lit : *Dono Leonardo di Salla.*

Musée Napoléon. — Ce tableau, sur l'inventaire de la Restauration, est seulement *attribué* à Carpaccio. — Estimation : Emp. 1,000 fr.; Rest. id.

CARRACHE (LUDOVICO CARRACCI), *peintre et graveur, né à Bologne en 1555, mort en 1619.* (École bolonaise.)

Élève de Prospero Fontana, il étudia les ouvrages d'André del Sarto, de Jules Romain, du Parmesan, du Corrège et des maîtres vénitiens. C'est le plus ancien de tous les Carracci et le véritable chef de l'école de Bologne.

108. *L'Annonciation.*

H. 0, 48. — L. 0, 34. — T. — Fig. de 0, 30.

Gabriel, à genoux sur des nuages et tenant à la main une branche de lis, montre le ciel à Marie agenouillée devant un prie-dieu richement sculpté. Les cieux ouverts laissent voir une gloire d'anges et de chérubins formant un concert.

Landon, t. 2, pl. 52.

Collection de Louis XIV. — Estimation : Emp. 4,000 fr.; Rest. 6,000 fr.

109. *La Nativité de Jésus-Christ.*

H. 0, 37. — L. 0, 51. — C. — Fig. de 0, 27.

La Vierge à genoux, les bras croisés sur la poitrine, contemple l'Enfant-Jésus couché à terre sur un linge que soulève saint Joseph. Deux bergers, dont l'un tient un enfant sur ses épaules, s'approchent du Sauveur; plus loin, un ange conduit un autre berger. A droite, deux anges debout à côté du bœuf et de l'âne, dont on n'aperçoit que les têtes. Enfin, d'autres anges, portés sur des nuages, répandent des fleurs sur le nouveau-né.

Landon, t. 2, pl. 53.

Collection de Louis XIV. — Estimation : Emp. 15,000 fr.; Rest. 25,000 fr.

110. *La Vierge et l'Enfant-Jésus.*

H. 0, 92. — L. 0, 92.— Toile collée sur bois. Forme ronde. — Fig. gr. nat.

La Vierge tient de la main gauche l'Enfant-Jésus, et appuie la droite sur un livre.

Gravé par Barthelemy Roger (*Calc. nat.*); *par Bettelini.* — *Filhol, t. 7, pl. 452.*

Acquis par le roi Louis XV après la mort du prince de Carignan. — Estimation : Emp. 24,000 fr.; Rest. 20,000 fr.

111. *Jésus mort sur les genoux de la Vierge.*

H. 0, 33. — L. 0, 25. — C. — Fig. de 0, 25.

Jésus est étendu par terre sur son linceul, la tête appuyée sur les genoux de la Vierge, qui tourne douloureusement ses regards vers la croix où fut attaché son fils. La Madeleine, prosternée, soulève la main du Sauveur et contemple en pleurant ses plaies encore sanglantes.

Landon, t. 2, pl. 56.

Acquis en 1820 de M. Grégoire pour la somme de 8,000 fr. Quelques personnes attribuent ce tableau à Carlo Dolci.

112. *Apparition de la Vierge et de l'Enfant-Jésus à saint Hyacinthe.*

H. 3, 75.— L. 2, 21. — T. — Gr. nat.

La Vierge et l'Enfant-Jésus, portés sur des nuages et accompagnés de chérubins et d'anges qui forment un concert, apparaissent à saint Hyacinthe, religieux de l'ordre de saint Dominique. Le saint, à genoux dans un temple orné de colonnes, est en oraison devant une table soutenue par un ange et sur laquelle on lit :

« GAVDE FILI HIACINTHE QVIA ORATIONES TVÆ GRATÆ SVNT FILIO MEO ET QVID QVID AB EO PER ME PETIERIS IMPETRABIS. »

Gravé par Augustin Carrache. — Landon, t. 2, pl. 60.

Musée Napoléon. — Ce tableau fut peint, suivant Malvasia, par Louis Carrache, en 1594, pour la chapelle de la famille Turrini, dans l'église de Saint-Dominique à Bologne, et lui fut payé 50 écus (250 livres environ). Il en avait fait le modèle en terre, et les plâtres servirent longtemps d'étude dans les ateliers de Bologne. — Estimation : Emp. 15,000 fr.; Rest. 70,000 fr.

CARRACHE (école de Louis).

113. *L'enlèvement d'Europe.*

H. 1, 90. — L. 1, 17. — T. — Fig de 0, 40.

Le taureau divin s'est élancé dans la mer, emportant Europe effrayée qui se retient à ses cornes. Sur le rivage, cinq de ses compagnes éplorées les bras étendus vers la fille d'Agénor. Dans les airs, deux amours lançant des traits sur Europe, et deux autres tenant des fleurs et une couronne.

Ancienne collection. — Rentoilé en 1829. — Estimation : Rest. 1,000 fr.

CARRACHE (ANNIBAL CARRACCI), *peintre et graveur, né à Bologne en* 1560, *mort à Rome en* 1609. (École bolonaise.)

Élève de Louis Carrache, son cousin, et frère cadet d'Augustin. Il étudia les ouvrages du Corrège à Parme et ceux du Tintoret et de Paul Véronèse à Venise. Il fonda, avec Louis et Augustin Carrache, cette fameuse école d'où sortirent le Dominiquin, le Guide, l'Albane, le Guerchin et tant d'autres peintres célèbres.

114. *Le sacrifice d'Abraham.*

H. 0, 45. — L. 0, 34. — C. — Fig. de 0, 08.

L'ange arrête le bras d'Abraham, prêt à immoler Isaac agenouillé sur l'autel; près de lui est le bélier dont les cornes sont prises dans un buisson. Dans la vallée, au bas de la montagne, les deux serviteurs d'Abraham gardant un âne.

Filhol, t. 3, pl. 196. — Landon, t. 2, pl. 49.

Collection de Louis XIV. — Estimation : Emp. 2,000 fr.; Rest. 4,000 fr.

115. *La mort d'Absalon.*

H. 0, 45. — L. 0, 34. — C. — Fig. de 0, 11.

Joab à cheval, perce de sa lance Absalon, retenu par sa chevelure à un arbre.

Filhol, t. 7, pl. 454. — Landon, t. 2, pl. 48.

Collection de Louis XIV. — M. Waagen trouve ce tableau d'une exécution trop médiocre pour être donné à Annibal. Un ancien inventaire l'attribue à Carracho ou à Viola.— Estimation : Emp. 6,000 fr.; Rest. 4,000 fr.

116. *La naissance de la Vierge.*

H. 2, 74. — L. 1, 88. — T. — Forme cintrée, fig. gr. nat.

Le Père-Éternel, au milieu d'une gloire d'anges, préside à la naissance de la Vierge. Des femmes s'empressent de lui donner les premiers soins. Dans le fond, sur un plan plus élevé, sainte Anne dans son lit est assistée par deux servantes; près d'elle, saint Joachim rendant grâce au ciel.

Gravé par R. V. Audenaerd. — Landon, t. 2, pl. 31.

Musée Napoléon. — Ce tableau a été peint originairement pour l'église du palais pontifical de Lorette.— Estimation : Emp. 60,000 fr.; Rest. id.

117. *La Salutation angélique.*

H. 0, 34. — L. 0, 27. — C. — Fig. de 0, 23.

La Vierge, à genoux sur un prie-dieu, la main sur la poitrine, lève les yeux au ciel. L'archange Gabriel, une tige de lis à la main, montre l'Éternel et le Saint-Esprit portés sur les nuages et entourés d'une gloire d'anges.

Landon, t. 2, pl. 33.

Collection de Louis XIV. — Ce tableau a d'abord appartenu au duc de Mazarin : « J'ai voulu en donner 200 louis d'or au Duc, qui ne voulut pas s'en défaire, peut-être parce que c'était un tableau de dévotion. » (*Mémoires de Brienne*). — Estimation : Emp. 6,000 fr.; Rest. 8,000 fr.

118. *La Nativité de Jésus-Christ.*

H. 1, 05. — L. 0, 83. — T. — Fig. de 0, 53 à 0, 59.

L'Enfant-Jésus, couché dans sa crèche, est adoré par la Vierge, saint Joseph et les bergers à genoux. Les cieux ouverts laissent voir un concert formé par les anges et les chérubins. L'un d'eux porte une banderolle sur laquelle on lit : *Gloria in excelsis Deo*. Effet de jour.

Gravé par Pietro Santi Bartoli. — Landon, t. 2, pl. 34.

Collection de Louis XIV. — « Rehaussé de 5 pouces, élargi de 16. » (Inventaire Bailly.) — Estimation : Emp. 100,000 fr.; Rest. 80,000 fr.

119. *La Nativité de Jésus-Christ.*

H. 0, 42. — L. 0, 30. — C. — Fig. de 0, 27.

L'Enfant-Jésus, couché dans la crèche, est enveloppé d'une splendeur divine qui illumine l'étable où se trouvent la Vierge, deux anges et un pasteur à genoux. Derrière ce groupe, deux autres bergers paraissent à la fenêtre de l'étable avec une lanterne; saint Joseph leur ouvre la porte; près de lui, un jeune homme, éclairé par la lueur d'un flambeau. Dans la partie supérieure, un chœur d'anges formant un concert. Le tableau est signé : ANIBAL CARACHE.

Gravé par Charles Simonneau; par Lips et Forster.

Collection de Louis XIV. — Estim. : Emp. 24,000 fr.; Rest. 18,000 fr.

120. *La Vierge aux Cerises.*

H. 1, 20. — L. 0, 97. — T. — Fig. gr. nat.

La Vierge tient sur ses genoux l'Enfant-Jésus; saint Joseph lui soutient la main et lui donne des cerises.

Gravé par J. Boulanger.

Musée Napoléon. — Ce tableau, qui est bien de l'école des

Carrache, n'est pas attribué par tous les critiques à Annibal. Une répétition en existe au musée de Berlin. — Estimation : Emp. 6,000 fr.; Rest. 4,000 fr.

121. *Le sommeil de Jésus, dit* le Silence du Carrache.

H. 0, 38. — L. 0, 47. — T. — Dem.-fig. de 0, 05.

La Vierge, debout, soutient l'Enfant-Jésus endormi, couché sur une table couverte d'un linge, et fait signe au jeune saint Jean, qui avance la main pour toucher le Sauveur, de ne point troubler son sommeil.

Gravé par Etienne Picart en 1681 (Calc. nat.); par Poilly; par Reindel; par Richomme; par Hainzelmann.— Filhol, t. 4, pl. 242. — Landon, t. 2, pl. 35.

Collection de Louis XIV. — L'inventaire Bailly attribue ce tableau au Dominiquin qui, suivant une certaine tradition, l'aurait exécuté d'après un dessin d'Ann. Carrache. — Estimation : Emp. 15,000 fr.; Rest. id.

122. *Apparition de la Vierge à saint Luc et à sainte Catherine.*

H. 4, 01. — L. 2, 26. — T. — Cintré par le haut. — Fig. plus gr. que nat.

Saint Luc, à genoux, implore la Vierge, qui lui apparaît dans sa gloire, tenant l'Enfant-Jésus et entourée des autres Évangélistes. Aux pieds du saint, une palette et des instruments de peinture. A droite, sainte Catherine, le pied sur la roue, instrument de son supplice, montrant l'apparition céleste, et s'appuyant sur un stylobate où on lit : ANNIBAL CARACTIUS, F. M.D.XCII.

Landon, t. 2, pl. 41.

Musée Napoléon. — Malvasia nous apprend que ce tableau fut peint par Annibal Carrache, en 1592, pour la chapelle des notaires dans la cathédrale de Reggio. Il est un des premiers exécuté par l'artiste lorsqu'il résolut d'abandonner le style trop facile qu'il avait suivi jusqu'alors pour en adopter un plus grand et plus châtié. — Estimation : Emp. 30,000 f.; Rest. 75,000 f.

123. *Prédication de saint Jean-Baptiste dans le désert ; paysage.*

H. 0, 40. — L. 0, 52. — T. — Fig. de 0, 10.

Assis au bord du Jourdain, sur un rocher, à l'entrée d'une caverne, saint Jean est entouré de juifs qui écoutent sa parole. A gauche, un homme et deux rameurs assis dans une barque traversent le fleuve.

Landon, t. 2, pl. 36. — Filhol, t. 7, pl. 448.

Collection de Louis XIV. — Le cardinal Mazarin acheta ce tableau à Rome à la marquise Sannesi. — Estimation : Emp. 16,000 f. ; Rest. 18,000 f.

124. *Le Christ mort sur les genoux de la Vierge.*

H. 2, 77. — L. 1, 87. — T. — Fig. gr. nat.

Le Christ, mort, est étendu sur un linceul ; sa tête repose sur les genoux de sa mère, qui le contemple avec douleur ; près d'elle, la Madeleine, debout et appuyée sur le sépulcre, essuie avec sa chevelure les pleurs dont ses joues sont inondées. A gauche et derrière la tête du Christ, saint François à genoux, les mains croisées, médite sur les plaies du Sauveur que deux anges lui indiquent et arrosent de leurs larmes.

Gravé par Aquila.—Filhol, t. 3, pl. 181.—Landon, t. 2, pl. 38.

Musée Napoléon. — Ce tableau est un des derniers ouvrages d'Annibal, qui mourut quelque temps après à Rome, au retour d'un voyage fait inutilement à Naples, pour rétablir sa santé. Une lettre de l'Albane au Bonini nous apprend qu'Annibal altéra la beauté divine de la tête du Christ qu'il avait ébauchée sans modèle, en la terminant d'après nature. — Estimation : Emp. 100,000 f. ; Rest. 200,000 f.

125. *Le Christ au tombeau.*

H. 0, 43. — L. 0, 31. — C. — Fig. de 0, 27 à 0, 32.

Le corps du Christ, placé à l'entrée du sépulcre, est soutenu par la Vierge et Marie-Madeleine. Derrière le Christ, Joseph d'Arimathie et Marie Salomé ; plus loin, saint Jean les yeux levés au ciel et appuyé sur un rocher.

Gravé par John Gaudefroy. — Filhol, t. 5, pl. 337. — Landon, t. 2, *pl.* 39.

Collection de Louis XIV.—Estimation : Emp. 12,000 f.; Rest. 25,000 f.

126. *La résurrection de Jésus-Christ.*

H. 2, 17. — L. 1, 60. — T. cintré par le haut. — Fig. dem.-nat.

Jésus-Christ, entouré d'une gloire d'anges, sort radieux du tombeau ; aux secousses de la terre ébranlée, la terreur s'empare des soldats qui le gardent : l'un fuit emportant le drapeau, l'autre exprime sa fureur en mettant la main sur la garde de son épée; deux autres, sur le devant, sont renversés à demi-morts de frayeur : un cinquième, enfin, resté couché et profondément endormi sur le sépulcre même, dont les scellés sont encore intacts.

On lit sur le sépulcre : ANNIBAL CARACTIVS PINGEBAT M. DXCIII.

Landon, t. 2. pl. 40.

Musée Napoléon. — Ce tableau fut peint par Annibal, à l'âge de trente-trois ans, pour les Luchini, riches marchands, qui lui donnèrent en paiement *une somme de grains et une de vin*. Cette peinture, exécutée immédiatement après le saint Luc et la Vierge cités précédemment, lorsque l'artiste agrandit sa manière, est du très petit nombre de celles qu'il jugea dignes d'être signées.—Estimation : Emp. 50,000 f.; Rest. 75,000 f.

127. *La résurrection du Christ.*

H. 0, 40. — L. 0, 30. — C. — Fig. de 0, 18.

Ce tableau est, à quelques légers changements près, la répétition du numéro précédent.

Gravé par Jo. Maria Mitelli.

Collection de Louis XIV.—Estimation : Emp. 20,000 f.; Rest. 15,000 f.

128. *La Madeleine.*

H. 1, 48. — L. 1. 05. — T. — Fig. gr. nat.

Elle est debout à l'entrée d'une grotte et tourne ses regards vers une croix, au bas de laquelle est un livre ouvert posé sur un rocher.

Compris dans le lot de tableaux payé 100,000 f. à M. Scitivaux le 11 avril 1821.

129. *Martyre de saint Étienne.*

H. 0, 50. — L. 0, 67. — T. collée sur bois. — Fig. de 0, 17.

A gauche, saint Etienne à genoux sur une petite éminence de terre, les bras étendus, les yeux tournés vers le ciel, est lapidé par les juifs, dehors les murs de la ville. Un soldat, armé d'un casque et d'une cuirasse, élève à deux mains la pierre qu'il va lancer sur la tête du saint. A droite, le jeune Saul, depuis saint Paul, assis par terre, garde les vêtements des juifs. Un ange tenant une couronne et une palme dirige son vol vers le martyr. Les cieux ouverts laissent voir le Père-Eternel appuyé sur un globe, Jésus-Christ et des anges.

Gravé par Etienne Baudet en 1677. (Cal. nat.)

Collection de Louis XIV.—Estimation : Emp. 25,000 f.; Rest. id.

130. *Martyre de saint Étienne.*

H. 0, 40. — L. 0, 51. — C. — Fig. de 0, 20.

A gauche, saint Etienne, les mains jointes et agenouillé au pied d'une tour faisant partie de l'enceinte de Jérusalem, est lapidé par les juifs; près de lui, un jeune homme lève une pierre énorme pour le frapper. A droite, le jeune Saul, assis au pied d'un arbre, étend les bras avec étonnement. On aperçoit dans les airs un ange qui apporte au saint la couronne et la palme du martyre; les cieux ouverts laissent voir le Père-Eternel appuyé sur un globe, Jésus-Christ tenant la croix, et trois anges.

Gravé par Guillaume Château. (Calc. nat.) — Filhol, t. 9, pl. 673.—Landon, t. 2, pl. 42.

Ce tableau fut apporté de Rome par le marquis de Rambouillet, et donné à Louis XIV par le duc de Montausier. — Quelques critiques attribuent ce tableau à l'Albane. — Estimation : Emp. 12,000 f.; Rest. 20,000 f.

131. *Saint Sébastien attaché à un tronc d'arbre et percé de flèches.*

H. 1, 31. — L. 0, 96. — T. — Fig. dem. nat.

On voit à ses pieds son armure, ses vêtements, et dans le lointain les soldats qui retournent à Rome, après l'exécution de la sentence prononcée contre lui.

Gravé par G. Audran.

Collection de Louis XIV. — Il y a tout lieu de croire que ce tableau est celui qui fut donné à Mazarin par le duc de Montmorency, avant d'aller à l'échafaud. — Estimation : Rest. 8,000 f.

132. *Hercule enfant.*

H. 0, 17. — L. 0, 14. — T. — Fig. de 0, 16.

Le jeune Hercule, un genoux appuyé sur son berceau, étouffe un des serpents de la main gauche; un autre serpent est pressé par le genou du héros enfant et s'enroule autour de son bras droit.

Gravé par Jacques Frey. — Filhol, t. 1, pl. 63. — Landon, t. 3, pl. 5.

Ce tableau, attribué par quelques connaisseurs à Augustin Carrache, faisait partie de la collection du régent au Palais-Royal, vendue à M. Laborde Méréville et passée presqu'entièrement en Angleterre. M. Maurice acheta cette petite peinture à Rome de M. Lange, sculpteur français, pour le musée Napoléon. — Estimation : Emp. 4,000 f. ; Rest. id.

133. *Diane découvrant la grossesse de Calysto.*

H. 1, 61. — L. 2, 05. — T. — Fig. de 0, 21.

A gauche, un massif de rochers, d'où s'échappe une chute d'eau en plusieurs cascades. Sur le premier plan, trois nymphes enlèvent à Calysto ses vêtements. A droite, Diane assise, appuyée sur son carquois et entourée de nymphes, étend la main vers Calysto.

Landon, t. 2, pl. 47.

Ancienne collection. — Le paysage est attribué à Paul Bril. — Estimation : Emp. 2,400 f. ; Rest. 6,000 f.

134. *Concert sur l'eau.*

H. 0, 40. — L. 0, 52. — T. — Fig. de 0, 03 à 0, 08.

Sur le premier plan, un jeune homme et trois femmes chantent et jouent de divers instruments dans une barque conduite par deux mariniers. Plus loin, la terrasse d'un palais dont les marches sont baignées par la rivière; au fond, un pont de pierre, à trois arches.

Gravé par Duparc. — Filhol, t. 2, pl. 106. — Landon, t. 2, pl. 51.

Ce tableau, estimé 600 livres tournois dans l'inventaire de Mazarin, fut acheté par Louis XIV aux héritiers du cardinal. — Estimation : Emp. 5,000 f. ; Rest. 8,000 f.

135. *La pêche.*

H. 1, 36. — L. 2, 53. — T. — Fig. de 0, 65.

Dans une nacelle conduite par un batelier, un pêcheur

vide un panier rempli de poissons dans une corbeille posée sur le rivage, et une femme porte des filets. A gauche, deux chasseurs assis sur le bord de l'eau tiennent du gibier; à droite, un pêcheur présente du poisson à un jeune homme qui s'appuie sur un épieu et suivi de deux dames. Dans le fond, des pêcheurs traînant un filet.

Gravé par Charles Simonneau. — Landon, t. 2, pl. 45.

Collection de Louis XIV.—Estimation : Emp. 15,000 f.; Rest. 10,000 f.

136. *La chasse.*

H. 1, 26. — L. 2, 53. — T. — Fig. de 0, 65.

A gauche, un cavalier et une dame gravissent un sentier escarpé, qui ne laisse voir que le haut de leur corps et la tête de leurs chevaux; ils se dirigent du côté de la meute, que leur indique un valet de chiens. A droite, deux domestiques tirent des provisions d'un panier; un autre fait rafraîchir deux bouteilles dans un ruisseau. Plus loin, un chasseur, monté sur une hauteur, sonne du cor.

Landon, t. 2, pl. 46.

Collection de Louis XIV.—Estimation : Emp. 40,000 f.; Rest. 40,000 f.

137. *Paysage.*

H. 0, 39. — L. 0, 57. — B.

Deux voyageurs saluent en passant des *ex voto* attachés par un ermite à un arbre au-dessous de l'image de saint Antoine. Du côté opposé, chute d'eau formant deux cascades.

Filhol, t. 4, pl. 28.

Collection de Louis XIV. — Estimation : Emp. 6,000 f. ; Rest. 3,000 f.

138. *Paysage.*

H. 0, 80. — L. 1, 01. — T. — Fig. de 0, 14.

Sur le bord d'une rivière où des jeunes gens se baignent, des hommes jouent aux dés; d'autres sont assis au pied d'un arbre. Dans le fond, un pont jeté sur la rivière et une vaste campagne.

Ancienne collection. — Donné par le duc de Mazarin à M. de Brienne. — Estimation : Rest. 8,000 f.

139. *Portrait d'homme.*

H. 1, 10. — L. 0, 90. — T. — Buste gr. nat.

Il a la tête nue et la barbe terminée en pointe ; il tient un écrit de la main droite, et la gauche est appuyée sur une tête de mort.

Ancienne collection. — Lépicié, dans son catalogue des tableaux du roi (1752), dit que la tête a été repeinte par Van Falens. — Estimation : Emp. 4,000 f. ; Rest. 2,000 f.

CARRACHE (ANTONIO MARZIALE), *peintre et graveur, né en 1583, mort à Rome en 1618.* (École bolonaise.)

Fils naturel et élève d'Agostino Carracci. Il donnait les plus grandes espérances et mourut à l'âge de 35 ans.

140. *Le déluge.*

H. 1, 66. — L. 2, 47. — T. — Fig. de 0, 68.

A gauche, un homme, vu de dos, s'efforce de monter sur un rocher où se trouve une femme agenouillée. Plus loin, un homme embrasse avec force le tronc d'un arbre. Au milieu, une barque à moitié engloutie par les flots. A droite, sur une éminence, une famille prosternée et abîmée dans sa douleur ; un homme nu, debout et levant les bras vers le ciel qu'il implore. Dans le fond, l'arche de Noé.

Landon, t. 3, pl. 7

Estimé 5,000 livres tournois dans l'inventaire de Mazarin, où il est simplement attribué au *Carrache*. Louis XIV l'acheta des héritiers du cardinal. — Estimation : Emp. 3,000 f. ; Rest. 6,000 f.

CARRACHE (d'après).

141. *Saint François en extase.*

H. 0, 47. — L. 0, 38. — T. collée sur bois. — Fig. de 0, 30.

Le saint, à genoux devant un autel, est soutenu par un ange. Au-dessus de l'autel, trois anges dans les airs.

Ancienne collection.

CARRUCCI. *Voir* PONTORMO.

CASTIGLIONE (GIOVANNI BENEDETTO), *dit* IL GRECHETTO, *ou le* BENEDETTE, *peintre et graveur, né à Gênes en 1616, mort à Mantoue en 1670.* (École génoise.)

Il passa de l'école de Gio. Battista Paggi dans celle de Gio. Andrea de Ferrari. Il reçut aussi des leçons de Van Dyck pendant le séjour de ce grand peintre à Gênes. Ses deux fils, Francesco et Salvatore, imitèrent sa manière.

142. ***Melchisédech, roi de Salem, offre du pain et du vin à Abraham, et le bénit.***

H. 1, 60. — L. 1, 23. — T. — Fig. de 0, 50.

A droite, trois hommes à cheval conduisant un troupeau de bœufs et de moutons; sur le premier plan, un tamis, des ustensiles de ménage, un casque, une trompette, des armes; dans le fond, des captifs et Melchisédech.

Ancienne collection. — Estimation : Emp. 1,000 f.; Rest. 15 f.

143. ***Oiseaux et animaux.***

H. 2, 73. — L. 4, 14. — T.

A gauche, au premier plan, un petit chien faisant peur à deux canards. Plus loin, un cygne, un bélier, une chèvre, deux chiens, des matelas, des coffres, des vases, un grand plat d'argent. Sur une malle, un paon; un autre paon sur un piédestal caché par une grande tapisserie. On aperçoit dans le fond une caravane qui a fait quelquefois désigner ce tableau sous le titre de *Départ de Jacob pour la Mésopotamie.*

Ancienne collection. — Estimation : Emp. 6,000 fr.; Rest. 4,000 fr.

144. ***L'adoration des bergers.***

H. 0, 68. — L. 0, 52. — C. — Fig. de 0, 30.

A gauche, la Vierge tenant l'Enfant-Jésus dans ses bras; derrière elle saint Joseph le coude appuyé sur le piédestal d'une colonne. A droite, un berger agenouillé tenant un agneau; près de lui trois pasteurs, l'un d'eux joue du hautbois et un autre ôte son bonnet. Sur des nuages quatre anges, dont un encensant le nouveau-né.

Landon, t. 3, pl. 13. — Filhol, t. 11, pl. 68.

Ancienne collection.

145. ***Les vendeurs chassés du temple.***

H. 1, 00. — L. 1, 21. — T.

Ancienne collection. — Estimation : Emp. 1,500 fr.; Rest. 1,200 fr.

146. *Caravane.*

A gauche, deux chameaux, un homme près d'un bœuf. Sur le premier plan, des vases, un porc-épic et divers animaux. A droite, derrière une espèce de malle couverte d'une draperie, un homme conduisant un âne.

H. 1, 15. — L. 1, 35. — T. — Fig. de 0, 30.
Ancienne collection. — Estimation : Rest. 25 fr.

147. *Bacchantes et satyres.*

Un satyre s'appuie sur une femme assise tenant une couronne de lauriers. A gauche, une autre femme assise au pied d'un arbre, joue du tambour de basque. A droite, du gibier, des vases, un âne dont on n'aperçoit que la tête.

H. 1, 45. — L. 1, 95. — T. — Fig. de 0, 60.
Ancienne collection. — Estimation : Emp. 1,000 fr.; Rest. id.

148. *Animaux.*

Au premier plan, un cheval, un mouton, un singe, un canard, une chèvre et divers animaux. A gauche, un perroquet sur un arbre. Au deuxième plan, à droite, une femme portant un vase sur la tête; un vieillard et un barbaresque coiffé d'un turban et tenant un plat de cuivre.

H. 0, 99. — L. 1, 23. — T.
Collection de Louis XIV. — Estimation : Emp. 600 fr.; Rest. id.

149. *Basse-cour.*

Au premier plan, des chèvres, un chien, un chat, un mouton et divers animaux : dans le fond, au milieu d'une basse-cour, une femme portant un vase de cuivre, et un âne chargé d'instruments de cuisine.

H. 0. 99. — L. 1, 23. — T. — Fig. 0, 60.
Ancienne collection. — Estimation : Emp. 500 fr.; Rest. id.

CAVEDONE (Jacopo), *né à Sassuolo, dans le Modénois, en* **1577**, *mort en* **1660**. (École bolonaise.)

Chassé de bonne heure de la maison paternelle et dénué de ressources, il entra au service d'un seigneur, qui, ayant reconnu ses dispositions pour la peinture, le fit entrer à l'école de Passarotti, d'où il alla ensuite dans celles de Baldi et des Carrache. Lié avec le Guide, ils firent ensemble le voyage de Rome et de Venise, où il s'appliqua à étudier le coloris de Titien. Des malheurs domestiques le rendirent fou pendant un certain temps, et il ne recouvra la raison que pour tomber dans la plus affreuse indigence, malgré une conduite irréprochable. Exténué de besoin et demandant en vain l'aumône, il tomba évanoui dans une rue de Bologne et expira dans une écurie, à l'âge de quatre-vingt-trois ans.

150. *Sainte Cécile.*

H. 1, 17. — L. 0, 90. — T. — Fig. à mi-corps, gr. nat.

Sainte Cécile, assise devant un orgue, lève les yeux au ciel.

Landon, t. 3, pl. 15.

Ancienne collection. — Estimation : Emp. 300 fr. Rest. 3,500 fr.

CESARI. *Voir* JOSEPIN.

CHIMENTI. *Voir* EMPOLI.

CIGOLI (LODOVICO CARDI DA), *peintre, sculpteur, architecte, poète et musicien, né à Cigoli, près Florence, en 1559, mort en 1613.* (École florentine.)

Il fut élève de Santi di Tito, et étudia les ouvrages du Corrége, des Carrache et d'Alexandre Allori. Bilivert et Commodi furent ses élèves.

151. *La fuite en Égypte.*

H. 0, 51. — L. 0, 37. — T. — Fig. de 0, 22.

La Vierge, montée sur un mulet, donne le sein à l'Enfant-Jésus ; saint Joseph marche auprès d'elle, appuyé sur un bâton ; un ange les guide et traverse un ruisseau. On aperçoit dans l'éloignement des fabriques et des arbres.

Landon, t. 3, pl. 18.

Ancienne collection. — Estimation : Emp. 6,000 fr.; Rest. 4,000 fr.

152. *Saint François en contemplation.*

H. 0, 79. — L. 0, 59. — T. — Buste gr. nat.

Il est vu de profil, tourné vers la gauche, et joignant ses mains qui portent les stigmates.

Compris dans les 100,000 fr. de tableaux acquis de M. de Scitivaux en 1824.

153. ***Portrait d'homme.***

H. 0, 50. — L. 0, 42. — T. — Buste gr. nat.

Il a la tête couverte d'une toque et porte un vêtement noir.

Église de Saint-Louis-des-Français.—Rentoilé en novembre 1830.—Estimation : Rest. 500 fr.

CIMA DA CONEGLIANO (GIAMBATISTA), *né à Conegliano en* 1460 *suivant Ticozzi, et en* 1480 *suivant M. Artaud. Bartoli a prouvé qu'il peignait encore à Rovigo en* 1541. (École vénitienne.)

Élève de Giov. Bellini. Il a laissé peu d'ouvrages à Conegliano; mais il a souvent introduit dans ses ouvrages des vues de sa patrie. Cima eut une école nombreuse, d'où sortit Carlo Cima, son imitateur, et Vittore Belliniano, nommé à tort Bellini par Vasari.

154. ***La Vierge et l'Enfant-Jésus adoré par saint Jean et par sainte Madeleine.***

H. 1, 70. — L. 1, 10. — B. — Fig. de 0, 70.

La Vierge, assise sur un trône élevé contre une balustrade d'où l'on découvre la campagne de Conegliano, tient un chapelet à la main et l'Enfant-Jésus sur ses genoux. Le Sauveur se retourne pour recevoir les hommages de saint Jean-Baptiste; la Madeleine, en s'inclinant, présente à son divin maître un vase rempli de parfums. On lit sur le voile du trône : IOANIS. BAPT. CONEGLIANESO OPVS.

Musée Napoléon. — Estimation : Emp. 20,000 fr.; Rest. 10,000 fr.

CIMABUE *ou* **GUALTIERI** (GIOVANNI), *peintre, architecte, né à Florence en* 1240, *mort en* 1300. (École florentine.)

Ce peintre est le premier qui tenta de s'éloigner du style byzantin, suivi par les ouvriers grecs appelés en Italie pour la décoration des édifices. Son nom fait époque dans l'histoire de l'art; ses ouvrages et ceux de Giotto, son habile élève, ont préparé le beau siècle de la renaissance, illustré par Léonard de Vinci, Raphaël, Titien, Michel-Ange et Corrége.

155. ***La Vierge aux Anges.***

H. 4, 24. — L. 2, 76. — B. fond doré, gauffré. — Fig. plus gr. que nat.

La Vierge, assise sur son trône, tient sur ses genoux

l'Enfant-Jésus qui, de la main droite, donne sa bénédiction. De chaque côté du trône, trois anges placés audessous l'un de l'autre à égale distance. On remarque, sur la bordure qui fait partie du tableau, 26 médaillons où sont représentés les apôtres et des bienheureux.

Landon, t.3, pl. 24.

Musée Napoléon. — Ce tableau a beaucoup de rapport, pour le sujet et la dimension, avec celui porté triomphalement par le peuple de l'atelier du peintre à l'église de *Santa-Maria-Novella* de Florence. Les Pisans, suivant Vasari, voulurent se montrer aussi généreux que les Florentins et comblèrent Cimabue de présents et d'honneurs à la réception de ce tableau exécuté pour l'église de *San-Francesco* à Pise. Quelques critiques ne veulent pas admettre que cette peinture en détrempe soit de Cimabue; ils préfèrent l'attribuer à Giotto dans le temps où il imitait encore Cimabue, son maître. — Estimation : Emp. 40,000 fr.; Rest. id.

COLLANTES (Francesco), *né à Madrid en 1599, mort en 1656.* (École espagnole.)

Il fut élève de Vincenzio Carducho.

156. *Le buisson ardent.*

H. 1, 16. — L. 1, 62. — T. — Fig. de 0, 35.

Sur le mont Horeb, au milieu d'une flamme qui sort d'un buisson sans le consumer, le Seigneur apparaît à Moïse; il lui annonce qu'il l'a choisi pour délivrer les Hébreux de la tyrannie des Egyptiens.

Collection de Louis XIV. — Dans l'inventaire de Bailly, ce tableau est donné à un peintre italien de l'école lombarde, nommé *Coliandre*, nom inconnu et évidemment estropié. Lépicié l'attribue à Féti. — Estimation : Emp. 4,000 fr.; Rest. 4,000 fr.

CORRÉGE (Antonio Allegri, *dit* le), *né à Corregio, dans le Modénois, en 1494, mort dans la même ville le 5 mars* 1534. (École de Parme.)

Chaque historien attribue à des personnages différents l'honneur d'avoir enseigné au Corrége les premiers éléments de la peinture. Le P. Zappata veut que ce soit Michel ou Pier Ilario Mazzuoli, oncle du Parmesan; le P. Resta le dit élève de l'école de Léonard; Tiraboschi réfute l'opinion de Vedriani, qui lui donne pour maître, suivant une tradition populaire, Francesco Bianchi ou Ferrari, mort pendant l'enfance d'Allegri. Quelques auteurs prétendent qu'il étudia avec Ant. Begarelli, sculpteur habile; enfin Lanzi soutient l'opinion, plus généralement accréditée, qu'il fut disciple du vieux Mantègne. Il est plus probable de croire cependant que son oncle paternel, Lorenzo Allegri, peintre lui-même, fut à la fois le maître de son propre fils et de son neveu. Corrége, sans avoir visité Venise,

Milan, Rome, Florence, créa des chefs-d'œuvre où l'on ne retrouve l'imitation ni de l'antique ni d'aucun maître, et qui prouvent qu'il ne fut élève que de son génie. Nul ne poussa plus loin que lui la grâce de l'expression, la magie du clair-obscur, la suavité de l'exécution et l'audace des raccourcis. Vasari, tout en louant le Corrége, ne lui consacra que quelques pages, parce qu'il n'était pas Florentin. Il prétendit que, chargé de famille, il mourut pour s'être fatigué à porter de Parme à Corregio une somme de 40 écus qu'on lui avait payée en monnaie de cuivre. Ce fait accrédité depuis sans examen est inexact. Sa nombreuse famille se bornait à un fils et à une fille qui fut dotée. De plus, on connaît l'état exact des biens, des sommes reçues par Allegri ; enfin on possède le testament de son père qui lui survécut et qui était loin d'être pauvre. La vérité est que le Corrége vécut modeste, retiré dans sa petite ville, peu soucieux de réputation et dans une honnête médiocrité. — Antonio eut un fils, nommé Pomponio, né en 1520, mort après 1593, qui peignait à Parme dans la manière de son père.

157. *Mariage mystique de sainte Catherine d'Alexandrie.*

H. 1, 05. — L. 1, 02. — B. — Fig. gr. nat.

Sainte Catherine reçoit un anneau de l'Enfant-Jésus, assis sur les genoux de la Vierge. Saint Sébastien tenant des flèches est debout derrière sainte Catherine. On aperçoit dans le fond le martyre de ces deux saints.

Gravé par Étienne Picart (Calc. nat.); par Giovanni Folo. — Filhol, t. 7, pl. 439. — Landon, t. 1, pl. 23.

Vasari rapporte que, de son temps, le docteur Grillenzoni, ami intime du Corrége, possédait ce tableau, ainsi que les deux gouaches exposées dans les salles des dessins sous les nos 171 et 172. Ces trois peintures furent données par le cardinal Barberini au cardinal Mazarin. La sainte Catherine était estimée, sur l'inventaire de ce dernier, 15,000 livres, et fut acquise des héritiers par Louis XIV. — Estimation : Emp. 350,000 fr.; Rest. id.

158. *Le sommeil d'Antiope.*

H. 1, 90. — L. 1, 24. — T. — Fig. gr. nat.

Antiope, couchée sur une draperie bleue, a la tête appuyée sur le bras droit et tient un arc de la main gauche ; à ses pieds, l'Amour est endormi sur une peau de lion, ayant près de lui son flambeau. Jupiter, sous la forme d'un satyre et placé près d'un arbre, soulève la draperie qui couvre Antiope et la considère avec attention.

Gravé par Basan; par J. Gaudefroy. — Filhol, t. 6, pl. 415. — Landon, t. 1, pl. 27.

Ce tableau, exécuté sans doute pour Frédéric II, duc de Mantoue, fut vendu par un de ses successeurs avec la riche galerie dont il faisait partie, à Charles Ier, roi d'Angleterre, moyennant 80,000 livres sterling (2,000,000 f.). Le sommeil d'Antiope désigné sur l'inventaire dressé à la mort du roi sous le titre de *Vénus endormie*, fut estimé 4,000 livres sterling. Acheté par le banquier Jabach, il passa dans la galerie de Mazarin. Dans l'inventaire du cardinal, il est estimé 3,000 livres et porté comme représentant : *Une Vénus couchée dans un paysage, un petit Cupidon dormant auprès d'elle, au naturel.* Divers titres lui ont été encore donnés. Félibien voit dans ce sujet : *Une Vénus qui dort*; le marquis d'Argens: *Un Satyre qui regarde une femme qui dort.* D'Argenville, Lépicié, l'auteur des Lettres du chevalier de Tincourt sur les tableaux exposés au Luxembourg : *Une Antiope.* On lit dans le livre intitulé : *Serie degli uomini più illustri della pittura*, que ce tableau fut donné au cardinal Mazarin par le cardinal Barberini, neveu d'Urbain VIII ; c'est une erreur manifeste. Le tableau fut acquis enfin par Louis XIV des héritiers de Mazarin. Estimation : Emp. 500,000 f.; Rest. 450,000 f.

159. *Sainte-Famille.*

H. 0, 61. — L. 0, 53. — B. — Fig. demi-nat.

Le jeune saint Jean présente une croix à l'Enfant-Jésus, soutenu par la Vierge. Près d'elle est saint Joseph.

Collection de Louis XIV. — « Le temps et les prétendues restaurations, dit Lépicié, ont si fort endommagé ce tableau, qu'il faut chercher le Corrége dans Corrége même. » Il a été attribué depuis avec plus de raison à Pomponio Allegri, fils du Corrége.—Estimation : Emp. 120 fr.; Rest. 1,000 fr.

CORRÉGE (école du).

160. *Sujet mystique.*

H. 2, 40. — L. 1, 48. — T. Forme ovale. — Tête gr. nat.

En présence de la Vierge, de saint Joseph et de saint Dominique, saint François d'Assise présente à Jésus les roses rouges et les roses blanches produites en janvier par les épines sur lesquelles il s'était roulé pour résister aux tentations de l'esprit malin.

Musée Napoléon. — Estimation : Emp. 3,000 fr.; Rest. 2,500 fr.

CORRÉGE (d'après le).

161. *Tête d'ange.*

H. 0, 45. — L. 0, 36. — T. forme ovale. — Tête gr. nat.

Ancienne collection. — Estimation : Emp. 120 f. ; Rest. 200 f.

162. *Le Christ couronné d'épines.*

H. 0, 54. — L. 0, 54. — T. — Buste de 0, 43.

Il a les mains liées et tient un roseau.

Landon, t. 1, pl. 21.

Collection de Louis XIV.—Estimation : Emp. 1,000 f. ; Rest. 10,000 f.

COSTA (Lorenzo), *peignait en* 1488, *mort vers* 1530. (Écoles de Ferrare et de Bologne.)

Il étudia d'abord en Toscane les peintures de Lippi et de Gozzoli ; puis, arrivé à Bologne, il imita la manière du Francia, artiste alors en grande réputation, que quelques historiens lui donnent pour maître, sans pouvoir pourtant s'appuyer sur aucun document authentique.

163. *La cour d'Isabelle d'Este, marquise de Mantoue.*

H. 1, 58. — L. 1, 93. — T. — Fig. de 0, 55.

Dans un jardin situé sur le bord d'un fleuve, la marquise Isabelle d'Este est couronnée par l'Amour, debout sur les genoux d'une femme assise au pied d'un arbre ; autour d'elle des musiciens forment un concert, des poëtes composent des vers. Sur le devant, deux femmes assises couronnent, l'une un taureau, l'autre un agneau ; près d'elles, une nymphe debout tient un arc et une flèche. Vers la gauche, un guerrier debout est appuyé sur une hallebarde avec laquelle il vient de couper la tête d'une hydre étendue sur le bord du fleuve. Dans le fond, un combat de cavaliers et une galère à l'ancre.

Ancienne collection. — Isabelle, fille d'Hercule d'Este, Ier du nom, duc de Ferrare, avait épousé en 1490 Jean-François de Gonzague, IIe du nom, marquis de Mantoue, pour qui Lorenzo Costa peignit ce tableau dans le palais de Saint-Sébastien, à Mantoue. Cette princesse, protectrice éclairée des artistes, rassembla une collection de tableaux et de sculptures dont nous possédons l'inventaire fait au milieu du 16e siècle, où figurent aussi les peintures de Mantègne et du Pérugin, exposées sous les nos 318, 319, 393. Le tableau de Costa, intitulé seulement dans l'inventaire d'Isabelle *un Couronnement*, et désigné par Vasari sous ce titre : *La marquise Isabelle en compagnie de dames qui se livrent au plaisir de la musique*, fait partie de la collection du Louvre depuis une époque assez reculée. — Estim. : Emp. 10,000 f. ; Rest. 8,000 f.

164. *Sujet allégorique.*

H. 1, 52. — L. 2, 38. — T. — Fig. de 0, 55.

Sur les bords d'un large fleuve, Apollon enseigne la musique à des nymphes ; près de lui un jeune homme tient son arc. Plus loin, Orphée joue de la lyre et civilise les hommes. En avant d'un portique, sur lequel on lit le mot COMES plusieurs fois répété. Mercure chasse les vices.

Ancienne collection. — Ce tableau fut peint pour le palais de Saint-Sébastien à Mantoue. Il est attribué par l'inventaire de la Restauration à Mantègne. — Estimation : Rest. 1,000 f.

CREDI (LORENZO SCIARPELLONI DI), *né à Florence en* 1453, *mort après* 1531. (École florentine.)

Placé d'abord par son père, Andrea Sciarpelloni, chez Credi, orfèvre de Florence, où il devint bientôt un excellent dessinateur. On ajouta, suivant l'usage d'alors, à son nom celui de son maître. L'amour de la peinture le fit entrer ensuite dans l'atelier d'Andrea del Verocchio, où il devint l'émule de Pierre Pérugin et de Léonard de Vinci.

165. *La Vierge présente l'Enfant-Jésus à l'adoration de saint Julien et de saint Nicolas.*

H. 1, 61. — L. 1, 65. — B. — Fig. gr. nat.

La Vierge, assise sur un trône élevé dans un vestibule décoré de pilastres chargés d'ornements, tient sur ses genoux l'Enfant-Jésus dans l'attitude de bénir. Saint Julien l'Hospitalier est debout devant lui, les mains jointes; de l'autre côté du trône, saint Nicolas, évêque de Myre, paraît absorbé dans la lecture des livres saints.

Landon, t. 3, pl. 29.

Musée Napoléon. — Ce tableau est cité par Vasari comme placé, de son temps, dans une chapelle de Cestello. — Estimation : Emp. 30,000 fr.; Rest. 20,000 fr.

CRESPI (GIUSEPPE MARIA, *dit le* SPAGNUOLO), *peintre et graveur, né à Bologne le* 16 *mars* 1665, *mort en* 1747. (École de Bologne.)

Il fut élève de Domenico Maria Canuti et de Carlo Cignani. Il s'attacha ensuite tantôt à la manière du Baroche, tantôt à celle du Guerchin, et imita aussi le style de Pietre de Cortone.

166. *Un abbé écrivant sous l'inspiration de la Sainte-Vierge.*

H. 2, 34. — L. 1, 30. — T. — Fig. gr. nat.

Un saint abbé, assis sur des nuages, tient une plume de la main droite, et de la gauche un livre sur lequel on lit : *Decuit Virginem ea puritate nitere*, etc. ; il écrit sous l'inspiration de la Vierge, à laquelle il est présenté par un saint évêque ; au-dessous de l'abbé, un ange portant sa mitre et sa crosse. Dans le bas, des controversistes renversés tiennent des livres impies que le feu consume.

Rentoilé en 1810. — Estimation : Rest. 700 fr.

167. *La maîtresse d'école.*

H. 0, 27. — L. 0, 31. — T. — Fig. de 0, 10.

Une vieille femme assise apprend à lire à deux petits garçons ; près d'elle quatre petites filles debout dont une tenant un livre ; plus loin, une femme placée derrière deux petites filles assises, leur montrant à faire de la dentelle.

Filhol, t. 4, pl. 273.

Ancienne collection. — Rentoilé en 1830. — Estimation : Emp. 3,000 fr.; Rest. 2,000 fr.

CRETI (Donato), *né à Crémone en* 1671, *mort en* 1749. (École bolonaise.)

Il fut élève de Lorenzo Pasinelli et imita souvent le Cantarini.

168. *Un enfant endormi.*

H. 0, 31. — L. 0, 38. — T. — Fig. de 0, 35.

Un jeune garçon couché sur un lit, tient un fruit que le sommeil n'a pu lui faire abandonner.

Gravé par Anselin. — Filhol, t. 1, pl. 51.

Ancienne collection. — Estimation : Emp. 800 fr.; Rest. 600 fr.

DANIEL DE VOLTERRE (Daniele Ricciarelli, *dit*), *peintre et sculpteur, né à Volterre, en Toscane, en* 1503, *mort à Rome en* 1566. (École florentine.)

Il fut élève de Sodoma, de Balthasar Peruzzi, et surtout imitateur de Michel-Ange.

169. *David tuant Goliath.*

H. 1, 33. — L. 1, 72. — Ardoise. — Fig. de gr. nat.

David a le genou droit appuyé sur Goliath terrassé, et lève le cimeterre pour le frapper.

Gravé par B. Audran en 1716 et 1717 sous le nom de Michel-Ange. — Landon, t. 3, pl. 30 et 31.

Cette composition, peinte sous deux aspects différents sur les deux côtés d'une ardoise, fut présentée à Louis XIV à Marly, le 23 juillet 1715, comme un ouvrage de Michel-Ange, par le prince de Cellamare, ambassadeur d'Espagne, au nom de son frère, monsignor del Giudice, alors clerc de la chambre apostolique. L'hommage dut paraître d'autant plus précieux, que les amateurs instruits reconnaissent souvent dans les tableaux à l'huile attribués à Michel-Ange, son goût de composition et de dessin, mais n'y retrouvent pas son pinceau avec la même certitude. Ils ne pouvaient oublier la répugnance que cet homme singulier avait pour la peinture à l'huile, et ils ne tardèrent pas à restituer ce double tableau à Daniel de Volterre, en appuyant leur décision du témoignage de Vasari, auteur contemporain. En effet, cet historien rapporte que monsignor Giovanni della Casa, homme très savant, ayant commenté un *Traité sur la Peinture*, et voulant être initié aux ressources du métier, engagea Daniel à modeler en terre un David, puis à peindre les deux faces opposées de cette composition sur les deux côtés d'un tableau. Toutefois, s'il est vrai que le même groupe en terre ait servi pour ces deux tableaux, il est aussi évident que l'artiste ne l'a pas copié exactement et qu'il a introduit des changements notables dans l'une ou l'autre peinture. A la mort de monsignor della Casa, cet ouvrage passa entre les mains de son neveu, Annibal Rucellai. Depuis de nouveaux possesseurs, et Bailly dans son inventaire de 1710, l'attribuèrent à Michel-Ange. — Estimation : Emp. 50,000 f. comme étant attribué à Michel-Ange ; Rest. 80,000 f.

DOLCI (AGNESE), *morte après l'année* 1686. (École florentine.)

Élève de son père, Carlo Dolci, qu'elle imita avec succès.

170. *Le Sauveur du monde.*

H. 0, 34. — L. 0, 26. — C. — Fig. à mi-corps de 0, 50.

Jésus devant un calice tient un pain et semble prononcer les paroles de la consécration.

Gravé par Basan.

Musée Napoléon. — Ce tableau est la copie de la tête du Christ de Carlo Dolci qui se trouve dans la galerie de Dresde. L'inventaire de l'Empire lui attribue cette peinture et l'estime 12,000 f.; Rest. 300 f.

DOMINIQUIN (DOMENICO ZAMPIERI, *dit* LE), *né à Bologne en* 1581, *mort à Naples en* 1641. (École bolonaise.)

Il passa de l'école de Denis Calvart, peintre flamand, établi à Bologne, dans celle des Carrache, où il se lia intimement avec l'Albane, qui l'aida dans son indigence et pourvut, pendant plusieurs années, à ses besoins. Modeste, laborieux, d'une conduite irréprochable, il ne put éviter l'envie de ses rivaux. Leurs persécutions contribuèrent à abréger ses jours, si même le poison ne fut pas cause de sa mort.

171. *Dieu punit Adam et Ève de leur désobéissance.*

H. 0, 95. — L. 0, 75. — C. — Fig. de 0, 40.

Le Père-Éternel, soutenu dans les airs par un groupe

d'anges, reproche à Adam sa désobéissance. Adam, debout près de l'arbre de la science du bien et du mal, semble implorer la clémence divine pour Ève, qui à son tour s'excuse en montrant le serpent. A droite, un cheval, un lion et un agneau.

Gravé par Etienne Baudet en 1687 et par F. Chéreau. — Landon, t. 3, pl. 35.

Donné au roi Louis XIV par André Le Nôtre, en septembre 1693. — Estimation : Emp. 60,000 f.; Rest. 70,000 fr.

172. *David jouant de la harpe.*

H. 2, 40. — L. 1, 70. — T. — Fig. de gr. nat.

Le roi-prophète, les yeux levés au ciel, s'accompagne de la harpe, en chantant les louanges du Seigneur. A gauche, un ange tient ouvert devant lui le livre des Saintes-Ecritures. Un autre, dans le fond à droite, transcrit les chants que l'enthousiasme inspire à David, et tient le glaive qui lui servit dans son enfance à trancher la tête du géant Goliath.

Gravé par Gilles Rousselet (Calc. nat.). — Filhol, t. 5, pl. 296. — Landon, t. 3, pl. 36.

Ce tableau passa dans la collection de Louis XIV après la mort de Mazarin, à qui on l'avait envoyé d'Italie. Il est estimé 3,000 livres tournois sur l'inventaire du cardinal, et fut rehaussé de 45 pouces suivant l'inventaire de Bailly (1709-1710). — Estim. : Emp. 150,000 f., Rest. 120,000 f.

173. *Sainte-Famille.*

H. 0, 36. — L. 0, 48. — T. — Fig. de 0, 21 à 0, 24.

La Vierge, assise à terre près d'une source, reçoit de l'eau dans une coquille, et tient dans ses bras l'Enfant-Jésus qui prend un fruit que lui offre le jeune saint Jean. Derrière eux, saint Joseph ôte la charge de l'âne. Dans le fond, une rivière et des fabriques.

Filhol, t. 2, pl. 82. — Landon, t. 3, pl. 37.

Collection de Louis XIV. — Ce tableau est aussi connu sous le nom de *Vierge à la Coquille*. — Estimation : Emp. 10,000 f.; Rest. 6,000 f.

174. *Apparition de la Vierge et de l'Enfant-Jésus à saint Antoine de Padoue.*

H. 0, 43. — L. 0, 36. — C. — Fig. de 0, 40.

La Vierge, assise sur des nuages, entourée d'anges,

le pied posé sur un chérubin, vient de confier l'Enfant-Jésus à saint Antoine de Padoue, agenouillé, qui le porte dans ses bras, enveloppé d'une draperie dont Marie retient l'extrémité.

Landon, t. 3, pl. 41.

Collection de Louis XIV. — Estimat. : Emp. 12,000 f.; Rest. 30,000 f.

175. *Le ravissement de saint Paul.*

H. 0, 50. — L. 0, 37. — C. — Fig. de 0, 37.

Saint Paul, les bras et les yeux élevés vers le ciel, est enlevé par trois anges.

Gravé par Gilles Rousselet, par Massard père, par Leblond, etc. — Landon, t. 3, pl. 43.

Ce tableau, exécuté à Rome pour M. Agucchi, majordome du cardinal Aldobrandini, neveu du pape Clément VIII, fut transporté en France par M. Lybaut, secrétaire du roi, qui le donna aux jésuites de la rue Saint-Antoine. Ceux-ci le placèrent dans leur sacristie et en firent ensuite présent à Louis XIV, après l'avoir fait copier par Le Brun. — Estimation : Emp. 12,000 f.; Rest. 20,000 f.

176. *Sainte Cécile.*

H. 1, 50. — L. 1, 17. — T. — Fig. gr. nat.

Sainte Cécile, debout et vue un peu plus qu'à mi-corps, chante les louanges du Seigneur en s'accompagnant de la basse ; un ange debout devant elle tient sur sa tête un livre de musique.

Gravé par Etienne Picart (Calc. nat.); par J. Gottard. — Filhol, t. 5, pl. 332. — Landon, t. 3, pl. 42.

Ce tableau fut peint pour le cardinal Ludovisi et apporté en France par le sieur de Nogent, qui le vendit à Jabach, duquel Louis XIV l'acheta. Malvasia cite une répétition de cette composition faisant partie de la galerie du marquis de Cospi, à Bologne. — Estimation : Emp. 70,000 f.; Rest. 60,000 f.

177. *Saint Augustin lavant les pieds de Jésus, qui se présente à lui sous la figure d'un pèlerin.*

H. 0, 67. — L. 0, 60. — C. — Fig. de 0, 40.

Jésus-Christ est habillé en pèlerin et saint Augustin en religieux. Des livres, une mitre, une tête de mort, sont posés sur une table. Des anges occupent la partie supérieure du tableau.

Collection de Louis XIV. — Estimation : Emp. 2,000 f.; Rest. id.

178. *Combat d'Hercule et d'Achéloüs; paysage.*

H. 1, 21. — L. 1, 49. — T. — Fig. de 0, 20.

Hercule terrasse le fleuve Achéloüs, qui s'est métamorphosé en taureau. Œné, roi de Calydon et père de Déjanire, accompagné d'un de ses officiers, assiste au combat. Deux bergers gardent leurs troupeaux au bord du fleuve dont le cours est interrompu par des chutes d'eau.

Filhol, t. 2, pl. 94. — Landon, t. 3, pl. 52.

Ce tableau, ainsi que le suivant, était placé autrefois dans la vigne du cardinal Ludovisi, neveu du pape Grégoire XIV, et fut ensuite acheté par Louis XIV. — Estimation : Emp. 25,000 f.; Rest. 24,000 f.

179. *Hercule et Cacus ; paysage.*

H. 1, 21. — L. 1, 49. — T. — Fig. de 0, 13 à 0, 16.

Hercule, appuyé sur sa massue, tire le corps de Cacus hors de sa caverne ; près de lui un homme montre Evandre et Gaunus, qui accourent à son secours ; plus loin, les bœufs d'Hercule paissant au bord d'un petit ruisseau. A droite, sur une hauteur boisée, des monuments en ruines.

Filhol, t. 2, pl. 118. — Landon, t. 3, pl. 53.

Ce tableau, pendant du précédent, est rehaussé de 7 pouces et élargi de 3, suivant Bailly (1709-1710). — Estimation : Emp. 25,000 f.; Rest. 18,000 f.

180. *Énée et Anchise.*

H. 1, 94. — L. 1, 33. — T. — Fig. gr. nat.

Énée, accompagné du jeune Ascagne, emporte sur ses épaules son père Anchise. Le vieillard reçoit les dieux pénates sauvés de l'incendie de Troie, qui lui sont présentés par Creüse, épouse du pieux Énée.

Gravé par Gérard Audran (Calc. nat.)— Filhol, t. 2, pl. 85. — Landon, t. 3, pl. 46.

Le maréchal de Créqui apporta ce tableau lorsqu'il revint de son ambassade de Rome en juin 1634. Après sa mort, arrivée en 1638, il fut acheté par le cardinal de Richelieu, qui le laissa en mourant à Louis XIII comme étant un tableau précieux de Louis Carrache. A cette époque on reconnut qu'il ne pouvait pas être de ce maître, et on l'attribua au Dominiquin. Félibien, et plus tard Lépicié, acceptèrent cette attribution, quoique du temps de ce dernier, en 1754, le nom du Carrache y fût inscrit encore. Ce nom a disparu depuis.

Un grand nombre de critiques pensent maintenant que ce tableau n'est pas du Dominiquin, mais de Spada, son meilleur élève; assertion qui a d'autant plus de poids, qu'il est à peu près reconnu que le *Concert* (nº 476), attribué longtemps au Dominiquin, et dont la manière a tant de rapport avec la peinture qui nous occupe, est véritablement de Spada. — Estimation : Emp. 20,000 f.; Rest. 10,000 f.

181. *Timoclée amenée devant Alexandre.*

H. 1, 13. — L. 1, 49. — T. forme ovale. — Fig. de 0, 57.

Alexandre, assis sur un trône au pied d'une tente, est environné de ses gardes. Un soldat thrace amène devant lui Timoclée captive, qui, insultée par un de leurs capitaines, l'avait lapidé dans un puits où il était descendu croyant trouver un trésor. Alexandre, surpris de sa noble contenance, la fait mettre en liberté, ainsi que ses enfants que des soldats traînaient à la suite de leur mère. Dans le fond, les troupes du roi vainqueur entrant dans la ville de Thèbes, en Béotie.

Filhol, *t.* 10, *pl.* 643. — *Landon*, *t.* 3, *pl.* 47 *et* 48.

Collection de Louis XIV.—Estimation : Emp. 70,000 f.; Rest.100,000 f.

182. *Le triomphe de l'Amour.*

H. 0, 49. — L. 0, 41. — T. — Fig. de 0, 20.

L'Amour, assis sur son char, tient de la main droite son arc, et guide avec l'autre deux colombes attelées; près de lui un enfant ailé répand des fleurs, un second en détache quelques unes de la couronne qui entoure la figure principale.

Gravé par Claude Randon; par Poitrelle. — *Filhol*, *t.* 10, *pl.* 590. — *Landon*, *t.* 3, *pl.* 50.

Ce tableau, placé d'abord dans la villa Ludovisi, à Rome, fit ensuite partie de la collection de Louis XIV, après avoir appartenu au duc de Mazarin. — Les fleurs ont été peintes par Daniel Seghers, plus connu sous le nom du *jésuite d'Anvers*. — Estimation : Emp. 15,000 f.; Rest. 12,000 f.

183. *Renaud et Armide.*

H. 1, 21. — L. 1, 68. — T. Fig. demi-nat.

Armide, assise sur un tertre au pied d'un arbre, arrange ses cheveux et se regarde dans le miroir que lui présente Renaud, étendu à ses pieds. Un amour, dans les airs, lance un trait contre Armide; à gauche, deux tourterelles qui se becquetent, deux amours qui s'embrassent, un autre amour endormi près de son flambeau renversé; plus loin, du même côté, Ubalde et le chevalier Danois, qui viennent chercher Renaud, sont cachés derrière le feuillage; au fond, le palais d'Armide.

Landon, t. 3, pl. 81.

Collection de Louis XIV. — Estim.: Emp. 25,000 f.; Rest. 50,000 f.

184. *Paysage. — Herminie arrive chez le berger.*

H. 1, 23. — L. 1, 81. — T. — Fig. de 0, 27.

Herminie, revêtue de l'armure de Clorinde et s'appuyant sur sa lance, aborde le vieux berger dont les enfants jouent de la flûte et du pipeau. Près de là on voit ses moutons parqués. Un torrent descend des montagnes.

Ce tableau, qui faisait partie de la collection de Louis XIV, est attribué à Annibal Carrache par l'inventaire de Bailly (1709-1710), par le catalogue de Lépicié (1752), et par l'inventaire de l'Empire.—Estimation : Rest. 30,000 fr.

185. *Paysage.*

H. 1, 63. — L. 2, 12. — T. — Fig. de 0, 15.

Sur les bords d'un torrent produit par une chute d'eau, des pêcheurs retirent leurs filets; plus loin, des musiciens dans une barque chantent et jouent de divers instruments. Sur le bord opposé, un berger conduit un troupeau de moutons. A droite, une femme montée sur un mulet, tient dans ses bras un jeune enfant. Dans le fond, des fabriques et de hautes montagnes.

Collection de Louis XIV. — Cet ouvrage a quelquefois été attribué à Annibal Carrache. — Rentoilé en 1829. — Estimation : Emp. 18,000 f.; Rest. 15,000 fr.

DONDUCCI. *Voir* MASTELLETTA.

DOSSI DOSSO, *mort en* 1560. (Ecole ferraraise.)

Dosso Dossi et Gio. Battista, son frère, sont originaires de Dosso près de Ferrare. On ignore l'année de leur naissance. Ils furent tous deux élèves de Lorenzo Costa, et, après avoir étudié six ans à Rome, cinq ans à Venise, ils se fixèrent à Ferrare. Dossi excella dans la figure, Gio. Battista dans le paysage. Ce dernier ayant la prétention continuelle de peindre les figures dans les ouvrages que les deux frères exécutaient en commun, il en résultait des querelles si violentes que, forcés par les ducs Alphonse et Hercule de travailler ensemble, ils ne voulurent plus avoir de communication que par écrit. Les Dossi ayant toujours peint ensemble, il est difficile d'attribuer un tableau plutôt à l'un qu'à l'autre. Giovanni Battista mourut avant son frère, en 1545.

186. *La Circoncision.*

H. 0, 35. — L. 0, 49. — B. — Fig. de 0, 28.

Jésus, dans les bras de sainte Anne, paraît effrayé à la vue de l'instrument tranchant qui est dans les mains du grand-prêtre. Saint Joseph et la Vierge sont derrière le grand-prêtre.

Filhol, t. 5, pl. 313. — Landon, t. 3, pl. 56.

Collection de Louis XIV. — M. Waagen attribue ce tableau à Garofolo. Estimation : Emp. 12,000 f.; Rest. 15,000 f.

187. *Sainte-Famille.*

H. 1, 50. — L. 2, 57. — T. — Fig. pet. nat.

La Vierge, saint Joseph, trois anges et saint Joachim adorent l'Enfant-Jésus; il est couché à terre sur une draperie et lève les bras pour recevoir une croix que tient le jeune saint Jean et que sainte Elisabeth lui prend des mains.

Ancienne collection. — Estimation : Emp. 50,000 f.; Rest. 8,000 f.

DOSSI DOSSO (attribué à).

188. *La Vierge, l'Enfant-Jésus et saint Joseph.*

H. 0, 44. — L. 0, 30. — C. — Fig. de 0, 25.

La Vierge, un livre ouvert sur ses genoux et assise près d'un édifice rustique, soutient l'Enfant-Jésus debout sur un coussin posé sur un piédestal. Près d'eux, saint Joseph, le coude appuyé sur un mur, les contemple. Dans le fond, une échelle et une habitation rustique.

Landon, t. 3, pl. 57. — Filhol, t. 10, pl. 626.

Musée Napoléon. — Les armes du pape Alexandre VII gravées sur une plaque de cuivre placée derrière le tableau sont reproduites en partie sur une autre plaque qui surmonte le cadre. Le groupe de la Vierge et de l'Enfant-Jésus rappelle un dessin du Garofolo de la collection du Louvre, ce qui a fait penser à quelques critiques que ce tableau, ainsi que celui de la Circoncision attribué suivant eux à tort à Dossi, devaient être restitués à Garofolo. — Estimation : Emp. 3,000 f.; Rest. 3,000 f.

DUGHET. *Voir* GASPRE.

EMPOLI (JACOPO CHIMENTI DA), *né à Empoli, près de Florence, en* 1554, *mort en* 1640. (École florentine.)

Il fut élève de Tommaso da San Friano et fit une étude approfondie des ouvrages d'Andrea del Sarto, que personne ne copia mieux que lui.

189. *La Vierge et l'Enfant-Jésus.*

H. 2, 40. — L. 1, 82. — B. — Fig. gr. nat.

La Vierge, assise sur des nuages, tient sur ses genoux l'Enfant-Jésus; deux anges les accompagnent. L'évangéliste saint Luc, assis, tient une plume et un livre; près de lui est un bœuf. De l'autre côté, saint Yves, patron des avocats, est à genoux et présente au Sauveur, par les mains d'un jeune homme, l'acte de fondation d'un établissement pour l'instruction de la jeunesse. Derrière lui, une femme âgée, une jeune fille, une mère avec son enfant.

Landon, t. 3, *pl.* 59.

Musée Napoléon. — Le nom du peintre, la date de son exécution sont écrits sur un rouleau posé aux pieds du jeune homme. *Jacobus Empoli Florentinus Clementis filius faciebat, anno ab incarnatione millesimo quingentesimo settuagesimo nono calendas Augusti.* — Jacques Empoli, Florentin, fils de Clément, peignait ce tableau l'an de l'Incarnation 1579, le 9 des calendes d'août (24 juillet). — Saint Yves, le protecteur des orphelins, fut successivement juge et curé dans la Bretagne; il mourut en 1303. — Estimation : Emp. 20,000 f.; Rest. 8,000 f.

ESPAGNOLET (JOSEF *ou* JUSEPE DE RIBERA, *dit* L'), *peintre et graveur, né en* 1588, *mort à Naples en* 1656. (École espagnole.)

L'Espagnolet était natif de Xavita, nommé aujourd'hui San Felipe, près de Valence. Il étudia en Espagne sous Francisco Ribalta, et à Rome sous M.-A. de Caravage. Après avoir connu les horreurs de l'indigence, il finit, à force de travail, par acquérir une immense réputation et de grandes richesses, dont il fit un noble usage. Jaloux de conserver à Naples le rang de premier peintre, il se déclara l'ennemi du Dominiquin, et ses odieuses persécutions contre un rival timide sont une tache qu'une gloire méritée n'a pu effacer.

190. *L'adoration des bergers.*

H. 2, 38. — L. 1, 79. — B.

La Vierge, les mains jointes, est prosternée devant l'Enfant-Jésus couché sur une crèche de bois remplie de paille. Trois bergers et une femme l'entourent et sont en adoration; l'un d'eux a déposé au pied de la crèche un jeune chevreau. On aperçoit dans l'éloignement un ange qui apparaît à des bergers gardant leurs troupeaux sur une hauteur. — Ce tableau est signé : *Jusepe Ribera, espanol Academico Romano F.* 1650.

Gravé par Ingouf le jeune. — Landon, t. 3, pl. 60. — Filhol, t. 3, pl. 163.

Ce tableau fut acquis du duc della Regina, par le roi de Naples, pour la somme de 3,000 ducats, et donné par lui au gouvernement français en remplacement de tableaux qui avaient été enlevés de l'église Saint-Louis-des-Français, à Rome, par les troupes napolitaines. Ribera peignit plusieurs fois ce sujet; une répétition ou une copie, suivant Lebrun (*Recueil de gravures au trait*, t. 2, p. 48), existe à l'Escurial; une autre se voit, dit-on, à Cordoue, dans la sacristie du couvent des Augustins. — Estimation : Emp. 40,000 f.; Rest. 50,000 f.

191. *Hercule au repos.*

H. 2, 16. — L. 1, 58. — T. — Fig. plus gr. que nat.

Il est assis et s'appuie sur sa massue.

Ce tableau est porté, sur les inventaires, aux inconnus.

ESTEBAN. *Voir* MURILLO.

FABRIANO (GENTILE DA), *né en 1393; il mourut octogénaire, mais on ignore la date précise de sa mort.* (École romaine.)

Suivant Vasari, il fut élève de Fra Angelico da Fiesole. En 1417, il peignait à la cathédrale d'Orvieto; il passa ensuite à Venise, où il travailla longtemps à la décoration du palais ducal. Il devint dans cette ville le maître de Jacopo Bellini, qui, par reconnaissance, voulut donner le nom de Gentile à un de ses enfants, qui furent par la suite des artistes célèbres. Il y eut aussi vers la même époque un Antonio et un Giuliano da Fabriano.

192. *La présentation au temple.*

H. 0, 26. — L. 0, 61. — B. — Fig. de 0, 17.

Sous le péristyle du temple de Jérusalem, le bienheureux Siméon, accompagné de la prophétesse Anne, a reçu dans ses bras le divin enfant et béni le Seigneur. Il le rend à sa mère, venue pour accomplir les prescriptions de la loi. Elle est suivie de saint Joseph, apportant deux jeunes colombes. Derrière lui, et sur la place du temple, deux femmes s'approchent pour assister à la cérémonie. Au côté opposé, un pauvre estropié parle à une vieille femme appuyée sur un bâton.

Musée Napoléon. — Ce tableau, faisant rétable, fut peint en 1423. — Estimation : Emp. 2,500 f.; Rest. 1,000 f.

FALCONE (Aniello), *peintre et graveur, né à Naples en* 1600, *mort en* 1680. (Ecole napolitaine.)

Ce peintre, surnommé l'*oracolo delle Bataglie*, fut disciple de Ribera. Nommé capitaine de la compagnie de la Mort, dans la révolte de Masaniello, il fut obligé de se réfugier en France après la mort du fameux pêcheur. Il imita Salvator Rosa, son ami, et servit de modèle au Bourguignon.

193. *Combat de Turcs et de chevaliers.*

Le combat se passe dans un défilé aux pieds de rochers. On aperçoit au deuxième plan d'autres chevaliers combattant sur une hauteur au milieu d'un nuage de poussière. Fonds de montagne. On lit sur une selle de cheval, à droite, la date de 1631.

H. 1, 37. — L. 1, 66. — T. — Fig. de 0, 40.

Collection de Louis XIV. — Ce tableau, donné à Altdorfer, peintre allemand, dans le Livret de 1841, est attribué, dans l'inventaire de Bailly (1809-10), à *Falconier*, nom évidemment mal écrit du peintre napolitain auquel nous restituons cette peinture.

FASSOLO (Bernardino), *di Pavia, vivait en* 1518. (École milanaise.)

On n'a aucun renseignement biographique sur cet artiste, qu'il faut classer parmi les imitateurs de Léonard de Vinci.

194. *La Vierge et l'Enfant-Jésus.*

H. 1. 38. — L. 0, 83. — B. — Fig. pet. nat.

La Vierge, assise sur un trône surmonté d'une draperie, tient l'Enfant-Jésus dans ses bras. Sur le devant, des fleurs et des plantes; dans le fond, des montagnes. — On lit sur ce tableau : BERNARDINVS FAXOLVS DE PAPIA FACIEBAT, 1518.

Landon, t. 4, pl. 1.

Musée Napoléon. — C'est le seul ouvrage que l'on connaisse de ce maître. — Estimation : Emp. 4,000 f.; Rest. 2,000 f.

FERRARI (GAUDENZIO), *peintre, sculpteur, architecte, mathématicien et poète, né en* 1484 *à Valdugia, vallée de la Sesia, près de Milan, mort en* 1550. (École milanaise.)

Gaudenzio eut plusieurs maîtres, parmi lesquels on cite Giovenone, Scotto, Luini, Pérugin. Après avoir étudié le style de Léonard, il alla, jeune encore, à Rome, où Raphaël l'employa, dit-on, dans ses travaux des loges du Vatican et de la Farnésine. Personne plus que lui ne s'appropria la manière de Perino del Vaga et de Jules Romain; il eut un grand nombre d'élèves célèbres, parmi lesquels on cite Lomazzo, qui écrivit la vie de son maître.

195. *Saint Paul en méditation.*

H. 2, 00. — L. 1, 57. — B. — Fig. gr. nat.

L'apôtre, assis dans sa cellule devant une table, appuie la main droite sur un livre ouvert et posé sur un pupitre. On aperçoit à travers la fenêtre un second sujet représentant la conversion miraculeuse du saint. On lit sur le bas de la table la date de 1543, et au-dessous, le nom de GAVDENTIVS.

Filhol, t. 4, *pl.* 3.

Musée Napoléon: — Ce tableau, connu sous le nom du PAOLO de *Gaudenzio*, a joui d'une grande réputation, et fut exécuté en concurrence avec celui du Titien, représentant le Couronnement d'épines, exposé sous le n° 403.— Estimation : Emp. 20,000 f.; Rest. 6,000 f.

FETI (DOMENICO), *né à Rome en* 1589, *mort à Venise en* 1624. (École romaine.)

Élève d'abord de Cigoli, peintre florentin, il étudia ensuite à Mantoue et à Venise; il fut très bien imité et copié par sa sœur.

196. *L'empereur Néron.*

H. 1, 51. — L. 1, 12. — T. — Fig. à mi-corps plus gr. que nat.

Il est debout, couronné de lauriers, et tient un bâton de commandement.

Ancienne collection. — Estimation : Emp. 800 f.; Rest. 1,000 f.

197. *La vie champêtre, ou l'homme condamné au travail.*

H. 0, 75. — L. 0, 63. — T. — Fig. de 0, 48.

Une femme assise à terre au pied d'un arbre et filant,

auprès d'elle deux petits enfants. Dans l'éloignement, un laboureur conduisant une charrue.

Gravé par G.-J.-Baptiste Scotin et par Simon Thomassin. — Landon, t. 4, pl. 7. — Filhol, t. 5, pl. 363.

On avait donné autrefois à ce tableau une forme ovale, pour en faire un dessus de porte au château de Versailles. Depuis, on lui a rendu ses dimensions primitives. Mariette l'a décrit sous le titre que nous donnons dans le cabinet Crozat; le duc d'Orléans et le duc de Tallard possédaient une répétition de ce tableau. Celle du duc d'Orléans, peinte sur bois, avait appartenu à Monsieur, frère de Louis XIV. Les lapins qu'on remarque à droite dans la peinture du Musée étaient remplacés, dans celle du duc d'Orléans, par un chevreuil. Ce tableau était connu sous le nom de *la Félicité*. La répétition du duc de Tallard avait fait partie auparavant de la collection de M. Ribéron de Cormery. Quelques auteurs ont désigné ces tableaux sous le titre de *Adam et Eve*, ou *l'Homme condamné au travail*, désignation qui ne peut s'appliquer en aucune façon à ce sujet.

Collection de Louis XIV. — Estimation : Emp. 6,000 f.; Rest. id.

198. *La mélancolie.*

H. 1, 68. — L. 1, 28. — T. — Fig. gr. nat.

Une femme à genoux, le bras droit appuyé sur un massif de pierre, soutient sa tête de la main gauche, et considère attentivement une tête de mort. A ses pieds, une palette, des pinceaux, un fragment de statue, un livre et un chien attaché. Derrière, sur un socle, une sphère, une clepsydre. Dans le fond, des ruines.

Gravé par Simon Thomassin. — Landon, t. 4, pl. 6.

Ce tableau faisait partie de la collection de Louis XIV. Lépicié dit qu'il en existait un presque semblable dans la galerie du château d'Ecouen et un autre dans le cabinet du marquis de Lassay. — Estimation : Emp. 25,000 f.; Rest. 20,000 f.

199. *L'ange gardien.*

H. 2, 92. — L. 1, 88. — T. — Fig. gr. nat.

Un ange, monté sur des degrés, pose sa main sur l'épaule d'un jeune homme et lui montre le ciel; le mauvais esprit, entouré de serpents, se précipite dans un gouffre enflammé.

Gravé par Nicolas Dupuis. — Landon, t. 4, pl. 4.

Collection de Louis XIV. — Estimation : Emp. 5,000 f.; Rest. id.

FRA BARTOLOMMEO (Baccio della Porta, *dit* il Frate, *ou*), *né dans le territoire de Savignano, près de Florence, en* 1469, *mort dans cette ville en* 1517. (École florentine.)

Le nom de cet artiste est Baccio della Porta. Élève de Cosimo Rosselli, il étudia surtout les ouvrages de Léonard de Vinci et se lia intimement avec Mariotto Albertinelli. Ami également du célèbre Savonarole, à la suite d'une prédication de ce fougueux dominicain contre les livres licencieux et les peintures indécentes, il brûla sur une place de Florence tout ce qu'il avait de compositions profanes. Poursuivi comme partisan de Savonarole, il n'échappa à ses ennemis qu'en prenant l'habit de dominicain. Depuis cette époque, il fut connu sous le nom de Fra Bartolommeo, ou simplement du *Frate*. En entrant dans le cloître, il avait abandonné la peinture; mais bientôt il reprit les pinceaux, et fit connaissance en 1504 avec Raphaël, qui lui enseigna les règles de la perspective, et à qui il donna en retour des leçons sur l'emploi des couleurs. Cet artiste ne négligeait aucune précaution pour donner à ses tableaux toute la perfection possible, et on lui attribue l'invention du mannequin.

200. *La salutation angélique.*

H. 0, 96. — L. 0, 76. — B. — Fig. de 0, 12.

La Vierge, assise sur une estrade placée dans un enfoncement en forme de niche, tient un livre à la main et contemple l'ange Gabriel qui paraît dans les airs portant une branche de lis. Saint Jean-Baptiste, saint Paul, saint Jérôme, saint François, se tiennent debout de chaque côté de la Vierge; sainte Marguerite et sainte Madeleine sont à genoux sur le premier plan, la première tenant une croix, la seconde un vase.

Landon, t. 4, pl. 53.

Collection de François Ier. — Ce tableau est signé : F. *Bart^o floren. oris pre.* 1515; c'est-à-dire : le frère Barthelemi de Florence, de l'ordre des frères prêcheurs ou dominicains. — Estimation : Emp. 40,000 f.; Rest. 50,000 f.

201. *Mariage mystique de sainte Catherine.*

H. 2, 57. — L. 2, 28. — B.

La Vierge, assise sur un trône, accompagnée de saint Pierre, de saint Barthélemy, de saint Vincent et d'autres personnages tenant des palmes, préside au mariage mystique de l'Enfant-Jésus avec sainte Catherine, agenouillée devant lui. Près de la Vierge, saint François et saint Dominique s'embrassent en témoignage de l'affection qui les unit. Dans la partie supérieure, des anges soutiennent les rideaux du dais qui surmontent le trône. On lit sur la base du trône : ORATE PRO PICTORE.

Landon, t. 4, pl. 56.

Collection de François Ier. — Ce tableau exécuté, suivant Vasari, à l'époque du séjour de Raphaël à Florence (1505 à 1507), pour l'église Saint-Marc de cette ville, fut donné ensuite à François Ier. — — Estimation : Emp. 120,000 f.; Rest. id.

FRA BASTIANO. *Voir* SÉBASTIEN DEL PIOMBO.

FRA LIPPI. *Voir* LIPPI.

GADDO GADDI (TADDEO), *peintre et architecte, né à Florence en* 1300, *vivait encore en* 1352. (Ecole florentine.)

Elève de Gaddo Gaddi, son père, puis de Giotto, chez qui il demeura 24 ans et où il fut le condisciple et l'émule de Simone Memmi. Il eut deux fils, Giovanni et Angiolo, qui furent ses élèves ainsi que Silvestro et Lorenzo Camaldolese.

202. *Gradin d'autel divisé en trois compartiments.*

H. 0, 34. — L. 0, 67. — B. — Fig. de 0, 20.

1° A gauche, le corps de saint Jean-Baptiste décapité, vu à travers la grille d'une prison ; au milieu, Hérode Antipater célébrant avec deux amis l'anniversaire de sa naissance ; un soldat lui présente la tête du saint. A droite, Salomé remettant à sa mère la tête de saint Jean.

2° Jésus-Christ crucifié entre les deux larrons ; la Vierge évanouie secourue par les saintes femmes ; saint Longin armé d'une lance, et d'autres soldats.

3° Jésus-Christ sur son trône, accompagné de saint Jean, livre aux démons Judas Iscariote, que la Mort personnifiée conduit devant lui, une corde passée au cou. Dans un autre compartiment, la décollation de saint Jean-Baptiste.

Musée Napoléon. — Ces trois tableaux, peints sur fond doré, ont été attribués par quelques critiques à Spinello Aretino. — Estimation : Emp. 3,000 f.; Rest. id.

GARBO (DEL). *Voir* RAFFAELLINO.

GAROFOLO (BENVENUTO TISIO DA), *né à Garofolo, dans le Ferrarais, en* **1481**, *mort le* **6** *septembre* **1559**. (Ecole ferraraise.)

Il fut élève successivement de Domenico Panetti, à Ferrare; de Niccolo Soriani et de Boccacio Boccacino, à Crémone; de Gio. Baldini, Florentin, à Rome; de Lorenzo Costa, à Mantoue, et finit par se perfectionner sous Raphaël qui l'employa pendant quelque temps. Il travailla aussi en société avec les Dossi. Ce changement répété d'écoles influa nécessairement sur les productions de Garofolo, qui, à raison de leur variété, sont attribuées souvent à différents maîtres. Il mettait un œillet dans ses tableaux pour faire allusion au nom qu'il prit de son pays, et qui signifie, en italien, œillet. Il ne faut pas confondre ce peintre avec un de ses parents nommé Gio. Battista Benvenuti, surnommé l'Ortolano, qui imita sa manière et celle de Bagnacavallo. Lanzi pense qu'il faut attribuer à Panetti beaucoup de petits tableaux qu'on donne à Garofolo et qui ne sont pas signés avec l'œillet.

203. *Sainte-Famille.*

H. 0, 44. — L. 0, 32. — B. cintré par le haut. — Fig. de 0. 32.

La Vierge assise tient l'Enfant-Jésus debout, tandis que saint Joseph, agenouillé, présente au Sauveur un agneau que lui amènent sainte Elisabeth et le petit saint Jean.

Landon, t. 4, pl. 42.

Musée Napoléon. — Estimation : Rest. 6,000 f.

204. *Sainte-Famille.*

H. 0, 40. — L. 0, 32. — B. — Fig. de 0, 30.

La Vierge assise tient sur ses genoux l'Enfant-Jésus, qui tend les mains à saint Joseph agenouillé; de l'autre côté, sainte Elisabeth présente le petit saint Jean, qui apporte un agneau.

Landon, t. 4, pl. 44.

Ce tableau fit partie du cabinet de Charles Ier, et fut vendu ensuite par Jabach à Louis XIV, comme étant de Raphaël. C'est sous ce nom qu'il est inscrit dans l'inventaire Bailly. Une note de cet inventaire nous apprend qu'il était de forme carrée lorsqu'on le vendit, mais que depuis on l'a cintré par le haut. Il a été rétabli dans son état primitif. — Estimation : Emp. 5,000 f.; Rest. 6,000 f.

205. *La Vierge et l'Enfant-Jésus.*

H. 0, 52. — L. 0, 40. — B. — Fig. dem. nat.

La Vierge, debout, tient un voile des deux mains et considère l'Enfant-Jésus endormi sur son berceau.

Un rideau vert soulevé laisse apercevoir un fond de paysage.

Landon. t. 3. pl. 89.

Ce tableau, qui faisait partie de la collection de Louis XIV, est porté dans le catalogue de Lépicié et sur l'inventaire du temps de l'Empire au nom de Balthasar Peruzzi. — Estimation : Emp. 8,000 f.; Rest. id.

206. *Le mystère de la Passion.*

H. 0, 58. — L. 0, 43. — B. Fig. de 0, 10.

Couché à terre sur un pan de la robe de la Vierge, l'Enfant-Jésus sommeille, tandis que sa mère agenouillée, les mains jointes, l'adore. Vis-à-vis d'elle, un ange, un genou en terre, lui présente le suaire et la couronne d'épines. Dans une gloire céleste, des anges tiennent la colonne, la croix, la lance, l'éponge et les autres instruments de la Passion. Dans le fond une fontaine, des ruines, une ville.

Gravé par Jean de Poilly. — Filhol, t. 9, pl. 687. — Landon, t. 4, pl. 40.

Collection de Louis XIV. — Ce tableau a été rehaussé et élargi de 2 pouces (Bailly). — On voit dans la galerie de Dresde une répétition plus grande de ce tableau et avec quelques changements. — Estimat. : Emp. 5,000 f.; Rest. 10,000 f.

207. *Portrait du Garofolo jeune.*

H. 0, 54. — L. 0, 44. — B. — Fig. mi-corps à dem. nat.

Il est coiffé d'une toque rouge, vêtu d'une cape brune bordée de noir, et tient un œillet de la main droite. Derrière lui, une campagne traversée par une rivière, et sur la rive un pêcheur.

Ancienne collection. — Ce portrait est attribué à Quintin Metsys par M. Waagen. — Estimation : Emp. 3,000 f.; Rest. id.

208. *Portrait du Garofolo dans un âge avancé.*

H. 0, 42. — L. 0, 33. — B. — Buste dem. nat.

Sa tête est couverte d'une toque noire; il porte un vêtement doublé de fourrure, et de la main gauche il tient un œillet et un chapelet auquel est attachée une petite tête de mort.

Filhol, t. 9, pl. 695.

Collection de Louis XIV. — Attribué à Holbein par M. Waagen. L'exécution ressemble en effet beaucoup à celle du portrait de ce maître no .... — Estimation : Emp. 900 f.; Rest. 1,200 f.

GASPRE ou GUASPRE POUSSIN (Gaspard Dughet), *né à Rome en 1613, mort dans la même ville en 1675.* (École romaine.)

Il était fils de Jacques Dughet, Parisien, établi à Rome, dont le Poussin avait épousé la fille. Il fut élève de son beau-frère et tint à honneur de porter son nom. Il fit une étude approfondie des ouvrages de Claude Lorrain et acquit une telle facilité d'exécution qu'il peignait dans la journée un grand paysage avec les figures, sans que le tableau se ressentît de cette prodigieuse rapidité.

209. *Paysage.*

H. 1, 00. — L. 1, 37. — T.

Trois voyageurs se reposent près d'un fleuve, et l'un d'eux s'appuie sur un lévrier; sur le fleuve, une barque conduite par trois rameurs, et sur la rive trois chevaux lancés au galop.

Gravé par Müller.

Acquis pour 5,000 fr. de Mme Rigo, le 15 mars 1816.

210. *Paysage.*

H. 0, 72. — L. 0, 96. — T. — Fig. de 0, 12.

Trois hommes, deux assis par terre et un debout, accompagnés de deux lévriers, se reposent sur le bord d'un chemin sinueux conduisant à un fleuve; dans le fond, une ville adossée à des collines.

Filhol, t. 8, pl. 577.

Collection de Louis XIV. — M. Waagen attribue ce tableau à Van Bloemen, dit *Orizonte.* — Estimation : Emp. 9,000 f.; Rest. 4,000 f.

211. *Paysage.*

H. 0, 72. — L. 0, 96. — T. — Fig. de 0, 12.

Trois bergers dans le costume antique se reposent sur le bord d'un chemin; plus loin, d'autres bergers conduisent un troupeau près de la rive d'un torrent. Dans le fond, sur le sommet d'une montagne, des fabriques entourées d'arbres.

Filhol, t. 4, pl. 286.

Collection de Louis XIV. — M. Waagen attribue ce tableau à Van Bloemen dit *Orizonte.* — Estimation : Emp. 9,000 f.; Rest. 4,000 f.

212. *Paysage.*

H. 1, 47. — L. 2, 22. — T. — Fig. de 0, 48.

Sur le bord d'une route serpentant au pied de montagnes boisées, une paysanne assise s'appuie sur un jeune homme; près d'eux une femme debout, tenant un enfant dans ses bras, les regarde; plus loin, sur la même route, un homme et une femme conduisant un enfant. Dans le fond à gauche, un couvent près duquel sont deux moines.

Ancienne collection. — Estimation : Rest. 1,000 f.

213. *Paysage.*

H. 1, 47. — L. 2, 22. — T. — Fig. de 0, 48.

Dans une forêt entrecoupée de rochers, un chasseur tire un coup de fusil et son chien s'élance à la poursuite du gibier; près de lui, un homme assis et un autre homme debout appuyé sur un bâton. Plus loin, à droite, une femme montée sur un mulet, accompagnée d'un jeune garçon qui joue de la musette. On aperçoit dans l'éloignement un couvent, et à l'horizon de hautes montagnes.

Ancienne collection. — Estimation : Rest. 1,000 f.

214. *Paysage.*

H. 1, 97. — L. 1, 14.

Hercule combattant l'hydre.

GENNARI (CESARE), *né à Cento en 1641 ou 1642, mort en* 1688. (Ecole bolonaise.)

Il fut neveu et élève du Guerchin, dont il imita la manière au point de tromper souvent les connaisseurs les plus exercés. — Son frère aîné, Benedetto, se forma à la même école; après la mort de son oncle, dont il tenait la maison, il passa en Angleterre, puis revint en Italie lorsque Jacques II fut détrôné, et mourut à Rome en 1715, âgé de quatre-vingt-deux ans. — Il y eut encore plusieurs Gennari : Ercole et Bartolommeo, frères des précédents et imitateurs du Guerchin; Benedetto Gennari, surnommé l'Ancien, leur père et beau-frère du Guerchin, dont il fut le maître; enfin Giovan-Battista Gennari, vraisemblablement frère de ce dernier. Tous furent des imitateurs habiles du Guerchin.

215. *La Vierge allaitant l'Enfant-Jésus.*

H. 0, 98. — L. 0, 80. — T. — Fig. gr. nat.

La Vierge, assise et vue à mi-corps, tient de la main gauche l'Enfant-Jésus sur ses genoux, et de la droite lui présente le sein.

Landon, t. 4, pl. 18.

Ce tableau était placé autrefois dans le séminaire de Cento. — Dans la notice de l'an VI (nº 65), ainsi que dans celle de 1819 (nº 920), ce tableau est donné à Cesare Gennari ; dans la notice de 1823 (nº 1017), ce tableau est attribué à *l'école du Guerchin*, et enfin dans celle de 1841 (nº 1019), à Benedetto Gennari. — Estimation : Emp. 1,500 f. ; Rest. 1,000 f.

GENTILE (Bartolommeo di), dit Urbino. *On ignore l'année de sa naissance et celle de sa mort, on sait seulement par la date de ses tableaux qu'il vivait encore en* 1508. (Ecole romaine.)

On n'a aucun renseignement biographique sur ce peintre, qu'il ne faut pas confondre avec Bartolommeo de Ferrare, ni avec son fils Benoît, qui ajoutait le nom de son père au sien.

216. *La Vierge et l'Enfant-Jésus.*

H. 1, 33. — L. 0, 80. — B. — Fig. pet. nat.

La Vierge, assise sur un trône cintré et incrusté de marbres précieux, tient dans ses bras l'Enfant-Jésus, dont le cou est orné d'un collier de corail.

On lit sur un cartel au bas de ce tableau :

BARTOLOMEVS. M. GENTILIS. DE. VRBIN. PINXIT.
ANNº MCCCCLXXXXVII.

Lanzi dit avoir vu ce tableau à Pesaro, dans le couvent de Saint-Augustin. — Acquis en 1840 pour la somme de 800 f.

GENTILESCHI (Orasio Lomi, *dit*), *né à Pise en* 1563, *mort en Angleterre vers* 1648. (Ecole florentine.)

Élève de son frère aîné, Aurelio Lomi, il reçut ensuite des conseils d'Augustin Tassi, qu'il aida quelquefois dans ses travaux. Après un séjour de deux ans à Gênes, en Savoie et en France, il passa en 1623 en Angleterre, où il mourut à quatre-vingt-quatre ans. Sa fille Artémise, qui l'avait accompagné, peignit l'histoire et surtout le portrait avec beaucoup de succès.

217. *Repos de la Sainte-Famille.*

H. 1, 58. — L. 2, 25. — T. — Fig. gr. nat.

La Vierge assise à terre, donne le sein à l'Enfant-

Jésus; près d'eux saint Joseph accablé de fatigue s'est endormi couché sur son sac de voyage.

Landon, t. 4, pl. 21.

Collection de Louis XIV. — Ce tableau était primitivement de forme ovale (Bailly). — Estimation : Emp. 10,000 f.; Rest. id.

218. *Portrait d'un jeune homme.*

H. 0, 52. — L. 0, 48. — B. — Buste gr. nat.

Il a la tête appuyée sur la main gauche et tient de la droite une tête de mort.

Estimation : Rest. 400 f.

GHIRLANDAJO *ou* **GRILLANDAJO** (BENEDETTO CORRADI DEL), *né en 1458, mort vers 1497, à l'âge de 50 ans.* (Ecole florentine.)

Il était le troisième fils de Tommaso Corradi, orfèvre florentin, qui dut son surnom de Ghirlandajo à la vogue d'un bijou de son invention. Benedetto, pour échapper aux persécutions auxquelles il était en butte de la part de son frère Domenico, jaloux de sa réputation, passa en France, y fit fortune, et ne revint que plus tard jouir dans sa patrie des biens qu'il avait amassés à l'étranger.

219. *Jésus-Christ sur le chemin du Calvaire.*

H. 1, 91. — L. 1, 91. — B. — Fig. pet. nat.

Le Christ, conduit au supplice par des bourreaux et des soldats, porte sa croix avec l'aide de Simon de Cyrène. Il se tourne vers la Vierge suivie des saintes femmes et de saint Jean; à droite, la bienheureuse Véronique agenouillée tient le saint suaire.

Landon, t. 4, pl. 22.

Musée Napoléon. — Estimation : Emp. 6,000 f.; Rest. 4,000 f.

GHIRLANDAJO *ou* **GRILLANDAJO** (DOMENICO CORRADI DEL), *peintre, orfèvre, mosaïste, né en 1451, mort en* 1495. (Ecole florentine.)

Élève de son père, Tommaso Corradi, pour l'orfévrerie, et de Alessio Baldovinetti pour la peinture, il est le premier qui essaya d'imiter avec la couleur les ornements, qu'à cette époque on avait l'habitude de dorer. Il perfectionna beaucoup l'art de la mosaïque et fut le maître d'un grand nombre d'artistes célèbres, parmi lesquels Michel-Ange est le plus illustre. On prétend que la jalousie qui lui fit éloigner son frère de Florence le poussa à conseiller au Buonarotti de se consacrer exclusivement à la sculpture.

220. *La Visitation.*

H. 1, 72. — L. 1, 65. — B. — Fig. gr. nat.

En présence de Marie Cléophas, mère de saint Jacques-le-Mineur, et de Marie Salomé, épouse de Zébédée, la Vierge reçoit avec modestie les hommages de sainte Elisabeth. L'entrevue se passe sous un vestibule à arcades. Dans le fond, des montagnes et une partie de la ville habitée par Zacharie. — Ce tableau porte la date de MCCCCLXXXXI.

Musée Napoléon. — « Domenico commença pour l'église de Castello une Visitation de la Vierge terminée ensuite par ses frères David et Benedetto, où l'on remarque des têtes de femmes fort belles et très gracieuses. » (VASARI.) — Estimation : Emp. 30,000 f.; Rest. 4,000 f.

GHIRLANDAJO (RIDOLFO CORRADI DEL), *né à Florence en 1485, mort en 1560.* (Ecole florentine.)

Fils de Domenico ; il perdit son père à l'âge de dix ans et fut d'abord élève de David Corradi, son oncle. Il se lia avec Raphaël pendant son séjour à Florence, étudia le fameux carton de Michel-Ange, et se perfectionna ensuite sous Fra Bartolommeo della Porta. Il eut un grand nombre d'élèves, parmi lesquels Perino del Vaga est le plus célèbre.

221. *Le couronnement de la Vierge.*

H. 2, 90. — L. 1, 91. — B. — Fig. pet. nat.

Sur des nuages, la Vierge, prosternée aux pieds de son fils, reçoit avec humilité la couronne immortelle ; une gloire d'anges célèbrent par leurs concerts ce glorieux évènement. Dans le bas du tableau, saint Pierre, dominicain et martyr, saint Jean-Baptiste, saint Jérôme, la Madeleine, saint François d'Assise et saint Dominique sont à genoux et en adoration.

Landon, *t.* 4, *pl.* 23.

Musée Napoléon. — « Ridolfo peignit à l'huile, dans le monastère des religieuses de Ripoli, deux tableaux dont l'un représente un Couronnement de la Vierge, et l'autre la Vierge au milieu de plusieurs saints. » (VASARI.) — D'après la date de MDIIII mise au bas de ce tableau, Ridolfo avait dix-neuf ans quand il exécuta cet ouvrage. — Estimation : Emp. 25,000 f.; Rest. 10,000 f.

GHIRLANDAJO (école des).

222. *La Vierge et l'Enfant-Jésus.*

H. 0, 67. — L. 0, 58. — B. — Fig. pet. nat.

La Vierge assise soutient l'Enfant-Jésus posé sur son genou; on voit devant elle, sur un appui en pierre, le Saint-Esprit sous la forme d'une colombe dont la tête est nimbée, et à côté, un livre ouvert dans lequel la Vierge semble lire.

Ce tableau, placé autrefois dans l'église Saint-Louis-des-Français, à Rome, est attribué sur les inventaires de l'Empire et de la Restauration à *Domenico Ghirlandajo*. — Estimation : Emp. 400 f.; Rest. id.

GIORDANO (LUCA), *né à Naples en 1632, mort en 1705, et selon Domenici, en 1704.* (Ecole napolitaine.)

Il passa de l'école de l'Espagnolet, où il resta neuf ans, dans celle de Pietre de Cortone. Sa manière expéditive lui fit donner le surnom de *fa Presto*. Il fit des pastiches d'Albert Durer, de Bassan, de Rubens et surtout de Ribera. On le croit fils de Jean Jordaens de Delf, et on l'appelle aussi Luca Napolitano.

223. *La présentation de Jésus au temple.*

H. 1, 53. — L. 2, 07. — T. — Fig. dem. nat.

La Vierge, accompagnée de saint Joseph et agenouillée sur les degrés du temple de Jérusalem, présente l'Enfant-Jésus au grand-prêtre assisté par de jeunes lévites; plusieurs femmes, dont l'une tient un enfant par la main, forment la suite de la Vierge.

Landon, t. 4, pl. 24.

Ancienne collection. — Estimation : Emp. 3,000 f.; Rest. 4,000 f.

224. *Jésus se soumet à la mort pour le salut des hommes.*

H. 1, 51. — L. 1, 24. — T. — Fig. de 0, 90.

Jésus, enfant, présenté par la Vierge et accompagné de saint Joseph et d'un ange, accepte les instruments de la Passion qui lui sont apportés par les anges. Le Père-Eternel porté sur des nuages le contemple, et l'Esprit-Saint dirige vers lui un de ses rayons.

Filhol, t. 11, pl. 26.

Musée Napoléon. — Estimation : Rest. 4,000 f.

225. *Mars et Vénus.*

H. 0, 62. — L. 0, 76. — T. — Fig. de 0. 50.

Mars s'éloigne de Vénus, couchée sur un lit de repos que supporte une figure de satyre. Deux femmes s'occupent de la toilette de la déesse. Un amour aux ailes de papillon joue avec un chien ; un autre amour est couché sur un globe autour duquel rampe un serpent. Dans le fond, Vulcain occupé aux travaux de sa forge.

Gravé par Pierron. — *Filhol, t. 2, pl. 53.* — *Landon, t. 4, pl. 26.*

Ancienne collection. — Estimation : Emp. 1,500 f.; Rest. 500 f.

GIORGION (Giorgio Barbarelli, *dit* le), *né à Castel-Franco, près de Trévise, en* 1477, *mort en* 1511. (École vénitienne.)

Élève de Gio. Bellino, il se forma par une étude approfondie de la nature un style dont les ouvrages de ses prédécesseurs n'avaient pu lui fournir d'exemple, et qui servit de modèle au Titien lui-même et aux plus grands maîtres de l'école vénitienne.

226. *La tête de saint Jean-Baptiste présentée à Salomé.*

H. 0, 78. — L. 0, 64. — B. — Fig. de 0, 65.

La fille d'Hérodiade, debout, reçoit d'un bourreau couvert d'une armure la tête de saint Jean posée dans un plat. Dans le lointain, un bourreau montre la tête du saint qu'il vient de décapiter.

Gravé par Resmon.

Collection de Louis XIV. — Estimation : Emp. 1,000 f.; Rest. 4,000 f.

227. *Un* ex voto.

H. 1, 00. — L. 1, 36. — B. — Fig. à mi-corps pet. nat.

La Vierge assise tient sur ses genoux l'Enfant-Jésus ; saint Joseph est placé derrière elle ; saint Sébastien, percé de flèches et attaché à un arbre, et sainte Catherine sont devant eux. Tout-à-fait sur le premier plan, le donataire, dont on ne voit que le buste et la tête tournée de profil.

Landon, t. 4, pl. 28.

Collection de Louis XIV. — Ce tableau provient de la collection des ducs de Mantoue achetée par Charles Ier. Estimé 100 livres sterling sur l'inventaire dressé après la mort du roi, il fut acquis par Jabach, puis par Mazarin et enfin par Louis XIV des héritiers du cardinal. — Estimation : Emp. 90,000 f.; Rest. 60,000 f.

228. *Concert champêtre.*

H. 1, 10. — L. 1, 38. — T. — Fig. dem. nat.

Une femme nue, vue de dos, une flûte à la main, et deux jeunes hommes, dont l'un tient un luth, sont assis sur le gazon et semblent s'entretenir ensemble. A gauche et debout, une femme, dont une draperie ne couvre que la partie inférieure du corps, verse dans une espèce de réservoir en pierre l'eau que contient un vase de verre.

Gravé par Nicolas Dupuy dans le cabinet Crozat. — Filhol, t. 3, pl. 213. — Landon, t. 4, pl. 29.

Ce tableau faisait partie du cabinet de Charles Ier, roi d'Angleterre, et fut vendu à Louis XIV par Jabach. M. Waagen l'attribue à Palma Vecchio. — Estimation : Emp. 30,000 f.; Rest. id.

GIORGION (attribué au).

229. *Portrait de César Borgia, cardinal, puis duc de Valentinois.*

H. 0, 95. — L. 0, 77. — T. buste gr. nat.

Il est vu de trois quarts, tourné vers la gauche, et porte un vêtement garni de fourrures.

Ancienne collection. — Ce tableau est porté aux inconnus sur l'inventaire de la Restauration. — Estimation : Rest. 2,000 f.

GIOTTO di Bondonne di Vespignano, *peintre, sculpteur, architecte, né à la villa di Vespignano, près de Florence, en* 1276, *mort en* 1336. (Ecole florentine.)

Giotto enfant gardait des troupeaux de moutons. Cimabue l'ayant trouvé un jour dans la campagne dessinant une brebis sur une pierre, conçut une si bonne opinion des dispositions du jeune pâtre pour le dessin, qu'il l'emmena avec lui et se chargea de son instruction. L'élève surpassa bientôt le maître et il s'écoula un siècle avant que Masaccio fit faire un nouveau progrès à l'art. Giotto fut aussi le premier artiste de l'école primitive moderne qui peignit avec talent des portraits. D'autres peintres s'étaient déjà essayés avant lui dans ce genre, mais, suivant Vasari, n'avaient pas encore réussi.

230. *Saint François d'Assise recevant les stigmates.*

H. 3, 14. — L. 1, 62. — B. — Fig. pet. nat.

Saint François s'étant retiré en 1224, deux ans avant sa mort, sur le mont della Vernia pour y jeûner quarante jours, vit apparaître pendant ses prières un séraphin ayant six ailes lumineuses et enflammées, entre lesquelles il distingua la figure d'un homme qui avait les pieds et les mains étendus et attachés à une croix. Ses ailes étaient disposées de façon que deux s'élevaient au-dessus de sa tête, deux s'étendaient pour voler, et les deux autres lui couvraient tout le corps. En cet instant, les marques des plaies du Sauveur parurent sur les mains et sur les pieds du saint, et son côté droit reçut aussi une cicatrice rouge comme d'un coup de lance. Giotto a rendu toutes les circonstances de cette légende : la vision va s'évanouir, et déjà la croix a disparu. Dans la partie inférieure du tableau, le peintre a représenté trois autres sujets de la vie de saint François :

1° *Vision du pape Innocent III.*

Fig. de 0, 30.

Pendant son sommeil, saint François lui apparait portant l'habit de son ordre, et soutenant l'église de Saint-Jean-de-Latran, qui tombe en ruines. Saint Pierre inspire au pape de protéger l'ordre des Frères-Mineurs, fondé par saint François.

2° *Saint François, suivi de ses douze premiers compagnons, reçoit du pape Innocent III, en* 1210, *l'habit et les statuts de son ordre.*

Le pontife est assisté par Guy, évêque d'Assise, et par le cardinal Jean de Saint-Paul, évêque de Sabine.

3° *Saint François parlant à des oiseaux.*

Les oiseaux écoutent attentivement la prédication de saint François. Souvent, disent les légendaires, ils chantaient alternativement avec lui quand il récitait son office, et se taisaient à son commandement.

On lit sur la partie inférieure de la bordure de ce tableau : OPUS. IOCTI. FLORENTINI.

Landon, t. 4, pl. 30 *et* 31.

Musée Napoléon. — « Ayant terminé ce saint François (à Assise), il revint à Florence, où, à peine arrivé, il peignit avec un soin extrême, pour l'envoyer à Pise, un tableau représentant saint François au milieu des rochers de la Vernia.... Ce tableau qu'on voit aujourd'hui à Saint-François de Pise, sur un pilier voisin du maître-autel, est tenu en grande vénération comme ouvrage d'un si grand homme, et fut cause que les Pisans qui venaient de finir les constructions du Campo-Santo.... donnèrent à Giotto la peinture d'une partie de la façade intérieure. » (VASARI.) Ce tableau est peint sur fond d'or et les armes du donateur sont représentées sur les côtés de la bordure. — Estimation : Emp. 6,000 f.; Rest. id.

GIOTTO (attribué à).

231. ***Portrait de saint Louis, deuxième fils de Charles II,* le Boiteux, *roi de Naples, de Sicile et de Jérusalem, né à Nocera en février* 1275, *évêque de Toulouse à l'âge de* 19 *ans et mort le* 19 *août* 1298.**

H. 0, 48. — L. 0, 35. — B. — Buste dem. nat.

Il tient un livre de la main droite et une crosse de la main gauche.

Ce tableau, peint sur fond d'or et gauffré, faisait partie de la collection Révoil acquise en 1818.

GOBBO DE' CARRACCI (Pietro Paolo Bonzi, *dit* il), *né à Cortone vers* 1575, *mort en* 1665, *âgé de* 60 *ans.* (Ecole bolonaise.)

Élève d'Annibal Carrache. Son infirmité et le nom de sa ville natale lui firent donner les surnoms d'il Gobbo di Cortona (le bossu de Cortone), et d'il Gobbo da' Frutti (le bossu aux fruits), parce qu'il excellait à les reproduire. Il y eut aussi un Andrea Gobbo ou Solari, élève de Gaudenzio Ferrari, avec qui il ne faut pas le confondre.

232. ***Latone métamorphosant des paysans en grenouilles.***

H. 0, 34. — L. 0, 45. — B. — Forme ovale.

Latone, fatiguée d'une longue marche, et tenant ses deux enfants Apollon et Diane dans ses bras, s'est assise au bord d'un lac pour s'y désaltérer. Des paysans, occupés à couper des algues et des joncs, ayant troublé l'eau pour l'empêcher de boire, la déesse les métamorphose en grenouilles. Dans le fond, pâturages avec des animaux.

Filhol, t. 10, *pl.* 688.

Ancienne collection. — L'exécution de ce tableau tient beaucoup de celle de Paul Bril dont Bonzi était contemporain. — Estimation : Emp. 1,000 f.; Rest. id.

GOZZOLI (Benozzo), *né à Florence en* 1400, *mort à Pise en* 1478, *âgé de* 78 *ans.* (Ecole florentine.)

Il fut élève de Fra Giovanni Angelico da Fiesole. Le nombre infini de peintures qu'il exécuta en deux ans, dans le Campo-Santo, à Pise, lui a mérité au milieu de ce monument un tombeau que les Pisans lui élevèrent à leurs frais. Vasari nous en a conservé l'épitaphe. On compte parmi ses élèves Zenobio de' Machiavelli, dont le musée possède un tableau.

233. *Le triomphe de saint Thomas-d'Aquin.*

H. 2, 57. — L. 1, 02. — B.

Cette composition, dans laquelle l'artiste allia la manière grecque tombée en désuétude depuis Cimabue avec la nouvelle, dont Fra Gio. da Fiesole avait donné l'exemple, est divisée en trois parties et offre trois sujets de la vie de saint Thomas-d'Aquin.

Dans la partie supérieure : Jésus-Christ, dans sa gloire, environné de chérubins. A sa droite, saint Paul tenant un livre et un glaive ; à sa gauche, Moïse montrant les Tables de la loi. Devant eux et de chaque côté, les quatre Evangélistes écrivant sous l'inspiration divine. Le Sauveur prononce ces paroles, inscrites au-dessous de lui : BENE SCRIPSISTI DE ME THOMA.

Fig. de 0, 47.

Dans la partie du milieu : saint Thomas assis au centre d'un disque de lumière, entre Aristote et Platon. Il tient plusieurs ouvrages sur ses genoux ; sous ses pieds est étendu le docteur de l'Université de Paris, Guillaume de Saint-Amour, foudroyé par l'éloquence du saint.

Fig. demi-nat.

On lit autour du nimbe du saint : *Sanctus Thommas deacxai* ; plus bas, à droite, se trouve cette inscription : *Vere hic est lume ecclesie*, et à gauche : *Hic adinveni omnem vià discipline*.

Dans la partie inférieure du tableau : le pape Alexandre IV, assis sur un trône, et assisté par deux camériers, préside en 1256 l'assemblée d'Anagni, tenue au sujet des contestations survenues entre les ordres mendiants, attaqués par Guillaume de Saint-Amour et défendus par saint Thomas-d'Aquin. Ce dernier personnage est le moine assis au premier plan et vu de dos. Le religieux placé à sa droite est saint Bonaventure. Jean des Ursins et Hugues de Saint-Cher sont les deux cardinaux siégeant près du pape. Près d'Hugues se trouvent l'évêque de Messine, puis Albert-le-Grand, dominicain, maître sacré du palais ; les chefs des ordres, tel que Humbert de Romans, général des dominicains, les docteurs Pierre et Jean, députés au pape par Louis IX, etc.

Fig. de 0, 47.

Musée Napoléon. — « Dans le dôme (à Pise), derrière le siége de l'archevêque, il peignit en détrempe, sur un petit panneau, un saint Thomas-d'Aquin au milieu d'un grand nombre de docteurs qui discutent sur ses ouvrages. Parmi ces figures, on remarque le pape Sixte IV, une foule de cardinaux, de chefs et de généraux de différents ordres religieux. Ce tableau est le meilleur et le plus fini que Benozzo ait jamais fait. » (VASARI). Vasari s'est probablement trompé en désignant Sixte IV pour le pape représenté. Lorsque le pontife commença à régner en 1471, Benozzo avait déjà soixante et onze ans. D'ailleurs, la tête du pape n'a aucun rapport avec le portrait de Sixte IV, peint dans le tableau de Gio. Massone décrit sous le nº 325. Les armoiries d'un donateur se trouvent à gauche dans le bas du tableau. — Estimation : Emp. 4,000 f. ; Rest. 3,000 f.

GUARDI (FRANCESCO), *né à Venise en* 1712, *mort en* 1793. (Ecole vénitienne.)

Il fut, ainsi que le Bellotto, un élève et un habile imitateur de Canaletto.

234. *Vue de Venise.*

H. 0, 78. — L. 1, 00. — Fig. de 0, 03.

Le doge sur le Bucentaure sortant du port de l'île du Lido le jour de l'Ascension. La mer est couverte de gondoles et d'embarcations pavoisées.

Gravé par Brustolon, sous le nom de Canaletto.

Estimation : Rest. 300 f.

GUASPRE. *Voir* GASPRE.

GUERCHIN (GIO. FRANCESCO BARBIERI, *dit* LE), *né à Cento en* 1590, *mort en* 1666. (Ecole bolonaise.)

Il fut élève de *Cremonini* et de *Benedetto Gennari dit l'Ancien*, peintre de Bologne. Il refusa l'honneur d'être premier peintre des rois de France et d'Angleterre. Il établit, en 1646, à Cento, une académie qu'il enrichit d'un grand nombre de plâtres moulés sur l'antique. Quoique peu de peintres aient autant produit que le Guerchin, jamais il ne laissa un ouvrage imparfait.

235. *Loth et ses filles.*

H. 1, 72. — L. 2, 21. — T. — Fig. gr. nat.

Loth, assis sur la montagne au milieu de ses deux filles, vide la coupe que l'une d'elles remplit. Dans le fond, la femme de Loth changée en statue de sel, et l'incendie de Sodome.

« Il fit (en 1650) un Loth et ses filles pour le Sr Girolamo Pavese, mais ce tableau changea de possesseur et appartint au commandeur

Luigi Manzini qui en fit cadeau à son A. S. le duc de Modène, le 26 février 1651. Le duc était venu à Bologne entendre le drame d'Œnone abandonnée, et récompensa ledit Manzini de son présent en lui donnant un marquisat. » (MALVASIA.) — Ce tableau fut acquis en 1817 de M. Quatresols de la Hante, avec quatre autres tableaux flamands, moyennant la somme de 100,000 fr.

236. ***La Vierge et l'Enfant-Jésus.***

H. 1, 21. — L. 1, 03. — T. — Fig. gr. nat.

La Vierge debout et vue à mi-corps tient l'Enfant-Jésus debout sur une table et dans l'action de bénir.

Landon, t. 4, pl. 34.

Musée Napoléon.

237. ***La résurrection de Lazare.***

H. 1, 99. — L. 2, 33. — T. — Fig. gr. nat.

Le Christ debout étend le bras vers Lazare dont un jeune homme détache les liens. Marie et Marthe, sœurs de Lazare, sont l'une aux genoux du Christ, l'autre auprès du sépulcre avec deux disciples. Un homme penché sur le bord de la fosse se bouche le nez.

Gravé par Vivant Denon et par J.-B. Pasqualini. — Filhol, t. 2, pl. 64. — Landon, t. 4, pl. 36.

Ancienne collection. — Estimation : Emp. 300 f.; Rest. 20,000 f.

238. ***La Vierge et saint Pierre.***

H. 1, 22. — L. 1, 59. — T. — Fig. à mi-corps gr. nat.

La Vierge assise, les mains posées sur ses genoux, est immobile de douleur ; saint Pierre, en essuyant ses larmes, témoigne son trouble et son repentir.

Collection de Louis XIV.—Estimation : Emp. 2,400 f.; Rest. id.

239. ***Saint Pierre en prière.***

H. 0, 75. — L. 0, 60. — T. — Buste gr. nat.

Il tient une clef et un livre.

Musée Napoléon. — Estimation : Emp. 400 f.; Rest. 400 f.

240. ***Saint Paul.***

H. 0, 75. — L. 0, 61. — T. — Buste gr. nat.

Il tient un glaive à la main.

Musée Napoléon. — Estimation : Emp. 400 f.; Rest. 400 f.

241. ***Salomé recevant la tête de saint Jean-Baptiste.***

H. 1, 39. — L. 1, 67. — T. — Fig. à mi-corps, gr. nat.

Salomé, fille d'Hérodiade, accompagnée d'une suivante, reçoit dans un bassin la tête de saint Jean-Baptiste, qu'un bourreau tient par les cheveux.

Landon, t. 4, pl. 40.

Musée Napoléon. — Ce tableau fut exécuté vers 1650.— Estimation: Emp. 7,000 f.; Rest. 4,000 f.

242. *Vision de saint Jérôme.*

H. 0, 42. — L. 0, 48. — C. — Fig. de 0, 42.

Saint Jérôme, couché sur une natte dans sa grotte, se réveille saisi de terreur au son de la trompette du Jugement dernier, qu'un ange lui fait entendre. Près de lui, à terre, deux livres et une tête de mort.

Gravé par F. Chauveau et par Pasqualini. — Filhol, t. 10, pl. 712. — Landon, t. 4, pl. 43.

Acquis de Jabach par Louis XIV. — Estimation : Emp. 4,000 f.; Rest. id.

243. *Saint François d'Assise et saint Benoît.*

H. 2, 80. — L. 1, 83. — T. — Fig. gr. nat.

Un ange apparaît dans les airs à saint François d'Assise et à saint Benoît. Saint Benoît, vêtu de blanc, tenant un livre et le bâton pastoral à la main, écoute les sons de la musique céleste qui ravit en extase saint François d'Assise.

Musée Napoléon. — « Il fit (en 1620) pour Saint-Pierre de Cento, un saint François et un saint Benoît avec un ange qui joue du violon. » (MALVASIA.) — Estimation : Emp. 8,000 f.; Rest. 12,000 f.

244. *Les saints protecteurs de la ville de Modène.*

H. 3, 32. — L. 2, 10. — T. — Fig. gr. nat.

La Vierge, accompagnée de deux anges et assise sur des nuages, tient dans ses bras l'Enfant-Jésus qui donne sa bénédiction. Saint Géminien, évêque, reçoit d'un ange le modèle en relief de la ville de Modène; derrière lui, un autre ange porte sa crosse. Saint Jean-Bâptiste à genoux intercède auprès de Marie. A droite, saint Georges debout, en armure, appuyé sur son épée; dans le fond, saint Pierre, martyr, religieux de l'ordre de Saint-Dominique.

Landon, t. 4, pl. 49.

« Il fit (en 1651) un grand tableau d'autel, commandé par S. A. le duc de Modène, pour l'église de Saint-Pierre, martyr, représentant la Vierge, l'Enfant-Jésus, un grand nombre d'anges, sainte Geneviève, saint Jean, etc. Ce tableau, attendu la mort du prince, resta chez l'auteur. » MALVASIA. — Estimation : Emp. 30,000 f.; Rest. id.

245. *Sainte Cécile.*

Elle est assise et touche de l'orgue.

H. 1, 22. — L. 1, 00. — T. — Fig. jusqu'aux genoux, gr. nat.
Estimation : Rest. 2,000 f.

246. *Hersilie séparant Romulus et Tatius.*

H. 2, 53. — L. 2, 67. — T. — Fig. gr. nat.

Hersilie retient le bras de Romulus, et tourne des regards suppliants vers son père, dont une Sabine arrête aussi la main armée d'un glaive. Dans le fond, combat des Sabins et des Romains.

Landon, t. 4, pl. 50.

Musée Napoléon. — Ce tableau fut exécuté en 1645 pour Auvilier, secrétaire du roi de France. — Estimation : Emp. 20,000 f.; Rest. 10,000 f.

247. *Circé.*

H. 1, 21. — L. 0, 96. — T. — Fig. à mi-corps, gr. nat.

Coiffée d'un turban orné d'une aigrette et d'une agrafe de diamants, la magicienne tient de la main droite une baguette, et de la gauche un vase d'or ; près d'elle, sur une table, un autre vase et un livre ouvert où sont tracés des caractères cabalistiques.

Gravé par Gandolfi. — Filhol, t. 2, pl. 80. — Landon, t. 4, pl. 52.

Collection de Louis XIV. — Estimation : Emp. 2,500 f.; Rest. 3,000 f.

248. *Portrait en buste du Guerchin.*

H. 0, 77. — L. 0, 62. — T. — Buste gr. nat.

Il est nu tête et tient sa palette et ses pinceaux.
Ancienne collection. — Estimation : Emp. 300 f.; Rest. 1,000 f.

GUERCHIN (école du).

249. *Saint Jean dans le désert.*

H. 2, 43. — L. 1, 69. — T. — Fig. gr. nat.

Saint Jean assis sur un rocher tient de la main gauche

une croix de roseau et de la main droite une coupe dans laquelle il reçoit l'eau qui jaillit d'un rocher.

Ancienne collection. — Porté comme original sur l'inventaire de la Restauration. — Estimation : Rest. 4,000 f.

GUIDE (GUIDO RENI, *dit* LE), *peintre et graveur, né à Calvenzano, près Bologne, en* 1575, *mort en* 1642. (Ecole bolonaise.)

Il fut d'abord élève de Denis Calvart, puis des Carrache, et particulièrement de Louis. Aucun peintre n'eut, à son époque, une réputation aussi grande, et pendant longtemps il fut tellement chargé de commandes qu'il était obligé d'en refuser une partie. La passion du jeu empoisonna la fin d'une glorieuse carrière. Ayant perdu des sommes considérables, il tomba bientôt dans la misère, travailla à vil prix, et eut dans sa vieillesse la douleur de voir ses ouvrages méprisés et d'être abandonné par ses amis.

250. *David vainqueur de Goliath.*

H. 2, 20. — L. 1, 60. — T. — Fig. gr. nat.

Debout, coiffé d'une toque surmontée d'une plume, David appuyé sur le fût d'une colonne, tient sa fronde de la main droite et de la gauche la tête de Goliath, posée sur un socle élevé. L'épée du géant est à ses pieds.

Gravé par Gilles Rousselet. — Filhol, t. 2, pl. 110. — Landon, t. 7, pl. 1.

Collection de Louis XIV. — On connaît plusieurs répétitions ou copies très belles de ce tableau, voir le n° 27?. — Estimation : Emp. 12,000 f.; Rest. 15,000 f.

251. *L'Annonciation.*

H. 3, 19. — L. 2, 22. — T. — Fig. gr. nat.

L'archange Gabriel, couvert d'une étole, un lis à la main, et porté sur un nuage, apparaît à la Vierge agenouillée, les mains jointes devant un prie-dieu : derrière la Vierge, un vase de fleurs posé sur une table. Le Saint-Esprit descend du ciel entouré d'un chœur d'anges.

Landon, t. 7, pl. 2.

Musée Napoléon. — Estimation : Emp. 40,000 f.; Rest. 50,000 f.

252. *La purification de la Vierge.*

H. 2, 86. — L. 2, 01. — T. — Fig. gr. nat.

La Vierge agenouillée devant l'autel vient de remettre son fils à Siméon. Les mains jointes, elle écoute avec respect les paroles du saint vieillard qui, tenant l'enfant dans ses bras, le présente au Seigneur, et récite son cantique d'actions de grâces. Saint Joseph est à ses côtés, et l'on remarque sainte Anne derrière la Vierge avec le reste de la famille. Sur le devant, une jeune fille à genoux fait l'offrande de deux tourterelles ordonnée par la loi ; du côté opposé, un enfant agace avec le doigt deux tourtereaux déposés sur une table.

Filhol, t. 11, pl. 19.

Musée Napoléon.—Ce tableau est de la dernière manière du Guide. — Estimation : Emp. 40,000 f.; Rest. 60,000 f.

253. *Le sommeil de l'Enfant-Jésus.*

H. 0, 39.—L. 0, 30.—Ardoise.—Forme ovale.—Fig. de 0, 32.

La Vierge tenant un livre, saint Joseph et deux anges, contemplent l'Enfant-Jésus couché sur un drap blanc, la tête appuyée sur un coussin. Au second plan, sainte Elisabeth caressant le petit saint Jean-Baptiste, et Zacharie méditant sur l'Ecriture-Sainte.

Landon, t. 7, pl. 6.

Musée Napoléon. — M. Waagen attribue ce tableau à Cantarini, dit le Pésarèse. — Estimation : Emp. 2,000 f.; Rest. 4,000 f.

254. *La Vierge et l'Enfant-Jésus.*

H. 1, 15. — L. 1, 15.—T. — Forme ronde. — Fig. à mi-corps gr. nat.

La Vierge assise, tient sur ses genoux l'Enfant-Jésus endormi, et soulève de la main gauche le linge sur lequel il est couché.

Gravé par Charles Coypel.

Collection de Louis XIV. — Estimation : Rest. 12,000 f.

255. *Le repos de la Sainte-Famille.*

H. 0, 41. — L. 0, 57. — B. — Fig. de 0, 55.

La Vierge, assise, soutient l'Enfant-Jésus qui lui tend les bras ; près d'elle saint Joseph est assis au pied d'un arbre.

Landon, t. 4, pl. 271. — Filhol, t. 4, pl. 271.

Vente de M. Pasquier en 1755 ; — id. de la Live de Jully en 1770,

5,830 liv.;—id. du prince de Conti en 1777, 16,000 liv.; — id. Boileau en 1779, 7,202 liv.;— id. du comte de Merle en 1784, 15,200 liv. Les connaisseurs ne retrouvent pas dans ce tableau la couleur et l'exécution du Guide. Un autre repos de la Sainte-Famille faisant pendant à celui-ci, nº 396, provenant également du cabinet de M. de la Live, est porté sur les inventaires sous le nom de Pésarèse, quoiqu'ayant bien les caractères du style du Guide. Tout porte à croire qu'il y a eu ici transposition de nom. — Estimation : Emp. 10,000 f.; Rest. 8,000 f.

256. *La Vierge, l'Enfant-Jésus et saint Jean.*

H. 0, 25. — L. 0, 19. — C. — Fig. de 0, 25.

La Vierge assise tient sur ses genoux l'Enfant-Jésus donnant sa bénédiction au jeune saint Jean qui lui embrasse le pied. Dans le fond, sur l'appui d'une fenêtre, un vase de fleurs.

Gravé par Vallet, par Bloemart et par Lochon. — Filhol, t. 1, pl. 62. — Landon, t. 7, pl. 2.

Collection de Louis XIV. — Il existe de ce tableau un grand nombre de copies anciennes très bien exécutées. M. Waagen attribue celui-ci au Pésarèse. — Estimation : Emp. 900 f.; Rest. 2,500 f.

257. *Jésus et la Samaritaine.*

H. 0, 59. — L. 0, 82. — T. — Fig. de 0, 46.

A droite, la Samaritaine debout, un vase à la main, écoute la parole du Christ assis et appuyé sur le bord du puits. Dans le lointain, la ville de Samarie.

Gravé par Luigi [illegible]. — Filhol, t. 21, pl. 8. — Landon, t. 7, pl. 8.

Collection de Louis XIV. — Dans le catalogue du roi par Lépicié, ce tableau est désigné comme étant de forme ronde et ayant deux pieds sept pouces de diamètre. On voit par l'inventaire de Bailly qu'en 1709 il avait déjà été rehaussé de 10 pouces. Rentoilé en 1825. — Estimation : Emp. : 1,000 f.; Rest. 2,500 f.

258. *Jésus-Christ donnant à saint Pierre les clefs de l'Église.*

H. 3, 42. — L. 2, 12. — T. — Fig. gr. nat.

Debout, au milieu des apôtres, Jésus-Christ remet les clefs de son église à saint Pierre, qui les reçoit à genoux. Parmi les apôtres, on distingue saint Jean derrière le Christ.

Landon, t. 7, pl. 10.

Musée Napoléon. — Ce tableau est de la deuxième manière du Guide, lorsque, d'après le conseil d'Annibal Carrache il abandonna la manière vigoureuse du Caravage qu'il avait d'abord suivie. — Estimation : Emp. 12,000 f.; Rest. 35,000 f.

259. *Le Christ au jardin des Oliviers.*

H. 0, 57. — L. 0, 43. — C. — Fig. de 0, 32.

Le Christ à genoux sur un rocher, et les mains jointes, lève les yeux au ciel. Près de lui un ange, porté sur un nuage, tient la croix de la main droite et lui présente le calice de la gauche. Au-dessus de la tête du Christ, d'autres anges portent les instruments de la Passion. Dans le fond, les apôtres endormis; plus loin encore, Judas conduisant les soldats.

Gravé par Falck. — Landon, t. 7, pl. 9.

Acquis par Louis XIV des héritiers du cardinal Mazarin et estimé sur son inventaire 1,500 liv. tournois. — Estimation : Emp. 15,000 f.; Rest. 10,000 f.

260. *Ecce homo.*

H. 0, 62. — L. 0, 48. — T. — Fig. gr. nat.

La tête du Christ couronné d'épines est entourée d'une auréole.

Filhol, t. 1, pl. 53.

Ce tableau fut donné au roi Louis XIV, le 8 septembre 1706, par le commandeur de Hautefeuille. — Estimation : Emp. 10,000 f.; Rest. 8,000 f.

261. *La Madeleine.*

H. 0, 66. — L. 0, 57. — C. — Buste gr. nat.

Elle lève les yeux vers le ciel, et croise ses mains sur sa poitrine.

Landon, t. 7, pl. 11.

Collection de Louis XIV.—Estimation : Emp. 10,000 f.; Rest. 12,000 f.

262. *La Madeleine.*

H. 1, 12. — L. 0, 95. — T. — Demi-fig. gr. nat.

La Madeleine, les mains jointes, les yeux tournés vers un crucifix, fait pénitence dans sa grotte.

Landon, t. 7, pl. 12.

Estimé 300 liv. tournois sur l'inventaire de Mazarin et acheté par Louis XIV aux héritiers du cardinal. — Estimation : Emp. 4,000 f.; Rest. 4,000 f.

263. *Saint Jean-Baptiste en extase.*

H. 1, 14. — L. 0, 97. — T. — Demi-fig. gr. nat.

Il tient un bâton de la main droite, et pose la gauche sur sa poitrine.

Landon, t. 7, pl. 7.

Acquis par Louis XV lorsqu'on dressa l'inventaire du prince de Carignan. — Estimation : Emp. 600 f. ; Rest. 2,000 f.

264. *Saint Sébastien.*

H. 1, 71. — L. 1, 32. — T. — Fig. jusqu'aux genoux, gr. n.

Saint Sébastien, les deux bras attachés par derrière à un arbre et le corps percé d'une flèche, tourne ses regards vers le ciel ; dans le fond, les soldats romains qui s'éloignent.

Filhol, pl. 467. — Landon, t. 7, pl. 16.

Estimé sur l'inventaire Mazarin 300 liv. tournois. Acquis des héritiers par Louis XIV. — Estimation : Emp. 2,000 f. ; Rest. 15,000 f.

265. *Saint François en extase.*

H. 1, 93. — L. 1, 29. — T. — Fig. gr. nat.

Le saint, à genoux devant un crucifix, tient une tête de mort. On aperçoit, à travers l'ouverture de la grotte où il se trouve, un site escarpé.

Gravé par Gilles Rousselet. (Calc. nat.)— Landon, t. 7, pl. 18.

Ce tableau a été longtemps à Rome dans la maison des Savelli ; il passa ensuite dans la collection du prince Pamphili, qui le donna à Louis XIV. — Le peintre n'a sans doute pas voulu représenter saint François d'Assise, caractérisé toujours par les stygmates, ni saint François Xavier, qui prêcha dans les Indes en 1552, ni saint François de Sales, évêque de Genève en 1602. Il est plus probable qu'il voulut peindre dans ce tableau saint François de Paul, né en 1416, qui se creusa une cellule dans le roc. — Estimation : Emp. 4,000 f. ; Rest. 8,000 f.

266. *L'union du Dessin et de la Couleur.*

H. 1, 21.—L. 1, 21.—T.—Forme ronde, demi-fig., gr. nat.

Le *Dessin*, représenté sous la figure d'un jeune homme tenant un porte-crayon, pose la main sur l'épaule d'une jeune fille qui tient une palette, symbole de la *Couleur* ; tous deux sont assis devant une table.

Filhol, t. 3, pl. 179. — Landon, t. 7, pl. 23.

Collection de Louis XIV. — Ce tableau était de forme carrée ; l'inventaire Bailly nous apprend qu'il a été rehaussé de 14 pouces et élargi de 12 lorsqu'on a voulu en faire le pendant d'un tableau rond ayant 3 pieds 8 pouces de diamètre, représentant la Vierge et l'Enfant-Jésus, que possédait aussi la collection de la Couronne. — Estimation : Emp. » » ; Rest. 25,000 f.

267. *Hercule tuant l'hydre de Lerne.*

H. 2, 61. — L. 1, 97. — T. — Fig. plus gr. que nat.

Hercule, armé de sa massue, frappe le monstre qui dresse ses têtes près d'un rocher.

Gravé par Gilles Rousselet. (*Calc. nat.*) — *Landon, t. 7, pl. 20.*

Ce tableau et les trois suivants furent peints par le Guide pour le duc de Mantoue ; ils passèrent ensuite dans la collection de Charles Ier et furent achetés, à la vente faite après la mort de ce prince, par Jabach, qui les revendit à Louis XIV. — Estimation : Rest. 20,000 f.

268. *Combat d'Hercule et d'Achéloüs.*

H. 2, 61. — L. 1, 92. — T. — Fig. plus gr. que nat.

Hercule, couvert de sa peau de lion, tient embrassé le corps d'Achéloüs et le force à se courber vers la terre.

Gravé par Gilles Rousselet. (*Calc. nat.*) — *Landon, t. 7, pl. 21.*

Estimation : Rest. 30,000 f.

269. *Le centaure Nessus enlevant Déjanire.*

H. 2, 59. — L. 1, 93. — T. — Fig. plus gr. que nat.

Hercule victorieux retournait avec Déjanire, qu'il avait épousée ; il la confie à Nessus pour la transporter au-delà du fleuve Evène, qui était débordé. Le centaure, devenu amoureux de la princesse, veut l'enlever ; mais Hercule, de la rive opposée, lui décoche une flèche qui le blesse mortellement.

Gravé par Gilles Rousselet, par Bervic. (*Calc. nat.*) — *Landon, t. 7, pl. 20.*

Estimation : Rest. 80,000 f.

270. *Hercule sur le bûcher.*

H. 2, 60. — L. 1, 91. — T. — Fig. plus gr. que nat.

Hercule ne pouvant résister au feu dévorant que la tunique empoisonnée de Nessus avait fait glisser dans ses veines, s'étend sur le bûcher dressé par lui-même, et expire en levant les yeux et les bras vers le ciel.

Gravé par Gilles Rousselet. (Calc. nat.)— Landon, t. 7, pl. 23.

Estimation : Rest. 20,000 f.

271. *Enlèvement d'Hélène.*

H. 2, 53. — L. 2, 63. — T. — Fig. gr. nat.

Pâris, précédé de l'Amour, et donnant la main à Hélène, l'entraîne vers le vaisseau que ses compagnons montrent près du rivage. Trois femmes suivent Hélène, portant ses bijoux et son chien. Un petit nègre tient un singe.

Gravé par Desplaces (Calc. nat.). — Landon, t. 7, pl. 49.

Musée Napoléon. — Ce tableau, peint d'abord pour le roi d'Espagne, demandé par Marie de Médicis, retenu en Italie à la suite de querelles survenues avec l'ambassadeur d'Espagne à Rome, passa plus tard dans les mains de M. d'Antoliera, qui le transporta à Paris. — Estimation : Rest. 40,000 f.

272. *L'Amour.*

H. 1, 35. — L. 1, 00. — T. — Fig. gr. nat.

Debout et appuyé sur un massif de pierre, il tient de la main droite son arc, et de la gauche, une flèche dont il paraît examiner la pointe.

Ancienne collection. — L'inventaire du temps de l'Empire indique ce tableau comme une copie. — Estimation: Emp. 50 f. ; Rest. 300 f.

GUIDE (d'après le).

273. *David vainqueur de Goliath.*

H. 2, 28. — L. 1, 64. — T. — Fig. plus gr. que nat.

Musée Napoléon. — Cette ancienne répétition du tableau inscrit sous le nº 250 n'est point une simple copie, car elle offre des différences caractéristiques. — Estimation: Emp. » »; Rest. » ».

GUIDO CAGNACCI, *né à Castel-San-Arcangelo en* 1601, *mort à Vienne en* 1681. (Ecole bolonaise.)

Son vrai nom était Canlassi; celui de Cagnacci est un sobriquet qu'il dut à la difformité de son corps. Il fut élève du Guide, dont il imita d'abord la manière pour en prendre ensuite une plus vigoureuse. Il passa en Allemagne où il exécuta beaucoup de travaux pour l'empereur Léopold Ier.

274. ***Saint Jean-Baptiste.***

H. 1, 48. — L. 1, 14. — T. — Fig. gr. nat.

Assis et appuyé sur un rocher, il tient de la main droite une croix de roseau, et caresse un mouton dont le pied pose sur son bras gauche.

Landon, *t.* 2, *pl.* 23.

Musée Napoléon. — Estimation: Emp. 600 f.; Rest. 4,000 f.

JOSEPIN (GIUSEPPE CESARI, *dit*), *né en* 1560 *au château d'Arpinas, dans la terre de Labour, royaume de Naples; mort octogénaire en* 1640. (Ecole napolitaine.)

Élève d'abord de son père peintre d'*ex voto*, il étudia ensuite sous le cavalier Pomerani. Il vécut sous dix papes qui le comblèrent de biens et d'honneurs, et jouit de son vivant d'une immense réputation que la postérité n'a pas consacrée.

275. ***Adam et Ève chassés du paradis terrestre.***

H. 0, 53. — L. 0, 38. — C. — Fig. de 0, 35.

Un ange, armé d'une épée flamboyante, leur en défend l'entrée.

Filhol, *t.* 2, *pl.* 134. — *Landon*, *t.* 4, *pl.* 58.

Ancienne collection. — Estimation : Emp. 3,000 f. ; Rest. 3,000 f.

276. ***Diane et Actéon.***

H. 0, 50. — L. 0, 67. — B. — Fig. de 0, 34.

Diane au bain avec ses compagnes est surprise par Actéon qu'elle métamorphose en cerf.

Collection de Louis XIV. — Ce tableau est regardé par quelques connaisseurs comme l'œuvre d'un artiste habile des Pays-Bas, qui étudia Raphaël. — Estimation : Emp. 15 f. ; Rest. 1,200 f.

JULES ROMAIN (GIULIO PIPPI, *dit*), *peintre, architecte et ingénieur, né à Rome en* 1492, *mort en* 1546. (Ecole romaine.)

Élève de Raphaël qui l'institua son principal héritier, il aida son maître dans un grand nombre d'ouvrages, et fut choisi pour terminer ceux qu'il laissa imparfaits. Il passa ensuite au service du duc de Mantoue, dont il fut le peintre, l'architecte et l'ingénieur, et acquit, en cette triple qualité, un nom justement célèbre par les immenses travaux qu'il exécuta à Mantoue et au palais du T.

277. *La Nativité.*

H. 2, 75. — L. 2, 12. — B. — Fig. gr. nat.

L'Enfant-Jésus, couché à terre sur de la paille, est adoré par la Vierge et saint Joseph à genoux. Derrière eux, plusieurs bergers, dont l'un porte un agneau sur ses épaules, s'inclinent devant le Sauveur. A droite, saint Jean debout tient un calice d'où sort un serpent; à gauche, saint Longin est appuyé sur la lance dont il perça le côté du Sauveur et tient un vase de cristal. Dans le fond, on aperçoit, à travers une ouverture de l'étable, des bergers gardant leurs troupeaux, et l'ange qui leur annonce la venue du Messie.

Gravé par François Chauveau vers 1650, et par L. Desplaces. — Landon, t. 6, pl. 2.

« Jules Romain peignit ce tableau pour la chapelle d'Isabelle Boschetta, dans l'église de Saint-Antoine de Mantoue. Quelque temps après, le duc de Mantoue le fit transporter dans son palais, où il demeura jusqu'à ce que Charles Ier, roy d'Angleterre, l'acheta avec les autres tableaux du duc. On sçait que ce roi en acheta pour un million au duc de Mantoue et qu'il les fit tous placer dans la galerie de Wite-Hall. A la mort de Charles Ier, 1,500 tableaux furent mis en vente, et celui-cy fut estimé 500 livres sterling, suivant un estat tiré de la Tour. M. Jabach en fit l'acquisition, et c'est de lui que le roy l'a acheté. » (*Recueil de Crozat.*). On trouve cette note dans l'inventaire Bailly : « Peint sur bois, dans sa bordure dorée, avec deux volets pour le couvrir, doublés de velours vert, et peint de rehaussé d'or. » — Estimation : Emp. 80,000 f. ; Rest. 120,000 f.

278. *La Circoncision.*

H. 1, 13. — L. 1, 22. — T. — Fig. de 0, 55.

L'Enfant-Jésus, soutenu par sa mère et posé sur un bassin, est circoncis par le grand-prêtre. Près de la Vierge, une femme portant dans une coupe deux jeunes colombes, et plus à droite, saint Joseph. Le temple de Jérusalem, soutenu par des colonnes torses richement sculptées, est rempli d'une foule nombreuse. Devant la porte du fond surmonté d'armoiries, le chandelier à sept branches.

Gravé par Marie J. Renard. — Landon, t. 6, pl. 3 et 4.

Charles Lebrun acheta ce tableau à la mort de Fouquet, surintendant des finances, à qui il avait appartenu, et le vendit ensuite à Louis XIV. — Ce tableau est donné par quelques auteurs et par l'inventaire du temps de l'Empire à Bartolommeo Ramenghi, dit *il Bagnacavallo*, émule de Jules Romain dans l'école de Raphaël, et qui mourut en 1542. Le portrait de Bagnacavallo, que l'on croit reconnaître dans l'homme placé à droite du spectateur, près de la bordure du tableau, sert de fondement à cette opinion. Rentoilé en juin 1825. — Estimation : Emp. 80,000 f.; Rest. 120,000 f.

279. *La Vierge, l'Enfant-Jésus et saint Jean.*

H. 0, 29. — L. 0, 26. — B.

La Vierge assise tient entre ses bras l'Enfant-Jésus ; A droite, le petit saint Jean, vu à mi-corps, tient une croix de roseau autour de laquelle s'enroule une banderolle où on lit : Ecce Agnus Dei.

Filhol, t. 5, pl. 335. — Landon, t. 6, pl. 7.

Musée Napoléon. — On croit que ce tableau fut peint pour le cardinal de Gonzague, frère de Frédéric Gonzague, pour qui Jules Romain exécuta des travaux considérables.—Estimation : Emp. 4,200 f.; Rest. 6,000 f.

280. *Saint Pierre marchant sur les eaux.*

H. 1, 38. — L. 1, 04. — B.

Sur le premier plan, Jésus tend la main à saint Pierre qui l'implore au fond de la barque.

Église Saint-Louis-des-Français. — Ce tableau est attribué sur l'inventaire de l'Empire à G. Vasari. — Estimation : Emp. 50 f.; Rest. 600 f.

281. *Le triomphe de Titus et de Vespasien.*

H. 1, 21. — L. 1, 70. — B. — Fig. de 0, 60.

Vespasien et son fils Titus, vainqueurs de la Judée, la tête ceinte de lauriers et couronnés par la victoire, sont debout dans un même char attelé de quatre chevaux pie, et vont passer sous l'arc de triomphe érigé en mémoire de cet événement. Deux écuyers, couronnés de lauriers, conduisent les chevaux ; à gauche, un soldat, également couronné, porte un vase précieux. Devant le char, un officier romain tient par les cheveux une Juive, personnification de la Judée conquise ; il est précédé d'un soldat portant le chandelier à sept branches du temple de Jérusalem. Dans le fond, la campagne de Rome où, peu de temps après, Vespasien fit construire le Colysée par les Juifs réduits à l'esclavage.

Gravé par Louis Desplaces ; par Abr. Girardet. — Filhol, t. 10, pl. 705. — Landon, t. 6, pl. 9.

Ce tableau fut exécuté pour le duc de Mantoue, d'après un bas-relief de l'arc de Titus. Acquis par Charles Ier avec la collection du duc de Mantoue, et transporté au palais de White-Hall, il fut vendu après la mort du roi avec les autres tableaux, et acheté par le banquier Jabach qui le revendit à Louis XIV. — Estimation : Emp. 100,000 f.; Rest. 40,000 f.

282. ***Vénus et Vulcain.***

H. 0, 38. — L. 0, 26. — B. — Fig. de 0, 35.

Vénus, assise près de Vulcain qui passe un bras autour de son corps et tient sur son épaule un faisceau de traits, prend d'une main des fleurs dans une vasque soutenue par trois Amours, et de l'autre dépose une flèche dans le carquois de l'Amour qui tend son arc. Un autre Amour lui présente un papillon.

Gravé par Augustin Vénitien et par Marco di Ravenna. — Filhol, t. 7, pl. 451. — Landon, t. 6, pl. 17.

Collection de Louis XIV. — Estimat. : Emp. 18,000 f.; Rest. 8,000 f.

283. ***Portrait de Jules Romain.***

H. 0, 58. — L. 0, 44. — B. — Buste gr. nat.

Il s'est représenté à mi-corps, la tête nue, presque de face; il a les cheveux courts et frisés, la barbe longue, et est habillé d'une étoffe n   re.

Gravé par Potrel.—Filhol, t. 4, pl. 231.— Landon, t. 6, pl. 1.

Collection de Louis XIV. — Estim. : Emp. 3,000 f.; Rest. 10,000 f.

JUSTE (GIUSTO DI ALEMAGNA), *vivait en 1451.* (École génoise.)

On n'a presqu'aucun détail sur la vie de cet artiste, Allemand d'origine, mais qui ayant travaillé longtemps à Gênes, doit être classé, à raison de son style, parmi les maîtres italiens.

284. ***Rétable divisé en trois compartiments :***

1° *L'Annonciation.*

H. 1, 65. — L. 1, 07.

La Vierge, à genoux devant un prie-dieu, reçoit avec trouble l'envoyé du Seigneur; de la galerie ouverte où elle se trouve, on aperçoit la campagne et la ville de Nazareth.

2° *Saint Benoît et saint Augustin.*

H. 1, 05. — L. 0, 52.

3° *Saint Etienne, diacre, et saint Ange, religieux carme.*

H. 1, 01. — L. 0, 52.

Landon, Ecol. flam., t. 2, pl. 20.

Ces trois ouvrages, peints sur bois, et qui ont été réunis dans le même cadre quoiqu'ils n'aient rien de commun sous le rapport de la composition, avaient été exécutés pour la décoration d'un oratoire de Gênes.

LANFRANC (Giovanni Lanfranco), *né à Parme en 1581, mort en 1647.* (Ecole de Parme.)

Élève d'Augustin et d'Annibal Carrache, il étudia assiduement les ouvrages de Raphaël et surtout ceux de Michel-Ange qui lui inspirèrent le goût des raccourcis et des figures de proportions colossales. Envieux des succès du Dominiquin, il fut, avec Ribera, l'un des plus ardents promoteurs des persécutions qui causèrent la mort de ce peintre célèbre, et mourut, lui, comblé d'honneurs et de richesse.

285. *Agar secourue par un ange.*

H. 1, 32. — L. 1, 0. — T. — Fig. gr. nat.

Un ange montre à Agar, assise au pied d'une ruine et tenant son fils Ismaël, une source d'eau pour le désaltérer.

Landon, t. 4, pl. 56.

Collection de Louis XIV. — Ce tableau, suivant Bailly, fut rehaussé de 4 pouces avant 1709. — Estimation : Emp. 1,000 f.; Rest. 2,000 f.

286. *Saint Pierre en prière.*

H. 1, 28. — L. 0, 97. — T. — Fig. gr. nat.

Saint Pierre debout, vu à mi-corps et les mains jointes, lève les yeux au ciel; près de lui sont posées sur un rocher les clefs de l'Église. Dans le fond, un pont et des montagnes.

Landon, t. 4, pl. 57.

Ancienne collection. — Estimation : Emp. 500 f.; Rest. 1,000 f.

287. *La séparation de saint Pierre et de saint Paul.*

H. 1, 07. — L. 1, 59. — T. — Fig. de 0, 60.

A droite, saint Pierre, escorté par des soldats, tiré avec violence par un bourreau, se retourne vers saint

Paul que trois satellites entraînent aussi au lieu du supplice, et lui fait ses derniers adieux. Dans le fond, la porte d'Ostie et les murs de Rome.

Gravé en 1679 par Etienne Picart dit le Romain (Calc. nat.);
— Filhol, t. 9, pl. 644.

Collection de Louis XIV. — Estimé 4,000 livres tournois sur l'inventaire de Mazarin et acquis par Louis XIV. — Estimat. : Emp. 12,000 f.; Rest. 6,000 f.

288. *Le couronnement de la Vierge.*

H. 2, 20. — L. 1, 44. — T. — Fig. gr. nat.

La Vierge, portée sur un nuage, est couronnée par son fils que des anges environnent. Sur le premier plan, saint Augustin et saint Guillaume à genoux implorent la protection du Christ et de sa mère; près d'eux, trois anges, l'un tenant une mitre et les deux autres des livres.

Gravé par Et. Baudet. — Landon, t. 4, pl. 58.

Collection de Louis XIV. — Estimat. : Emp. 15,000 f.; Rest. 12,000 f.

289. *Pan offrant une toison à Diane.*

H. 0, 75. — L. 1, 00. — T. — Fig. de 0, 52.

La déesse, assise sur un nuage, reçoit de Pan assis par terre une poignée de laine provenant de la toison d'une chèvre qu'on aperçoit derrière lui.

Collection de Louis XIV. — Estimation : Emp. 1,200 f.; Rest. id.

LAURI (FILIPPO), *né à Rome en* 1623, *mort en* 1694. (Ecole romaine.)

Son père Balthasar Lauri, peintre en réputation, après lui avoir donné les premiers éléments de l'art, le plaça chez Angelo Caroselli, son parent. Il peignit souvent des figures dans les paysages de Claude Lorrain. Son frère aîné, François, fut un élève habile d'Andrea Sacchi et mourut à 28 ans.

290. *Saint François d'Assise en extase.*

H. 0, 48. — L. 0, 38. — T. — Fig. de 0, 35.

Saint François, malade, pensait que la musique pourrait alléger ses souffrances, mais par humilité il n'osait se procurer ce plaisir. Le ciel récompensa tant de vertu, et bientôt un chœur d'anges vint le ravir en extase. Le saint, affaibli par les veilles et le jeûne, sommeille sur un rocher, en tenant une croix et une tête de mort sur ses genoux ; près de lui est un livre ouvert. Au-dessus de sa tête, un ange, entouré de chérubins, joue de la viole. Dans le fond, un religieux assis et lisant.

Filhol, t. 5, *pl.* 326. — *Landon, t.* 5, *pl.* 1.

Ancienne collection. — Estimation : Emp. 2,000 f.; Rest. 1,000 f.

291. *Ulysse chez Circé.*

H, 0, 45. — L. 0, 57. — C. — Fig. de 0, 30.

Ulysse, le glaive à la main, menace Circé qui vient de métamorphoser ses compagnons en pourceaux. On aperçoit dans les airs Mercure qui s'envole après avoir secouru Ulysse; les femmes de Circé sont derrière elle dans l'attitude de la terreur.

Collection de Louis XIV. — Ce tableau a été successivement attribué à l'Albane, à Ciro Ferri et Filippo Lauri. — Estimation : Emp. 400 f.; Rest. 800 fr.

LÉONARD DE VINCI (Leonardo da Vinci), *peintre, sculpteur, architecte, ingénieur, physicien, écrivain, musicien, né en* 1452 *au château de Vinci, dans le val d'Arno, près Florence; mort au château de Clot ou Cloux, près d'Amboise, le* 2 *mai* 1519. (École florentine.)

Fils naturel de Ser Piero d'Antonio, notaire de la seigneurie de Florence, il fut mis de bonne heure en apprentissage chez Andrea del Verocchio, sculpteur habile et peintre qu'il surpassa en peu de temps. Ayant quitté Florence, il vint à Milan vers 1480, et fonda dans cette ville une académie fréquentée par des artistes déjà célèbres, et dont Louis Sforze le nomma directeur. C'est en 1497, à l'âge de quarante-cinq ans, qu'il peignit à l'huile, sur les murs du réfectoire du couvent de Sainte-Marie-des-Grâces, la fameuse Cène qui mit le sceau à sa réputation. En 1500, après l'occupation du Milanais par les Français, il retourna à Florence, puis il explora l'Italie, en qualité d'ingénieur de César Borgia, pendant les années 1503-1504. Il exécuta à cette époque, en concurrence avec Michel-Ange, plus jeune que lui de vingt-deux ans, le célèbre carton de la bataille d'Anghiari. Il fit une excursion en France en 1506, revint en Italie en 1507, parcourut la Toscane, le Milanais, la Romagne jusqu'en 1515, époque où il accompagna François Ier à Bologne, lorsque ce monarque signa le concordat avec Léon X le 8 décembre. Sur les instances de François Ier, Léonard passa en France en 1516, suivi de ses élèves, Salaï et Melzi, emportant avec lui, suivant Vasari, le carton de la sainte Anne et le portrait de la Mona Lisa. Malade pendant tout son séjour en France, il n'exécuta aucune peinture et ne s'occupa que de projets de canalisation. Il est démontré par les dates que, lorsque Léonard mourut à Cloux, François Ier résidait à Saint-Germain-en-Laye. Ainsi le grand artiste florentin ne put expirer dans les bras du roi de France, comme l'a prétendu Vasari. Ses élèves ou imitateurs furent B. Luini, G. A. Beltraffio, A. Salaï, Melzi, Credi, Cesare da Cesto, Gaudenzio Ferrari, Bernardin Laino, Marco d'Oggione, Paolo Lomazzo. Les ouvrages authentiques de Léonard sont extrêmement rares et l'on attribue faussement à ce grand maître des peintures qui sont certainement de ses élèves.

292. *Saint Jean-Baptiste.*

H. 0, 69. — L. 0, 57. — B. — Fig. à mi-corps pet. nat.

Le saint, vu à mi-corps, tient une croix de roseau d'une main et de l'autre montre le ciel. Il est vêtu d'une peau d'agneau qui laisse à découvert la partie supérieure de son corps.

Gravé par Boulanger, quand ce tableau appartenait au sieur Jabach. — Landon, t. 5, pl. 6.

Il est probable que ce tableau est le même que celui cité par le père Dan (Trésor des merveilles de Fontainebleau, 1642), et qui faisait partie de la collection de François Ier. Louis XIII chargea son chambellan, M. de Lyoncourt, de l'offrir à Charles Ier, roi d'Angleterre, qui lui donna en retour un portrait d'Erasme par Holbein, et une Sainte-Famille du Titien. Estimé, à la mort de Charles Ier, 140 livres sterling (3,500 fr.), il fut vendu à ce prix au banquier Jabach qui le céda ensuite à Louis XIV. — Estimation : Emp. 30,000 f. ; Rest. id.

293. *La Vierge, l'Enfant-Jésus et sainte Anne.*

H. 1, 70. — L. 1, 29. — B. — Fig. gr. nat.

La Vierge, assise sur les genoux de sainte Anne, se baisse pour prendre l'Enfant-Jésus, qui est à terre et caresse un agneau. Le fond représente un paysage montueux.

Gravé par J.-N. Laugier. — Landon, t. 5, pl. 3.

L'authenticité de ce tableau a été vivement contestée par des critiques distingués qui, tout en admirant cette superbe peinture, ont cherché à démontrer par des confrontations de texte et des rapprochements de date qu'elle ne pouvait être de la main de Léonard. Pour résumer convenablement cette polémique qui fait la matière de plus d'un volume, il faudrait plusieurs pages. Faute de place, nous nous bornerons aux indications suivantes. — Le tableau du Louvre fut rapporté d'Italie par le cardinal de Richelieu, lorsqu'en décembre 1629, il commanda en personne le siége de Casal, sur les confins du Milanais et du Navarrais. Il orna la galerie de tableaux du palais Cardinal et ne passa dans la collection du roi que plusieurs années après la mort de Richelieu. Cependant il ne figure pas sur l'inventaire de ses meubles. Trichet du Fresne, le premier éditeur des œuvres de Léonard en 1651, puis Félibien, Mariette, Lépicié, attribuèrent cette peinture à Léonard. Plus tard, Landon, MM. Laurent et Robillard Péronville, éditeurs du

Musée français, conçurent des doutes sur la vérité de cette attribution, et pensèrent que ce tableau pouvait bien être de Bernardino Luini. M. Waagen le regarde comme l'œuvre d'un élève du Vinci. M. l'abbé Aimé-Guillon, qui a écrit un ouvrage sur plusieurs répétitions de cette composition, est de cet avis. M. Delécluse croit qu'il a été peint par Salaï ou par B. Luino sous les yeux de Léonard, et que même il a pu être retouché par lui. Enfin, M. Passavant ne voit dans cette peinture que le pinceau du maître, et un grand nombre de connaisseurs partagent sa conviction. Quoi qu'il en soit, Lanzi se trompe en avançant qu'elle a été exécutée d'après le célèbre carton de sainte Anne que Léonard fit pour les frères Servites de Florence, carton décrit par Vasari qui n'avait pu le voir cependant, puisqu'il n'avait que onze ans quand Léonard, suivant lui, l'emporta en France. D'ailleurs ce carton, que l'on croyait perdu, existe et se trouve actuellement à l'Académie des beaux-arts de Londres. La composition diffère de celle du tableau du Louvre. On connait plusieurs copies ou répétitions de cette peinture : celle de la galerie de Leuchtemberg, à Munich, qu'on voyait autrefois à l'église de San Celso à Milan, après avoir été longtemps attribuée à Léonard, est généralement regardée maintenant comme une œuvre de Salaï. La copie de la galerie de Florence pourrait bien être également de Salaï. Enfin, on trouve encore deux copies à Milan, l'une au musée Brera, par Salaï, et l'autre à l'Ambroisienne, par B. Luini. — Estimation : Emp. 30,000 f. ; Rest. 100,000 f.

294. *La Vierge aux Rochers.*

H. 1, 99. — L. 1, 22. — T. — Forme cintrée du haut.—Fig. pet. nat.

L'Enfant-Jésus assis et soutenu par un ange, donne sa bénédiction au jeune saint Jean, qui lui est présenté par la Vierge. Dans le fond, une grotte, un paysage, et des rochers d'une forme fantastique, qui ont fait donner au tableau le nom de la *Vierge aux Rochers.*

Landon, t. 5, pl. 5. — Gravé par M. Boucher Desnoyers.

Collection de François Ier. — M. Waagen n'admet pas l'authenticité de ce tableau. M. Passavant pense qu'il est une copie de celui exécuté par Léonard pour la chapelle de la Conception de l'église des Franciscains de Milan. Cette peinture, citée par Lomazzo, fut vendue en 1796 au peintre Hamilton 30 ducats seulement, parce qu'on la regardait comme une copie. Elle fait partie de la collection du comte de Suffolk. Deux anges, d'une grande beauté, qui se trouvaient de chaque côté du tableau principal, et qui sont à présent dans la galerie du duc de Melzi, pourraient faire croire que les Franciscains possédaient une composition originale de Léonard. Il existe plusieurs répétitions fort belles de ce tableau, et, entre autres, une placée dans le musée de Nantes.—Le tableau du Louvre, peint originairement sur bois, a été remis sur toile depuis la Restauration. — Estimation : Emp. 150,000 f. ; Rest. id.

295. *La Vierge, l'Enfant-Jésus, sainte Élisabeth, saint Jean et saint Michel.*

H. 0, 90. — L. 0, 69. — T. — Fig. de 0, 90.

La Vierge assise tient sur ses genoux l'Enfant-Jésus,

auquel l'archange saint Michel, à genoux, présente une balance, symbole de la justice éternelle. Près de la Vierge, sainte Elisabeth soutient le jeune saint Jean, qui est assis et tient un agneau.

Landon, t. 5, pl. 4.

Collection de Louis XIV. — Ce tableau, connu aussi sous le nom de la *Vierge aux Balances*, est attribué par M. Waagen à Marco d'Oggione et par M. Passavant à Salaïno. — Rentoilé en 1830. — Estimation : Emp. 24,000 f.; Rest. 6,000 f.

296. *La Vierge, l'Enfant-Jésus et saint Jean-Baptiste.*

H. 0, 74. — L. 0, 58. — B. — Fig. à mi-corps pet. nat.

Jésus, assis sur un coussin et soutenu par sa mère, reçoit une croix de jonc que saint Jean-Baptiste lui présente.

Ancienne collection. — MM. Passavant et Waagen pensent que ce tableau appartient à l'école romaine. Ce dernier critique le regarde comme un bon ouvrage de Perino del Vaga. — Estimation : Rest. 4,000 f.

297. *Bacchus.*

H. 1, 77. — L. 1, 15. — T. — Fig. pet. nat.

Il est assis sur une pierre, couronné de pampres, et s'appuie sur un thyrse.

Collection de Louis XIV. — L'inventaire de la Restauration donne ce tableau seulement à un élève de Léonard. M. Waagen l'attribue également à un de ses élèves et le paysage lui semble être peint par Bernazzano. M. Passavant regarde cette peinture comme un original et pense qu'elle représentait primitivement un saint Jean-Baptiste dans le désert, les pampres et les raisins ayant été ajoutés après coup. Une copie ancienne de ce tableau, avant cette modification, et représentant bien un saint Jean-Baptiste, se voit dans l'église de Saint-Eustorge, à Milan. — Estimation : Emp. 250 f.; Rest. 100,000 f.

298. *Portrait de Charles d'Amboise.*

H. 0, 75. — L. 0, 52. — B. — Buste gr. nat.

Il est coiffé d'une toque ornée d'une médaille, et porte un collier d'or.

Ce tableau, désigné jusqu'ici comme représentant Charles VIII, ne faisait pas partie de la collection du temps de Louis XIV, et n'est la propriété de la Couronne que depuis le milieu du XVIIIe siècle environ. Ce portrait est gravé dans Thevet et dans la chronologie collée, comme celui du maréchal de Chaumont (Charles d'Amboise, deuxième du nom), gouverneur du duché de Milan, favori de Louis XII, mort en 1511 à 39 ans. Il n'a pu être peint que de 1509 à 1511, puisque ce n'est qu'en 1509 que le roi fit son entrée à Milan. M. Passavant regarde ce tableau comme un ouvrage de J.-A. Beltraffio. Ce tableau a été aussi donné pendant longtemps au Pérugin. — Estimation : Emp. 24,000 f.; Rest. 30,000 f.

299. *Portrait de femme.*

H. 0, 62. — L. 0, 44. — B. — Buste pet. nat.

La tête est vue de trois quarts; les cheveux sont lisses, le front est ceint d'une ganse noire retenue par un diamant, son cou est orné d'une cordelière; elle est vêtue d'une robe rouge ornée de broderies.

Filhol, t. 5, pl. 473. — Landon, t. 5, pl. 8.

Ce portrait, qui faisait probablement partie de la collection de François Ier, est indiqué par le père Dan (*Trésor des merveilles de Fontainebleau*, 1642) comme représentant la duchesse de Mantoue. Il a souvent été gravé sous le nom de *la Belle Féronnière*, maîtresse de François Ier, bien que Léonard de Vinci ne soit venu en France qu'après la mort de cette femme. On présume qu'il offre les traits de Lucretia Crivelli, que Léonard peignit à Milan, vers 1497, lorsqu'après la mort de la duchesse Beatrix, Louis Sforce eut de Lucretia un fils naturel nommé Jean-Paul. M. Waagen regarde ce tableau comme un des plus beaux et des plus authentiques de Léonard. — Estimation: 36,000 f.; Rest. 60,000 f.

300. *Portrait de Mona Lisa, connue sous le nom de la Joconde.*

H. 0, 77. — L. 0, 53. — B. — Buste gr. nat.

Elle est vue de face et assise dans un fauteuil; ses deux mains sont croisées l'une sur l'autre. Derrière, au-delà d'un appui en pierre, on aperçoit une vaste campagne.

Gravé par M. Fauchery. — Filhol, t. 11, pl. 29. — Landon, t. 5, pl. 8.

Ce portrait fut acquis par François Ier pour 4,000 écus d'or, ce qui ferait au prix actuel de l'or plus de 45,000 fr. Le père Dan (*Trésor des merveilles de Fontainebleau*) dit que le roi l'acheta 12,000 fr., mais il se trompe ou le franc avait une valeur différente de celle qu'il a maintenant. Vasari rapporte que Léonard peignit le portrait de la femme du noble Francesco del Giocondo pendant son séjour à Florence, vers l'an 1500. Cet historien ajoute qu'il y travailla pendant plus de quatre ans sans parvenir à se satisfaire. On connaît plusieurs copies très belles de ce portrait, avec des changements, à Madrid, en Angleterre, en Russie, etc. — Estimation : Emp. 90,000 f.; Rest. 80,000 f.

LÉONARD DE VINCI (école de).

301. *La Cène.*

H. 2, 60. — L. 5, 49. — T. — Fig. gr. nat.

Gravé par Raphaël Morghen; par Jacques Frey. — Landon, t. 5, pl. 7.

Léonard peignit à l'huile cette admirable composition vers 1496, sur le mur du couvent de *Santa-Maria delle Grazie*, à Milan. Cette peinture qui a 8,60 de large sur 4,51 de haut, et dont les figures ont 2,91, était déjà fort dégradée en 1545, et, après avoir été restaurée plusieurs fois, elle fut repeinte presque entièrement en 1726 et en 1770. On peut dire qu'il ne subsiste presque rien de l'œuvre originale, et le peu qui en reste est à peine visible. On connaît plus de quarante copies ou imitations de la Cène de Léonard, exécutées dans des proportions différentes, soit à fresque, soit à l'huile. Nous nous bornerons à citer les plus remarquables peintes sur toile. La plus importante de toutes à cause de son extrême fidélité est celle faite par Marco d'Oggione vers 1510, quand l'original était dans toute sa beauté primitive. Elle se voyait encore, en 1750, dans le réfectoire de la Chartreuse de Pavie. Un épicier de Milan en devint ensuite propriétaire et elle passa enfin à l'École des beaux-arts de Londres. Cette copie est la seule qui conserve dans son ensemble et dans ses détails les proportions exactes de l'original. La copie exposée au Louvre sous le présent numéro, est d'un tiers moins grande que la précédente, mais d'une exécution identique. On peut donc l'attribuer également à Marco d'Oggione. Cette copie est aussi extrêmement précieuse parce que, sauf la dimension, elle reproduit scrupuleusement la composition de Léonard dans ses moindres détails. Elle fut commandée pour la chapelle du château d'Ecouen par le connétable de Montmorency et dut être exécutée à l'époque de ses voyages en Italie pendant les années 1521 et 1523. Une belle copie huit fois moins grande que l'original fut transportée du couvent de Saint-Barnabé au palais des Arts et des Sciences de Milan. Enfin, on voyait encore une petite copie remarquable attribuée à B. Luini dans la salle des marguilliers à Saint-Germain-l'Auxerrois; cette copie entièrement usée est repeinte maintenant de la manière la plus maladroite.

LÉONARD DE VINCI (école de).

302. *Portrait de femme.*

H. 0, 50. — L. 0, 38. — B. — Buste pet. nat.

Elle est vue de profil et porte une coiffure de velours rouge bordée d'or et de perles; un voile noir tombe sur ses épaules; elle est vêtue d'une robe bleue.

Collection de Louis XIV. — Ce portrait, cité dans l'inventaire Bailly et dans le catalogue de Lépicié, était celui nommé communément *la Belle Féronnière* à l'époque où ces inventaires ont été dressés. Ce n'est qu'ensuite que cette désignation a été appliquée avec autant de raison au portrait décrit plus haut sous le nº 299. — Estimation : 450 f.

LÉONARD DE VINCI (école de).

303. *Le sommeil de Jésus.*

H. 0, 92. — L. 0, 73. — B. — Fig. à mi-corps gr. nat.

La Vierge debout tient dans ses bras l'Enfant-Jésus endormi, un ange étend devant elle un linge pour envelopper le Sauveur. Deux autres anges, placés derrière la Vierge, tiennent, l'un un rouleau, l'autre un coussin.

Ce tableau, de la collection de Louis XIV, était autrefois attribué à Sébastien del Piombo. — Estimation : Emp. 50,000 f.; Rest. 6,000 f.

LIPPI (Fra Filippo), *né vers l'an* 1400 *à Florence, mort à Spoleto en* 1469. (École florentine).

Orphelin à deux ans, il entra en religion à l'âge de huit ans dans le couvent del Carmine, à Florence, où il étudia les peintures de Masaccio récemment exécutées, et acquit une grande réputation. Sa sortie du cloître, son esclavage en Barbarie, sa fuite avec une novice du couvent où il travaillait et qui lui servait de modèle, sa mort causée par le poison, ont contribué autant que son talent à rendre son nom célèbre.

304. *La Nativité de Jésus-Christ.*

H. 1, 69. — L. 1, 60. — B. — Fig. pet. nat.

Couché par terre, devant une étable en ruine, l'Enfant-Jésus est adoré par la Vierge et saint Joseph agenouillés. Dans la partie supérieure, au milieu, le Saint-Esprit, et de chaque côté un ange les mains jointes. À gauche, fond de paysage et des bergers gardant leurs troupeaux. Un de ces bergers joue de la flûte.

Gravé dans l'Etruria Pittrice, t. 1, pl. 22.

Musée Napoléon. — « Les religieuses de Sainte-Marguerite lui ayant commandé le tableau du maître-autel, il aperçut un jour, pendant qu'il y travaillait, une fille de Francesco Buti, citoyen florentin, envoyée là comme pensionnaire ou comme novice. Fra Filippo remarqua Lucrezia, c'était le nom de la belle et gracieuse jeune fille, et s'y prit de telle façon qu'il obtint des religieuses de faire son portrait pour représenter la Vierge dans le tableau qu'il exécutait. Ce rapprochement ayant encore augmenté son amour, il fit tant et si bien qu'il détacha Lucrezia des religieuses, et l'enleva précisément le jour où elle allait voir l'exposition de la ceinture de la Vierge, relique révérée de l'endroit (Prato). Un tel événement fut un sujet de honte pour les religieuses et de peu de satisfaction pour Francesco, père de Lucrezia, qui mit tout en œuvre pour ravoir sa fille. Mais celle-ci, soit par peur, soit par tout autre motif, ne voulut jamais revenir. Elle resta donc avec Filippo dont elle eut un fils, aussi nommé Filippo, et qui fut, comme son père, un peintre habile et célèbre. » (Vasari.) M. Waagen attribue à tort ce tableau à Alessio Baldovinetti qui exécuta à fresque une composition analogue dans la cour de l'église des Servites, à Florence. — Estimation : Rest. 2,000 f.

305. *La Vierge et l'Enfant-Jésus adoré par deux saints abbés.*

H. 2, 17. — L. 2, 44. — B. — Fig. pet. nat.

La Vierge debout sur les premières marches d'un trône, présente l'Enfant-Jésus à deux saints abbés à genoux, tenant à la main une crosse, marque de leur dignité. De chaque côté, deux archanges debout portant des branches de lis et accompagnés d'une multitude d'anges.

Landon, t. 5, pl. 10.

Musée Napoléon. — « Il fit pour la sacristie de San-Spirito à Florence, un tableau représentant la Vierge entourée d'anges, et avec des saints de chaque côté. C'est une œuvre rare et qui a été toujours tenue en grande vénération par les maîtres de notre pays. » (VASARI.) On croit reconnaître le peintre dans le portrait du religieux carme placé au-dessus de l'enceinte du trône et sous l'aile de l'ange qui est à la gauche du spectateur. — Ce tableau est carré, mais le cadre est disposé de manière à faire supposer un triple cintre dans la partie supérieure. — Estimation : Emp. 30,000 f.; Rest. 20,000 f.

LOMI. *Voir* GENTILESCHI.

LORENZO DI PAVIA. *Vivait à Savone en 1513.* (Ecole génoise.)

On n'a aucune notice biographique sur ce peintre.

306. *La famille de la Sainte-Vierge.*

H. 2, 02. — L. 1, 44. — T. — Fig. pet. nat.

La Vierge tient l'Enfant-Jésus sur ses genoux; près d'elle est saint Joseph. Derrière la Vierge, Anne, sa mère, et ses trois époux, Joachim, Cléophas et Salomé. A droite de la Vierge, Marie, fille de Cléophas, et ses enfants, Jude Thaddée, Jacques le Mineur et Joseph le Juste; près d'elle est son mari, Alphée. A gauche de la Sainte-Vierge, Marie, seconde sœur de la Vierge et fille de Salomé, son époux Zébédée et ses enfants, Jacques le Majeur et Jean l'Evangéliste. Les noms des personnages sont écrits au-dessus de leurs têtes ou sur des banderolles.

Musée Napoléon. — Ce tableau, signé : LAVRENTIVS. PAPIEN. FECIT. MDXIII, est cité par Vasari et se voyait de son temps dans l'église des Récollets de Savone. Il était peint originairement sur bois et fut transporté sur toile du temps de l'Empire. Il est inscrit dans le Livret de 1841 dans l'école des maîtres flamands sous le nom de Laurentius et sous le n° 546. — Estimation : Emp. 4,000 f.; Rest. 300 f.

LOTTO (LORENZO), bergamasque, *vivait en 1554, mort dans un âge avancé à Lorette, vers 1560.* (Ecole vénitienne.)

Il imita d'abord la manière des Bellini et prit ensuite celle du Giorgione. Quelques biographes lui donnent pour maîtres ces artistes célèbres. Ce qui est plus certain, c'est que, ami de Palma Vecchio, il imita souvent sa manière avec bonheur, ainsi que celle de Léonard de Vinci.

307. *La femme adultère amenée devant Jésus.*

H. 1, 24. — L. 1, 86. — T. — Fig. à demi-corps pet. nat.

Jésus-Christ est entouré des Scribes et des Pharisiens qui lui amènent une femme surprise en adultère. Ses mains sont liées, un soldat la tient par les cheveux.

Collection de Louis XIV. — Estimation : Emp. 10,000 f.; Rest. id.

LUCATELLI *ou* **LOCATELLI** (ANDREA), *né à Rome en* 1660, *mort à Rome en* 1741. (Ecole romaine.)

Il fut élève d'Antonio Domenico Gabbiani et de Paolo Anesi. Il existe encore deux autres peintres de ce nom.

308. *Paysage.*

H. 0, 98. — L. 1, 33. — T. — Fig. de 0, 15.

Des pâtres se reposent sur le bord d'une rivière qui divise le paysage en deux parties.

Filhol, t. 6, pl. 418 (donné à Bloemen).—Landon, t. 5, pl. 48.

Ancienne collection. — Ce tableau fait pendant au nº 343 du Livret attribué à Van Bloemen. Ils sont évidemment de la même main et appartiennent tous deux ou à Bloemen ou à Lucatelli. — Rentoilé en novembre 1823. — Estimation : Emp. 1,000 f.; Rest. 600 f.

LUINI *ou* **LOVINI DA LUINO** (BERNARDINO), *né à Luino, sur le lac Majeur, vivait encore en* 1530. (Ecole milanaise.)

Elève du milanais Etienne Scotto, il fréquenta l'académie d'artistes instituée par François Sforce I, et dont Léonard de Vinci fut le directeur. Luini imita d'abord ce grand maître avec une rare habileté; puis, ayant travaillé à Rome avec Raphaël, il prit également de sa manière en conservant toutefois de celle de Léonard et même de Scotto. Il eut un fils, Aurèle Lovini, né en 1530, qui fut un imitateur de son père, de Léonard et surtout de Polydore de Caravage. En Italie même, beaucoup d'ouvrages de Luini sont attribués à Vinci.

309. *Sainte-Famille.*

H. 0, 51. — L. 0, 40. — B. — Fig. à mi-corps pet. nat.

Jésus debout passe le bras gauche autour du cou de sa mère, qui le soutient. Saint Joseph, appuyé sur un bâton et placé derrière la Vierge, les considère avec attention.

Ancienne collection. — Estimation : Rest. 3,000 f.

LUTI (BENEDETTO), *né à Florence en* 1666, *mort à Rome en* 1724. (Ecole florentine.)

Elève de Domenico Gabbiani. Il fut le maître de Carle Vanloo.

310. *La Madeleine.*

H. 1, 67. — L. 1, 28. — T. — Fig. gr. nat.

Sainte Madeleine, assise sur une pierre, contemple un crucifix qu'elle tient dans ses mains. Un livre et une tête de mort sont posés près d'elle sur une pierre. Deux chérubins voltigent au-dessus de sa tête.

Landon, t. 5, pl. 17.

Ancienne collection. — Estimation : Emp. 1,500 f.; Rest. 1,000 f.

311. *La Madeleine en méditation.*

H. 1, 04. — L. 0, 75. — T. — Demi-fig. gr. nat.

Elle considère une tête de mort.

Ancienne collection. — Estimation : Emp. 1,000 f.; Rest. 500 f.

MACHIAVELLI (ZENOBIO DE') *florissait en 1474.* (Ecole florentine.)

Vasari dit qu'il fut élève de Benozzo Gozzoli, mais ne donne aucun détail sur sa vie. Orlandi ne cite même pas le nom de cet artiste.

312. *Le couronnement de la Vierge.*

H. 1, 64. — L. 1, 66. — P. — Fig. pet. nat.

Jésus-Christ couronne la Vierge en présence de saint Jean-Baptiste, de saint François-d'Assise, de la Madeleine, de l'apôtre saint Pierre, et des anges qui célèbrent les louanges du Seigneur. On lit sur ce tableau : *Opus Zenobii de Machiavelli, 1474.*

Musée Napoléon. — Estimation : Emp. 300 f.; Rest. 1,500 f.

MANFREDI (BARTOLOMMEO), *né à Mantoue en 1579, mort à la fleur de l'âge, sous le pontificat de Paul V.* (Ecole romaine.)

Il entra d'abord chez Christofano Roncalli del Pomerancio, et perfectionna sa manière en étudiant les ouvrages de M. A. de Caravage.

313. *Assemblée de buveurs.*

H. 1, 29. — L. 1, 92. — T. — Demi-fig. gr. nat.

Quatre hommes, assis autour d'une table de pierre

ornée d'un bas-relief, boivent et chantent. L'un deux, à droite, tend son verre à un valet qui lui verse du vin contenu dans une bouteille d'osier ; en face de lui, un autre joue du théorbe, et deux autres convives l'écoutent. Derrière sont deux domestiques debout ; l'un mange du macaroni, l'autre porte une bouteille à sa bouche.

Gravé par Jean Haussard, par Alb. Reindel. — Landon, t. 5, pl. 18.

Collection de Louis XIV. — Estimation : Emp. 4,000 f.; Rest. 3,000 f.

314. *La diseuse de bonne aventure.*

H. 1, 27. — L. 1, 50. — T. — Demi-fig. gr. nat.

Une femme assise se fait dire la bonne aventure par deux Egyptiennes, et montre sa main à la plus jeune. Un cavalier placé derrière elle tient une tête d'oiseau mort.

Acquis de Mme L. Sabonadière, en 1816, pour 1,000 f.

MANFREDI (attribué à).

315. *Judith tenant la tête d'Holopherne.*

H. 1, 14. — L. 0, 92. — T. — Fig. à mi-corps, gr. nat.

Elle est accompagnée d'une femme tenant le sac destiné à recevoir la tête d'Holopherne.

Ancienne collection. — Ce tableau est porté aux inconnus de l'école d'Italie dans l'inventaire de la Restauration. — Estimation : Rest. 800 f.

MANTEGNA (ANDREA), *peintre, graveur, architecte et géomètre, né à Padoue en* 1431, *mort en* 1506. (Ecole de Mantoue.)

Il gardait les moutons dans sa jeunesse. Ses premiers essais ayant été remarqués, il fut mis en apprentissage chez Jean Squarcione, qui, charmé de ses progrès, l'adopta pour son fils et le fit son héritier. G. Bellini, admirateur de son talent, lui donna sa fille en mariage, et le duc de Mantoue le créa chevalier. Il eut deux fils, qui furent ses élèves : l'un d'eux, nommé Francesco, fut, dit-on, étudié par le Corrége. Il y eut encore un Carlo del Mantegna, imitateur d'Andrea, ainsi qu'un Gian Francesco Carotto, qu'il ne faut pas confondre avec son frère Gio. Carotto. Mantegna perfectionna la gravure au burin, dont on lui a attribué à tort l'invention.

316. *Le Christ entre les larrons.*

H. 0, 67. — L. 0, 93. — B. — Fig. de 0, 32.

Sur le sommet du Calvaire, Jésus a été crucifié entre deux larrons. Des soldats le gardent et trois d'entre eux tirent aux dés ses vêtements; à gauche, saint Jean debout témoigne l'excès de sa douleur; plus loin, la Vierge, accompagnée des saintes femmes, verse des pleurs sur la mort de son fils. Dans le fond, un chemin taillé dans le roc et conduisant à Jérusalem.

Landon, t. 5, pl. 19.

Musée Napoléon. — Vasari met ce tableau peint à la colle au nombre des plus importants du maître. On prétend que Mantegna s'est représenté sous la figure du soldat qui est vu à mi-corps sur le premier plan, le casque en tête et la lance en main. — Estimation : Emp. 7.000 f.; Rest. 10,000 f.

317. *La Vierge de la Victoire.*

H. 2, 80. — L. 1, 66. — T. — Fig. pet. nat.

Assise sur un trône orné de marbres de diverses couleurs et de bas-reliefs en or, la Vierge tient l'Enfant-Jésus debout sur ses genoux; le manteau dont elle est revêtue est soutenu d'un côté par l'archange saint Michel, appuyé sur une épée, et de l'autre par saint Maurice, tous deux couverts de riches armures. On aperçoit derrière eux, à droite, saint Longin avec un casque rouge, et de l'autre côté saint André, protecteurs de la ville de Mantoue. Près de la Vierge est le jeune saint Jean, debout, et plus bas sa mère, sainte Elisabeth, à genoux, un chapelet de corail à la main. Enfin, à gauche et sur les marches du trône, on voit le marquis de Mantoue, Jean-François de Gonzague, armé de pied en cap et décoré du cordon de saint Maurice, à genoux, rendant grâce à la Vierge qui lui tend la main en signe de protection, tandis que son fils lui donne sa bénédiction. La niche qui reçoit le trône de la Vierge est ornée de festons de verdure entremêlés de fleurs, de fruits, de coraux, de perles et de pierreries de toute espèce.

Musée Napoléon. —Vasari nous apprend que ce tableau se voyait de son temps sur le maître-autel de l'église des Philippins, dite *la Madone des Victoires*, bâtie en 1496 par le marquis de Mantoue, en commémoration d'une victoire que peu de temps auparavant il avait remportée sur les Français près des bords du Taro, où il commandait en chef l'armée de la ligue formée pour chasser Charles VIII de l'Italie. Mantegna, qui avait été l'architecte de l'église, fut aussi chargé de l'*ex voto* du maître-autel, qu'il peignit à la colle. L'extrême fini de cette œuvre capitale, et sa parfaite conservation, témoignent à la fois du soin que le maître apporta à son exécution et de la bonté du procédé, si peu usité de nos jours. — Estimation : Emp. 60,000 f.; Rest. 35,000 f.

318. *Le Parnasse, composition allégorique.*

H. 1, 60. — L. 1, 92. — T. — Fig. de 0, 65.

Sur le premier plan, à gauche, Apollon fait danser les Muses aux sons de la lyre. A droite, Mercure appuyé sur Pégase tient un long caducée. Derrière Mercure, l'Hélicon d'où s'échappent les eaux de l'Hippocrène. Au milieu du tableau, sur un rocher percé en forme d'arcade et qui laisse entrevoir la campagne, se tient debout Vénus accompagnée de Mars armé de sa lance, revêtu de son armure. Un peu plus bas, sur le même rocher, l'Amour, son arc à la main, souffle des traits qui excitent la jalousie de Vulcain. L'époux de Vénus quitte les travaux de sa forge et menace la déesse et son rival.

Filhol, *t.* 8, *pl.* 566. — *Landon*, *t.* 5, *pl.* 20.

Ce tableau et le suivant ont fait partie du cabinet d'Isabelle d'Est. L'inventaire de ce cabinet, dressé au milieu du XVIe siècle, décrit ainsi la peinture portée sous ce numéro : Mars et Vénus faisant l'amour; Vulcain, Orphée jouant de la lyre, et neuf nymphes dansant. Ces deux tableaux de Mantegna, ceux de Lorenzo Costa (nos 463 et 464), et le Pérugin (no 595), entrèrent en même temps dans la collection du Louvre. — Estimation : Emp. 60,000 f.; Rest. 40,000 f.

319. *La Sagesse victorieuse des Vices.*

H. 1, 60. — L. 1, 92. — T. — Fig. de 0, 60.

Minerve, précédée de la Chasteté sous les traits de Diane, et de la Philosophie sous ceux d'une femme portant un flambeau, chasse devant elle et poursuit la Luxure aux pieds de satyre, l'Oisiveté et l'Inertie enfoncées dans un bourbier, la Fraude, la Malice, l'Ivrognerie, la Volupté et l'Ignorance portées par l'Ingratitude et l'Avarice. La Justice, la Force, la Tempérance, qui planent dans les airs, reviennent sur la terre pour y fixer leur séjour.

Diverses légendes et inscriptions latines sont placées dans plusieurs parties de cette composition allégorique. — Estim. : Emp. 60,000 f.; Rest. 25,000 f.

MARATTE (CARLO MARATTA ou MARATTI), *né à Camerano, près d'Ancône, en 1625, mort à Rome le 15 décembre* 1713. (Ecole romaine.)

Originaire d'Illyrie, il vint à Rome à l'âge de onze ans, et entra à l'école d'Andrea Sacchi. Il étudia les Carrache et surtout Raphaël, dont il retoucha au pastel les fresques de la Farnésine. Il jouit d'une immense réputation, que la postérité ne consacrera pas entièrement. Clément XI le créa chevalier du Christ, et Louis XIV son peintre ordinaire. Ses élèves furent nombreux, et Agostino Masucci est le dernier peintre sorti de son école.

320. *La Nativité.*

H. 0, 97. — L. 0, 97. — T. — Fig. de 0, 48.

La Vierge, assise au pied d'une étable en ruines, tient dans ses bras l'Enfant-Jésus que des anges contemplent avec amour. Saint Joseph, debout près de la Vierge, montre l'enfant divin à un groupe de bergers agenouillés dont l'un tient une corbeille de fruits. A droite, un autre groupe de bergers; l'un d'eux agenouillé, ayant à ses pieds un agneau, des colombes, etc., tient une femme par la main. Des anges descendent du ciel sur un rayon lumineux, apportent des fleurs et encensent le nouveau-né. Dans le fond, une femme et d'autres bergers, suivis d'un âne.

Gravé par J.-B. de Poilly et par Francesco Juvanis. — Landon, t. 5, pl. 21.

Collection de Louis XIV. — Ce tableau, exécuté en 1657, servit de modèle à la fresque peinte par Carle Maratte dans la galerie du pape à Monte-Cavallo; il fut donné, ainsi que le nº 322, à Louis XIV par le cardinal Gualterio, envoyé en France en 1701 comme nonce du pape. — Estimation : Emp. 5,000 f.; Rest. 2,000 f.

321. *Le sommeil de Jésus.*

H. 1, 25. — L. 1, 00. — B. — Fig. gr. nat.

La Vierge tient des deux mains un voile de gaze dont elle va couvrir Jésus livré au sommeil, la tête appuyée sur la main droite, et le bras gauche posé sur un oreiller. Elle est accompagnée de sainte Catherine d'Alexandrie et de trois anges placés au chevet du lit.

Collection de Louis XIV. — Ce tableau est signé : CAROLUS MARATTA PINXIT 1697. — Estimation : Emp. 1,200 f.; Rest. 1,000 f.

322. *Prédication de saint Jean-Baptiste.*

H. 0, 90. — L. 1, 00. — T. — Fig. de 0, 48.

Saint Jean debout, et les bras élevés, est entouré d'Israélites qui écoutent sa parole. Derrière lui, un homme du peuple accoudé sur un tertre, la tête appuyée sur ses mains, et deux hommes enveloppés de leurs manteaux. A droite, un Juif assis explique à un vieillard le sens des paroles du saint. Plus loin, un groupe de cinq personnages à l'aspect grave, dont l'un appuie son menton sur une béquille.

Gravé par Charles Dupuis. — Filhol, t. 9, pl. 657. — Landon, t. 5, pl. 23.

Ce tableau fut donné au roi Louis XIV, en 1701, par le cardinal Gualterio. — Estimation : Emp. 8,000 f.; Rest. 1,000 f.

323. *Mariage mystique de sainte Catherine.*

H. 0, 44. — L. 0, 32. — T. — Fig. de 0, 40.

L'Enfant-Jésus, assis sur les genoux de la Vierge, met un anneau au doigt de sainte Catherine d'Alexandrie agenouillée devant lui. Près de la sainte, et par terre, une palme et un fragment de roue. Un ange et trois chérubins, portés sur des nuages, contemplent cette scène.

Gravé pour la veuve Daullé. — Filhol, t. 6, pl. 380. — Landon, t. 5, pl. 24.

Ce tableau, porté sur l'inventaire du prince de Carignan, fut acheté par Louis XV. — Estimation : Emp. 2,000 f.; Rest. 1,200 f.

324. *Portrait de Marie-Madeleine* Rospigliosi, *qui vivait au* XVIIe *siècle et qu'on dit avoir été la maîtresse de Carlo Maratti.*

H. 0, 94. — L. 0, 74. — T. — Fig. à mi-corps gr. nat.

Elle tient à la main une lettre qui porte pour suscription : *Al Illma et C^{ma} sig^{ra} la Sig^{ra} Maria Madalena Rospigliosi per Carlo Maratti.*

Ce portrait est compris dans les 20,000 fr. de tableaux acquis de M. de Langeac en 1822.

MASSONE (GIOVANNI), *d'Alexandrie; il vivait en 1490.* (École génoise.)

L'histoire ne donne aucun renseignement sur la vie de ce peintre.

325. *Rétable divisé en trois compartiments :*

1° *La Nativité.*

H. 1, 77. — L. 0, 77. — B.— Fig. dem. nat.

La Vierge et saint Joseph, agenouillés, adorent l'Enfant-Jésus placé à terre sur un linge blanc. Le Père-Eternel, environné de séraphins, paraît dans le ciel, précédé de deux anges qui tiennent une banderolle sur laquelle on lit : *Gloria in excelsis Deo et pax hominibus bonæ voluntatis.* Dans le fond, le cortége des Mages sortant de Bethléem. On lit sur le premier plan : *Johnes Mazonus de Alexa pinxit.*

2° *Saint François debout et le pape Sixte IV à genoux.*

H. 1, 11. — L. 0, 57. — B. — Fig. dem. nat.

Le pontife, fils d'un pêcheur et marinier dans sa jeunesse, puis cordelier, devint général de son ordre. Paul II, à la recommandation du cardinal Bessarion, le fit entrer dans le sacré collège sous le titre de saint Pierre-ès-Liens; il fut élu pape en 1471, et mourut en 1484.

3° *Saint Antoine de Padoue et le cardinal Giuliano della Rovere à genoux.*

H. 1, 11. — L. 0, 57. — B. — Fig. dem. nat.

Ce dernier, neveu de Sixte IV, naquit à Savone en 1453; créé cardinal en 1471, il fut élevé dans la chaire de saint Pierre en 1503, sous le nom de Jules II, et mourut en 1513. On prétend que son humeur guerrière lui fit prendre le nom de Jules en mémoire de Jules César.

Landon, t. 5, pl. 25.

Ces trois tableaux ont été exécutés vers 1490 et furent placés à Savone dans la chapelle sépulcrale érigée par le pape Sixte IV pour renfermer les cendres de sa famille. Le peintre reçut pour cette œuvre 192 *ducati di Camera*, qui valent un peu plus que les autres et faisaient alors une somme considérable. — Acquis en 1814 de M. Denon pour 3,000 f.

MASTELLETTA (GIOVANNI ANDREA DONDUCCI, *dit* LE), *né à Bologne en* 1575, *mort en* 1655. (Ecole bolonaise.)

Il fut élève des Carrache et imitateur du Parmesan et de Tiarini. — Ses paysages, très estimés par Annibal Carrache, ont été souvent attribués à tort à ce maître.

326. *Jésus et la Vierge apparaissent à saint François-d'Assise.*

H. 0, 48. — L. 0, 33. — B. — Fig. de 0, 30.

Saint François, agenouillé sur la première marche de l'autel de l'église de Notre-Dame-des-Anges, vient d'y déposer la couronne de roses rouges et blanches venues des épines sur lesquelles il s'était roulé au mois de janvier pour amortir le feu de ses passions. Dans la partie supérieure, la Vierge à genoux sur les nuages et les mains jointes sur la poitrine, implorant, en faveur de saint François, le Christ entouré d'anges et de chérubins.

Landon, t. 3, pl. 23.

Collection de Louis XIV. — Ce tableau est attribué par quelques auteurs à Annibal Carrache. — Estimation : Emp. 3,000 f.; Rest. 2,500 f.

MAXIME (MASSIMO STANZIONI, *dit* LE CHEVALIER), *né à Naples en* 1585, *mort en* 1656. (Ecole napolitaine.)

Élève de Giovanni-Battista Caracciolo et de Lanfranc. Il travailla dans la cathédrale de Naples en concurrence avec Lanfranc, Ribera et le Dominiquin. L'admiration qu'il avait pour les ouvrages du Guide lui fit chercher à imiter le style de cet artiste célèbre.

327. *Saint Sébastien.*

H. 1, 34. — L. 1, 29. — T. — Fig. gr. nat.

Le saint est étendu par terre. Une femme examine ses blessures et lui retire une flèche de l'épaule gauche. Derrière lui, un homme, et, dans le fond, deux enfants.

Acquis de M. Mauco (Musée européen) en 1824.

MAZZOLLINI (LODOVICO), *né en* 1481, *mort en* 1530. (Ecole de Ferrare.)

Il fut élève de Lorenzo Costa.

328. *La Sainte-Famille.*

H. 0, 35. — L. 0, 28. — B. — Fig. de 0, 28.

La Vierge, assise entre deux arcades, à travers lesquelles on aperçoit la campagne, tient sur ses genoux l'Enfant-Jésus, qui joue avec un petit singe. Saint Joseph, debout et dans une attitude respectueuse, tient à sa main des fruits ou des grains. Dans le haut, le Père-Éternel sur des nuages, appuyé sur un globe. Au-dessus de la tête de la Vierge, le Saint-Esprit au milieu de rayons lumineux.

Landon, t. 4, pl. 94.

Ancienne collection. — Ce tableau a été longtemps donné au Garofolo. — Estimation : Emp. 2,400 f.; Rest. 2,000 f.

MAZZUOLA. *Voir* PARMESAN.

MAZZUOLI (IERONIMO MAZZOLA, *ou*), *vivait de* 1520 *à* 1550. (Ecole de Parme.)

Il fut élève de Francesco Mazzuoli, son cousin, dont il imita le style. Son fils Alexandre, mort en 1608, fut le dernier des peintres de cette famille, qui compte trois générations d'artistes.

329. *L'adoration du Messie.*

H. 4, 84. — L. 3, 05. — T.

La Vierge, à genoux sur les marches d'un édifice en ruines, présente son fils à l'adoration des bergers et d'un saint évêque dont la crosse est posée à terre. Les cieux ouverts laissent apercevoir un chœur d'anges portés sur des nuages.

Donné en 1829 par M. Roux de Rochette.

MEMMI (SIMONE DI MARTINO, *dit* SIMONE), *né à Sienne en* 1284, *mort dans la même ville en août* 1344, *âgé de* 60 *ans*. (Ecole de Sienne.)

Son père s'appelait Martino, et son beau-père Guglielmo ou Memmo. Simone a signé tantôt Simon Martini, tantôt Simone Memmi, mais il est plus connu sous ce dernier nom. Il fut l'émule et non le disciple de Giotto, son contemporain, et travailla avec Lippo Memmi. Il vint à Avignon et fit le portrait de Pétrarque et de Laure de Sade. Il eut un frère nommé Cecco di Martino.

330. *Le couronnement de la Vierge.*

H. 1, 13. — L. 0, 66. — B. forme cintrée. — Fig. dem. nat.

Jésus-Christ pose sur la tête de la Vierge la couronne de l'immortalité; dans le bas, deux anges à genoux.

Musée Napoléon. — Ce tableau est peint sur fond doré. — Estimation : Emp. 3,000 f.; Rest. 1,500 f.

MOLA (Pier Francesco), *peintre et graveur, né à Coldré, dans le Milanais, en* 1621; *mort subitement à Rome en* 1666. (Ecole bolonaise.)

Il fut disciple à Rome du Josépin, puis à Bologne de l'Albane. L'étude des œuvres du Guerchin, du Titien et du Bassan, achevèrent de donner à son style la vigueur qui le caractérise. Il fut comblé de bienfaits par Innocent X et par Alexandre VII. Louis XIV l'appela en France, mais sa mort prématurée l'empêcha de profiter des offres avantageuses du roi.

331. *Agar dans le désert.*

H. 0, 27. — L. 0, 35. — C. — Fig. de 0, 12.

L'ange apparaît dans le ciel à Agar, agenouillée devant son fils expirant de soif, étendu par terre, et lui montre une source cachée au milieu d'arbres et de rochers.

Gravé par Pron.— Filhol, t. 4, pl. 40.— Landon, t. 5, pl. 30.
Ancienne collection. — Estimation : Emp. 6,000 f.; Rest. 4,000 f.

332. *Repos de la Sainte-Famille.*

H. 0, 41. — L. 0, 33.—Toile collée sur bois. — Fig. de 0, 40.

La Vierge, assise au milieu de divers fragments d'architecture, tient sur ses genoux l'Enfant-Jésus; saint Joseph, appuyé sur une pierre que décore un bas-relief, a un livre à la main.

Landon, t. 5, pl. 33.
Ancienne collection. — Estimation : Emp. 3,000 f. ; Rest. 2,000 f.

333. *Saint Jean-Baptiste prêchant dans le désert.*

H. 1, 62. — L. 1, 23. — T. — Fig. de 0, 70.

Sur la lisière d'un bois où l'on remarque des palmiers,

saint Jean, une croix de jonc à la main, un agneau à ses pieds, est assis sur un rocher, entouré d'habitants de la Judée, qui viennent entendre sa parole et recevoir le baptême. Le saint leur montre dans le lointain le Christ qui se dirige vers lui.

Landon, t. 5, pl. 28.

Ce tableau, après avoir passé dans les cabinets du comte de Nocey et du prince de Carignan, fut acquis par Louis XV. — Mola le fit graver lui-même par Pietro Santo Bartoli, et en dédia l'estampe à son bienfaiteur, Mgr Nini, maître de chambre du pape Alexandre VII. — Estimation : Emp. 9,000 f. ; Rest. 6,000 f.

334. *Saint Jean-Baptiste prêchant dans le désert.*

H. 0, 37. — L. 0, 27. — B. — Fig. de 0, 20.

Ancienne collection. — C'est la gravure désignée dans le numéro précédent, coloriée à l'huile très habilement, et probablement par Mola lui-même. On a pris longtemps cette peinture, qui provient des mêmes cabinets, pour l'esquisse du tableau précédent. — Estimation : Emp. 1,500 f. ; Rest. 1,000 f.

335. *Vision de saint Bruno dans le désert.*

H. 0, 94. — L. 0, 70. — T. — Fig. de 0, 48.

Saint Bruno étendu à terre au pied de deux arbres et appuyé sur une pierre, reste en extase à la vue de trois chérubins qui lui apparaissent dans le ciel ; près de lui, une croix, une tête de mort et un livre ouvert.

Gravé par Gilles Rousselet. — Filhol, t. 4, pl. 219. — Landon, t. 5, pl. 29.

Collection de Louis XIV. — Ce tableau est désigné par Bailly comme ayant une forme ronde. — Estimation : Emp. : 2,000 f. ; Rest. id.

336. *Herminie gardant les troupeaux.*

H. 0, 70. — L. 0, 94. — T. — Fig. de 0, 37.

Herminie, assise à l'ombre d'un hêtre, une houlette à la main et gardant un troupeau, grave sur l'écorce le nom de Tancrède. Dans le fond, un fleuve et des montagnes.

Filhol, t. 10, pl. 386. — Landon, t. 5, pl. 32.

Collection de Louis XIV. — Ce tableau avait une forme ronde du temps de Bailly (1709-10). Piganiol (*Description de Versailles*, 1717) attribue ce tableau et le suivant à Jean-Baptiste Miolle, et d'Argenville (*Vie des Peintres*) les donne à la fois à Pierre-François et Jean-Baptiste Mola. — Estimation : Emp. 7,000 f. ; Rest. 6,000 f.

337. *Tancrède secouru par Herminie.*

H. 0, 69. — L. 0, 93. — T. — Fig. de 0, 32 à 0, 35.

Tancrède, étendu par terre, est soulevé par Vafrin, son écuyer; Herminie, à genoux, soutient d'une main le bras de Tancrède, et de l'autre découvre et sonde ses blessures. On aperçoit dans le fond le corps d'Argant étendu sur la poussière.

Filhol, t. 4, pl. 285. — Landon, t. 5, pl. 31.

Collection de Louis XIV. — Pendant du tableau précédent; il était également de forme ronde en 1709-10. — Estimation : Emp. 7,000 f.; Rest. 6,000 f.

MORALES (Christoforo Perès ou Luis de), *né à Badajoz vers* 1509, *mort dans cette ville en* 1586.

Élève de Pietro Campana, disciple de Raphaël. Les Espagnols lui ont donné le surnom de *divin* parce qu'il ne peignit surtout que des sujets représentant la Sainte-Famille.

338. *Jésus-Christ portant sa croix.*

H. 0, 93. — L. 0, 70. — B. — A mi-corps, gr. nat.

Ce tableau a été acquis comme étant de Morales, de M. Mauco (*Musée européen*) en 1824, avec le S. Boticelli, n° 81, le chevalier Maxime, n° 327, le Salvator n° 453, le Signorelli, n° 469, le Vasari, n° 523, le Jordaens, n°..., le Lingelbach, n°..., une grisaille de J. Romain, représentant Vénus entre Bacchus et Cérès; et un tableau de M. Le Blanc, intérieur de l'église de Saint-Paul de Rome, moyennant la somme de 20,000 f.

MORETTO da Brescia. *Voir* Bonvicino.

MORO (il). *Voir* Torbido.

MURILLO (Bartholomé Esteban ou Estevan), *né à Pylos, à cinq lieues de Séville, où il fut baptisé le* 1er *janvier* 1618; *mort dans cette ville le* 3 *avril* 1682. (École espagnole.)

Il étudia d'abord à Séville, à l'école de Juan del Castillo, son oncle, puis à Madrid sous la direction de Velasquez, premier peintre du roi, qui lui facilita les moyens de copier les chefs-d'œuvre des collections de l'Escurial et des autres résidences royales. Titien, Rubens, Van Dyck, furent ses modèles de prédilection. Après trois ans d'absence, il revint à Séville en 1645, où il devint à son tour chef d'école. Son plus célèbre élève et imitateur fut François Menessès Osorio. Il fut encore bien copié par Antolinez, Villa Vicencio, Alphonse Michel de Tobar, ses élèves, et enfin par Laurent Quiros et Joachim Joseph Cano, disciple de dom Martinez.

339. *Le mystère de la conception de la Vierge Marie.*

H. 1, 72. — L. 2, 83. — T. — Fig. gr. nat.

Elle est vénérée par les anges et par les hommes. Deux anges tiennent une banderolle sur laquelle on lit : IN PRINCIPIO DILEXIT EAM.

Filhol, t. 11, pl. 43.

Acquis en 1817 de M. Lom pour 6,000 f. — Ce tableau est probablement un *ex voto.*

340. *La Vierge au Chapelet.*

H. 1, 66. — L. 1, 25. — T. — Fig. gr. nat.

La Vierge, assise sur un banc de pierre, tient sur ses genoux l'Enfant-Jésus, qui joue avec un chapelet.

Gravé par Henriquez. — Landon, t. 5, pl. 37.

Ancienne collection. — Estimation : Emp. 3,000 f.; Rest. 30,000 f.

341. *La Sainte-Famille.*

H. 2, 40. — L. 1, 90. — T. — Fig. gr. nat.

La Vierge, assise sur un tertre, tient sur ses genoux l'Enfant-Jésus debout, qui reçoit une croix de jonc que lui présente le jeune saint Jean, soutenu par sainte Élisabeth. Le Père-Éternel, entouré d'une gloire d'anges, contemple l'Enfant-Jésus sur la tête duquel plane le Saint-Esprit sous la figure d'une colombe.

Landon, t. 5, pl. 34.

Ancienne collection. — Estimation : Emp. 48,000 f. ; Rest. 60,000 f.

342. *Jésus sur la montagne des Oliviers.*

H. 0, 36. — L. 0, 28. — Marbre. — Fig. de 0, 28.

Un ange présente à Jésus-Christ agenouillé le calice et la croix; dans le lointain on aperçoit les apôtres endormis au pied d'un arbre, et plus loin un groupe de soldats qui viennent pour s'emparer de Jésus.

Filhol, t. 1, pl. 50. — Landon, t. 5, pl. 36.

Ancienne collection. — Estimation : Emp. 7,000 f.; Rest. 4,000 f.

343. *Le Christ à la Colonne et saint Pierre.*

H. 0, 36. — L. 0, 28. — Marbre. — Fig. de 0, 28.

Saint Pierre est à genoux devant le Christ, dont les

deux mains, liées derrière le dos, sont attachées à une colonne. Les clefs de l'Eglise et un livre sont posés à terre devant lui.

Landon, t. 5, pl. 37.

Ancienne collection. — Pendant du tableau précédent. — Estimation : Emp. 5,000 f.; Rest. 4,000 f.

344. *Saint Augustin en méditation.*

H. 1, 04. — L. 1, 81. — T. — Fig. à mi-corps, gr. nat.

Assis dans un fauteuil et devant une table sur laquelle sont posés des livres, le saint tourne ses regards vers le ciel. On aperçoit le Père-Eternel et Jésus-Christ assis sur des nuages.

Gravé à l'eau-forte par Pistrucci, dans la galerie de Lucien Bonaparte.

Ce tableau, acquis de M. Sapey en 1829 pour la somme de 4,000 f., faisait partie de la galerie de Lucien Bonaparte.

345. *Le jeune mendiant.*

H. 1, 37. — L. 1, 18. — T. — Fig. gr. nat.

Un petit mendiant, assis près d'une fenêtre et vivement éclairé par un rayon de soleil, est occupé à s'épouiller; une cruche et un panier de fruits sont à terre près de lui.

Filhol, t. 3, pl. 155. — Landon, t. 3, pl. 61.

Ce tableau faisait partie du cabinet Gaignat, à la vente duquel il fut payé, en 1768, 1,544 livres. Il est désigné ainsi sur le Catalogue : *Un jeune garçon, assis sur une natte, cherchant à détruire ce qui l'incommode.* Le roi Louis XVI l'acquit à la vente du cabinet de Sainte-Foix, en 1782, pour 3,000 livres. — Estimation : Emp. 30,000 f.; Rest. 15,000 f.

MURILLO (école de).

346. *Saint Jean-Baptiste enfant.*

H. 0, 76. — L. 0, 61. — T. — Fig. à mi-corps, gr. nat.

Il tient une croix de jonc et pose le bras droit sur un agneau.

Ancienne collection. — Ce tableau est porté sur les inventaires comme une peinture originale. — Estimation : Rest. 2,000 f.

347. *Joseph expliquant les songes.*

H. 1, 18. — L. 1, 50. — Fig. à mi-corps, gr. nat.

Joseph explique dans la prison, à l'échanson et au pannetier de Pharaon, les songes qu'ils ont eus la nuit précédente.

Donné par M. Roy en 1834.

MUTIEN (GIROLAMO MUZIANO), *né à Aquafredda, dans le territoire de Brescia, en* 1528; *mort à Rome en* 1590. (Ecole mixte vénitienne et romaine.)

Il eut pour maître Girolamo Romanino, et se perfectionna en étudiant les ouvrages du Titien. Il passa de Venise à Rome avec son ami Taddeo Zucchero, et fonda dans cette ville, sous le pontificat de Grégoire XIII, l'académie de Saint-Luc, dont il fut le chef et le bienfaiteur.

348. *L'incrédulité de saint Thomas.*

H. 0, 52. — L. 0, 63. — B. — Fig. — Fig. de 0, 48.

Saint Thomas, à genoux, touche le côté du Christ, debout au milieu de ses disciples.

Landon, t. 5, pl. 39.

Collection de Louis XIV. — Estimat. : Emp. 2,000 f.; Rest. 1,500 f.

349. *Résurrection de Lazare.*

H. 1, 23. — L. 0, 92. — B. — Fig. de 0, 80.

En présence de ses disciples, et à la prière de Marthe et de Marie, Jésus ressuscite Lazare couché sur son linceul, au bas de son tombeau.

Ce tableau, exécuté d'abord pour l'église de Sainte-Marie-Majeure à Venise, était placé autrefois dans l'église Saint-Louis-des-Français à Rome. — Estimation : Emp. 4,000 f.; Rest. 2,500 fr.

OGGIONE. *Voir* UGGIONE.

ORCAGNA *ou* **ORGAGNA** (ANDREA), *peintre, sculpteur, architecte, né à Florence en* 1320, *mort en* 1389. (Ecole florentine).

Les Orcagna forment une famille nombreuse d'artistes de mérite, pendant les XIIIe et XIVe siècles. Cione Orcagna, chef de cette famille, se rendit célèbre par de grands travaux d'orfèvrerie; outre Andrea, il eut encore deux autres enfants : Bernardo, peintre; Jacopo, sculpteur et architecte. Enfin Mariotto, son petit-fils, se distingua aussi dans la peinture. Andrea Orcagna peignit avec son frère Bernardo au Campo-Santo de Pise et à la chapelle Strozzi.

350. *La naissance de la Vierge.*

H. 0, 24. — L. 0, 46. — B. — Fig. de 0, 13.

Cette composition est divisée en trois parties distinctes : des femmes s'empressent de donner les soins nécessaires à l'enfant qui vient de naître ; à travers la porte et les fenêtres, on aperçoit sainte Anne dans son lit, assistée par deux autres femmes ; dans une pièce voisine, saint Joachim, accompagné d'un vieillard, écoute un jeune garçon qui lui adresse la parole.

Ancienne collection. — Estimation : Rest. 300 f.

351. *Les obsèques de saint Bernard.*

H. 0, 31. — L. 0, 40. — B. — Fig. de 0, 20.

Il rendit son âme à Dieu le 20 août 1153, en présence d'un grand nombre d'évêques, d'abbés et de religieux qui étaient accourus de toutes parts pour recevoir sa dernière bénédiction. Il fut enseveli dans la tunique de saint Malachie, qu'il portait toujours lorsqu'il célébrait les saints mystères. Avant qu'on le mît en terre, un de ses religieux, qui depuis plusieurs années tombait du haut-mal, s'étant approché de son corps, fut guéri à l'instant. (*Vies des Saints*, par le P. GIRY.)

Musée Napoléon. — On ne peut raisonnablement attribuer ce tableau plutôt à Andrea qu'à un autre Orcagna. On trouve dans l'*Etruria pittrice*, t. 1, pl. 13, une composition tout-à-fait analogue donnée à Spinello Aretino, peinte à fresque dans la sacristie de *San Miniato al Monte*, près Florence, et représentant la mort de saint Benoît. — Estimation : 120 f.

ORIZZONTE. *Voir à l'Ecole flamande* BLOEMEN.

PADOUAN (ALESSANDRO VAROTARI, *dit* IL PADOVANINO, *ou* LE), *né à Padoue en* 1590, *mort en* 1650, *à l'âge de* 60 *ans*.

Son père, Dario Varotari, peintre et architecte, étant mort en 1596, lorsqu'il n'avait encore que six ans, ne put lui enseigner les éléments de la peinture. Les fresques de Titien à Padoue furent ses premiers modèles. Après avoir copié un grand nombre de peintures de cet artiste célèbre ainsi que plusieurs tableaux de Paul Véronèse, il se fit un style original que l'on ne peut confondre avec aucun autre. Il eut une sœur, Clara Varotari, qui peignit habilement le portrait.

Il fut imité par plusieurs autres peintres et laissa un grand nombre d'élèves, parmi lesquels on distingue Dario, son fils, peintre, poëte, graveur, médecin; Bartolomeo Scaligero, Giambatista Rossi, Giulo Carpioni, etc.

352. *Vénus et l'Amour.*

H. 1, 20. — L. 1, 69. — T. — Fig. gr. nat.

Vénus couchée sur un lit de repos joue avec l'Amour.

Gravé à l'eau-forte par Folo, dans le cabinet de Lucien Bonaparte.

Acquis de M. Sapey le 14 janvier 1829, moyennant 2,000 f. Ce tableau faisait partie, en 1812, de la galerie de Lucien Bonaparte.

PALME LE VIEUX (Jacopo Palma), *né vers 1500 à Serinalta, village du Bergamasque, et mort vers 1548.* (Ecole vénitienne.)

Tous les biographes sont tombés dans l'erreur en plaçant la naissance de Palma entre les années 1526 à 1540. Il résulte de documents authentiques qu'il reçut en quatre paiements, le 24 mai, le 3 septembre, le 22 novembre 1520 et le 27 juillet 1521, 25 ducats d'or pour son tableau du mariage de la Vierge de l'église de Saint-Antoine de Castello. Il devait avoir au moins 20 ans quand il fit cet ouvrage important, si vanté de ses contemporains; on doit donc fixer sa naissance vers 1500. Ridolfi dit qu'il mourut à 48 ans, ce qui s'accorde parfaitement avec ce que nous apprend Paolo Pino, qui, dans son *Traité de peinture* imprimé en 1548, parle de la mort récente de Palma. Cet habile artiste, ami et imitateur du Lotto, étudia à Venise le Titien et surtout le Giorgion, et, quoique mort dans la vigueur de l'âge, produisit une quantité considérable d'ouvrages remarquables. L'artiste dont nous parlons fut surnommé le *vieux* pour le distinguer de son neveu qui, ainsi que lui, se nommait Jacopo Palma.

353. *La Sainte-Famille, la Madeleine, saint François et saint Antoine.*

H. 1, 55. — L. 2, 05. — B. — Fig. pet. nat.

La Vierge, assise au pied d'une colonne qui s'élève au milieu d'un paysage, tient, debout, sur ses genoux l'Enfant-Jésus que montre le jeune saint Jean, soutenu par sainte Élisabeth. A droite, saint Joseph, assis, s'appuie sur un bâton; du côté opposé, la Madeleine présente un vase de parfums à l'Enfant-Jésus. Devant elle, saint Antoine, ermite, assis, lit un livre qu'il tient sur son genou, et derrière lui, saint François, debout, portant une petite croix, baisse les yeux vers la terre.

Gravé par Etienne Picart, Rome 1682 (Calc. nat.). — Landon, t. 5, pl. 42.

Ce tableau, qui appartenait au cardinal Mazarin, est estimé sur son inventaire 2,000 livres et fut acheté aux héritiers par Louis XIV. — M. Waagen le donne à Bonifazio.— Estimation : Emp. 130,000 f.; Rest. 30,000 f.

354. *L'Annonce aux bergers;* ex voto.

H. 1, 40. — L. 2, 10. — T. — Fig. pet. nat.

La Vierge, assise, soutient l'Enfant-Jésus posé sur une crèche d'écorce ; saint Joseph, appuyé sur un bâton, est auprès d'elle. Un jeune berger, à genoux, les mains croisées sur la poitrine, est en adoration devant le Christ. A gauche, derrière la Vierge agenouillée, la donatrice. Dans le fond, deux bergers contemplant trois anges dans les airs.

Landon, t. 5, pl. 41.

Collection de Louis XIV. —On lit sur l'inventaire de l'Empire : « Il est plus probable que ce tableau est de Pâris Bordone. » — Estimation : Emp. 60,000 f.; Rest. 30,000 f.

355. *La Vierge, l'Enfant-Jésus, sainte Catherine, sainte Agnès et le petit saint Jean.*

H. 1, 01. — L. 1, 51. — T.— Fig. pet. nat.

La Vierge, assise au pied d'un arbre, soutient l'Enfant-Jésus debout sur ses genoux. Sainte Agnès, tenant une palme, a près d'elle le jeune saint Jean ; de l'autre côté, sainte Catherine d'Alexandrie s'appuie sur une roue, instrument de son martyre.

Musée Napoléon. — M. Waagen attribue ce tableau à Bonifazio. — Estimation : Emp. 5,000 f.; Rest. id.

356. *Portrait présumé de Pierre du Terrail, dit le chevalier Bayard, ou le* Chevalier sans peur et sans reproche, *tué en 1524, à la retraite de Rebec, à l'âge de cinquante ans.*

H. 1, 51. — L. 1, 13. — T. — Fig. à mi-corps, gr. nat.

Il est représenté remettant son épée dans le fourreau.

Gravé par Vosterman le jeune. — Filhol, t. 7, pl. 503.

Ancienne collection. — Estimation : Emp. 40,000 f.; Rest. 5,000 f.

PANNINI (GIAMPOLO), *né à Plaisance en 1691, mort à Rome en 1764.* (Ecole romaine.)

Il étudia d'abord dans sa ville natale l'architecture et la perspective. Arrivé à Rome, il prit des leçons d'Andrea Lucatelli, de Benedetto Luti, et chercha pendant quelque temps à copier la manière de Salvator Rosa, qu'il abandonna bientôt pour une autre moins vigoureuse. Il excellait à peindre les décorations de théâtre. Il fut de l'Académie romaine, et reçu membre de l'Académie de peinture en 1732. Il ne forma pas d'élèves.

357. *Festin donné sous un portique d'ordre ionique.*

H. 2, 12. — L. 2, 12. — T. — Forme ronde. — Fig. de 0, 70.

Pannini s'y est représenté la tête couverte d'un bonnet de couleur bleuâtre, et portant la main sur sa poitrine.

Ancienne collection. — Estimation : Emp. 3,000 f.; Rest. 2,000 f.

358. *Festin donné sous un portique d'ordre ionique.*

H. 0, 35. — L. 0, 38. — T. — Fig. de 0, 10.

Répétition en petit du tableau précédent, mais de forme carrée.

Ancienne collection. — Estimation : Emp. 1,000 f.; Rest. id.

359. *Concert donné dans l'intérieur d'une galerie circulaire d'ordre dorique.*

H. 0, 38. — L. 0, 39. — T. — Fig. de 0, 10.

Ancienne collection. — Estimation : Emp. 800 f.; Rest. 1,000 f.

360. *Ruines d'architecture d'ordre dorique.*

H. 1, 71. — L. 2, 45. — T. — Fig. de 0, 18.

Un homme, monté sur une partie d'entablement renversée, parle en présence de personnes bizarrement vêtues; dans le fond on voit un temple rond d'ordre ionique.

Il est signé I. P. P., ROMÆ, 1743.

Ancienne collection. — Estimat. : Emp. 10,000 f.; Rest. 2,500 f.

361. *Ruines d'architecture.*

H. 0, 72. — L. 0, 97. — T. — Fig. de 0, 21.

L'artiste a réuni dans ce tableau différentes ruines et plusieurs fragments de sculpture antique. On remarque surtout l'arc de Janus et la statue équestre de Marc-Aurèle.

Landon, t. 5, pl. 47.

Ancienne collection. — Estimation : Emp. 650 f.; Rest. 1,200 f.

362. *Les vendeurs chassés du temple.*

H. 0, 40. — L. 0, 50. — T. — Fig. de 0, 13.

Le Christ, debout sur le seuil du temple, frappe avec des lanières des marchands assis sur les marches de l'édifice. A droite, des colombes s'échappant d'une cage qu'un homme a laissé tomber par terre. A gauche, des hommes fuyant avec des moutons et une chèvre.

Ancienne collection. — Estimation : Emp. 150 f. ; Rest. 300 f.

363. *Un prédicateur dans les ruines de Rome.*

H. 0, 72. — L. 0, 97. — T. — Fig. de 0, 21.

Un homme, assis contre les colonnes d'un portique en ruines, parle à des soldats et à des pâtres rassemblés autour de lui, et qui écoutent sa parole dans diverses attitudes. Parmi les ruines qui couvrent le sol, on remarque à droite une statue de l'Abondance, et on aperçoit dans l'éloignement le Panthéon d'Agrippa.

Filhol, t. 4, pl. 249. — Landon, t. 5, pl. 49.

Ce tableau est signé : I. P. P. ROMÆ, 1743.

Ancienne collection. — Pendant du tableau précédent. — Estimation : Emp. 650 f. ; Rest. 1,200 f.

364. *Intérieur de l'église Saint-Pierre, à Rome.*

H. 1, 50. — L. 2, 25. — T. — Fig. de 0, 12.

Le cardinal de Polignac, ministre de France en 1723, visite l'intérieur de la basilique. Ce tableau est signé I. B. PANINI ROMÆ M DCC XXV.

Acquis en 1833 à la vente de Mme Sirot pour la somme de 3,001 f.

365. *Concert donné le 26 novembre 1729 dans la cour du palais de l'ambassade de Rome pour la naissance du Dauphin, fils de Louis XV, né le 4 septembre 1729.*

H. 2, 04. — L. 2, 47. — T. — Fig. de 0, 18.

Le cardinal de Polignac avait fait transformer la cour

du palais de l'ambassade en un théâtre magnifique éclairé par une quantité de lustres. La principale façade de cette cour était occupée par la scène portée sur des nuées, où cent trente joueurs d'instruments étaient rangés et vêtus en génies, avec des couronnes de laurier sur la tête, des ceintures et bracelets noirs garnis de pierreries. Les six musiciens représentant Jupiter, Apollon, Mars, Astrée, la Paix et la Fortune, étaient chacun habillés comme la fable représente ces divinités, et avec leurs attributs. Ils étaient tous assis sur des nuages. Les cinq arcades formaient cinq perspectives qui représentaient autant de galeries au bout desquelles on voyait les statues en or de Hugues-Capet, Philippe-Auguste, saint Louis, Henri IV et Louis XIV, etc. Les paroles de la cantate étaient de Métastase et la musique de Léonard Vinì. (*Mercure de France*, décembre 1729, page 3125.)

366. *Préparatifs du feu d'artifice et de la décoration de la fête donnée sur la place Navonne à Rome, le 30 novembre 1729, à l'occasion de la naissance du Dauphin.*

H. 1, 10. — L. 2, 50. — T. — Fig. de 0, 11.

On distingue au milieu de la foule qui remplit la place le cardinal de Polignac accompagné d'une suite nombreuse et inspectant les préparatifs de la fête. Ce tableau est signé : I. B. PANINI FECIT ROMÆ 1729.

Gravé par Cochin.

Collection de Louis XV. — Panini fut chargé par le cardinal Melchior de Polignac, ministre de France auprès du pape Benoît XIII, de l'ordonnance des fêtes données à l'occasion de la naissance du fils de Louis XV. — Estimation : Emp. 800 f.; Rest. 2,000 f.

PARMESAN (FRANCESCO MAZZUOLA, *dit* IL PARMEGIANO, *ou* LE), *peintre, graveur à l'eau-forte et en camaïeux, né à Parme vers* 1503, *mort en* 1540. (Ecole de Parme.)

Il commença ses études dans l'école de ses oncles Michele et Pier Ilario Mazzuola ou Mazzola; se perfectionna en copiant les peintures du Corrége, et vint à Rome à l'âge de vingt ans pour étudier les ouvrages de Michel-Ange et de Raphaël. Clément VII le chargea de travaux considérables. Ayant quitté Rome en 1527, après le sac de cette ville, il se réfugia à Bologne, où Antoine de Trente lui vola ses dessins et ses gravures en camaïeux, genre dont Parmesan est l'inventeur et qu'Antoine imita. Le Parmesan mourut à trente-six ans, dans un état misérable, après avoir perdu son temps et son argent à des recherches alchimiques. Il eut pour élève Girolamo Mazzola, son cousin, et Baptiste de Parme, sculpteur.

367. *Sainte-Famille.*

H. 0, 42. — L. 0, 34. — B. — Fig. de 0, 35.

La Vierge assise tient sur ses genoux l'Enfant-Jésus, qui embrasse le petit saint Jean monté sur le berceau du Sauveur. Derrière la Vierge, saint Joseph et sainte Élisabeth.

Gravé par Bloemaert et par un anonyme. — *Filhol*, *t.* 2, *pl.* 50. — *Landon*, *t.* 5, *pl.* 50.

Collection de Louis XIV.—Estimation : Emp. 16,000 f.; Rest. 12,000 f.

368. *La Vierge, l'Enfant-Jésus et sainte Marguerite.*

H. 0, 46. — L. 0, 35. — B. — Fig. de 0, 40.

La Vierge, assise, présente l'Enfant-Jésus à sainte Marguerite à genoux, désignée par le dragon dont on aperçoit la tête. A gauche, derrière la Vierge, saint Benoît, abbé, en adoration; de l'autre côté, un ange et saint Jérôme tenant un crucifix.

Gravé par F. Bonasone. On lit au bas de cette estampe : *Julius Bonasonis imitando pinxit et clavit.* On connaît encore une autre gravure de cette composition avec changements, et qui pourrait bien être du Parmesan lui-même. — *Landon*, *t.* 5, *pl.* 51.

Ce tableau, qui faisait partie de la collection de Louis XIV, est une répétition en petit du tableau exécuté par le Parmesan dans l'église des religieuses de Sainte-Marguerite, à Bologne.—Estimation : Emp. 12,000 f.; Rest. id.

369. *Le Christ mis au tombeau.*

H. 0, 93. — L. 0, 74. — T.

Le Christ, couché sur son linceul et sur le bord du tombeau, est soutenu par une sainte femme. Dans le fond, la Vierge évanouie, et, sur le premier plan, saint Jean vu seulement à mi-corps.

Acquis en 1846 de Mme Rigo pour la somme de 10,000 f.

PASSIGNANO (DOMENICO CRESTI DA), *né à Passignano près de Florence en 1560, mort à Rome en 1638.* (École florentine.)

Il étudia sous Baptista Naldi et Federigo Zucchero.

370. *L'invention de la croix.*

H. 2, 32. — L. 1, 62. — T. — Fig. gr. nat.

« En 326, sainte Hélène, mère de l'empereur Constantin, étant arrivée à Jérusalem, commença par faire abattre le temple et l'idole de Vénus qui profanaient le lieu de la croix et de la résurrection. On ôta les terres, on creusa si avant, qu'on découvrit le saint sépulcre, et tout proche on trouva trois croix enterrées. On ne savait laquelle était la croix du Sauveur. L'évêque saint Macaire imagina ce moyen de s'en éclaircir : il fit porter les croix chez une femme de qualité, malade depuis longtemps et réduite à la dernière extrémité ; on lui appliqua chacune des croix en faisant des prières ; sitôt qu'elle eut touché la dernière, elle fut entièrement guérie. » (FLEURY, *Hist. ecclésiast.*)

Ce tableau faisait partie, sous l'Empire, de la collection de la reine de Naples, à l'Elysée. — Estimation : Rest. 2,000 f.

PAUL VÉRONÈSE (PAOLO CALIARI), *né à Vérone en 1528, mort le 19 avril en 1588, à 60 ans.* (École vénitienne.)

Son père, Gabriel Caliari, sculpteur, le destina d'abord à sa profession et lui apprit à modeler. Le penchant de Paul pour la peinture le fit entrer bientôt à l'école d'Antonio Badile, son oncle, peintre en réputation. Les dessins du Parmesan et les gravures d'Albert Durer furent les modèles qu'il copia assiduement pendant plusieurs années. Il fit des progrès rapides, et après avoir terminé différents travaux à Vérone, à Mantoue, il vint s'établir à Venise. Ses premières peintures, exécutées en 1555 dans la sacristie et dans l'église de Saint-Sébastien, le placèrent tout de suite au rang des plus fameux artistes de l'époque. et dès lors c'est à peine si, malgré son extrême assiduité au travail et sa prodigieuse facilité d'exécution, il put suffire à tous les travaux publics et particuliers dont il fut chargé. Paul Véronèse eut un frère nommé Benedetto, né en 1538, mort en 1598, qui l'aida dans ses travaux, et acheva avec ses neveux ceux qu'il laissa non terminés. Benedetto, savant en architecture, imita le style de Paolo avec un grand bonheur dans les ouvrages qu'il exécuta seul. Des deux fils de Paolo, Carlo ou Carletto, né en 1572, mort en 1596, à vingt-quatre ans, élève de son père et de Jacques Bassan, est le plus connu, et produisit un grand nombre d'ouvrages remarquables. Son frère Gabriel abandonna la peinture après la mort de son oncle et de Carletto, et mourut de la peste à Venise en 1631. Parasio Michele, Luizi Friso, neveu de Paul, Maffeo Verona, son gendre, Aliprando, Anselmo Cameri, Francesco Montemezzano et surtout Battista Zelotti, furent, avec les membres de sa famille, à peu près les seuls élèves et imitateurs de Caliari.

371. *Les anges font sortir Loth et ses filles de Sodome.*

H. 0, 93. — L. 1, 20. — T. — Fig. de 0,65.

Un ange conduit les filles de Loth hors de Sodome. L'une d'elles porte deux paniers, l'autre s'appuie sur le bras de l'ange pour rattacher son cothurne. Plus loin, un autre ange guidant les pas de Loth ; et dans le fond, sa femme, qui s'est détournée pour regarder l'incendie, changée en statue de sel.

Gravé par Benoît Audran. — *Filhol, t.* 9, *pl.* 650. — *Landon, t.* 8, *pl.* 74.

Ancienne collection. — Ce tableau a fait partie du cabinet du duc de Liancourt. — Estimation : Emp. 8,000 f.; Rest. id.

372. *Rébecca et Éliézer.*

H. 2, 47. — L. 3, 45. — T. — Fig. gr. nat.

Eliézer au pied d'une ruine entourée d'arbres, présente à Rébecca des bijoux que deux nègres apportent dans une cassette et viennent de déposer sur le bord d'un puits. A gauche, plusieurs dromadaires.

Gravé par Jean Moyreau. — *Landon, t.* 8, *pl.* 34.

Ce tableau, qui appartenait autrefois à la maison Bonelli, à Venise, fut acquis par Jabach qui le céda à Louis XIV, et figura longtemps sur la cheminée du grand salon d'Hercule. La dimension a été considérablement modifiée à plusieurs reprises. En 1709-10, il avait 3, 07 (9 pieds et demi) de hauteur sur 3, 47 (10 pieds 9 pouces) de largeur. Bailly ajoute dans son inventaire qu'il a été rehaussé de 2 pieds (0, 65) et élargi de 11 pouces (0, 29). Il aurait donc eu à cette époque 3, 72 de haut et 3, 76 de large, tandis qu'il n'a plus maintenant que 2, 49 de haut sur 3, 45 de large. — Rentoilé en 1834. — Estimation : Emp. 30,000 f.; Rest. id.

373. *Suzanne au bain.*

H. 1, 98. — L. 1, 98. — T. — Fig. gr. nat.

Suzanne, assise près d'un bassin, s'enveloppe de ses vêtements à l'approche des vieillards.

Gravé par E. Smith.

Collection de Louis XIV. — On lit dans l'inventaire Bailly (1709-10) : ce tableau a « 9 pieds 6 pouces de hauteur (3, 07) sur 10 pieds 9 pouces de large (3, 51). Il a été rehaussé de 2 pieds et élargi de 12 pouces. » Il existe en Angleterre une copie ou répétition de cette composition. — Estimation : Emp. 6,000 f.; Rest. 10,000 f.

374. *L'évanouissement d'Esther.*

H. 2, 00. — L. 3, 10. — T. — Fig. gr. nat.

Assuérus, assis sur un trône élevé, vêtu avec une magnificence royale, entouré des grands de sa cour et ayant auprès de lui son nain favori, regarde la reine avec colère. Esther, apercevant la fureur qui éclate dans ses yeux étincelants, se trouble, pâlit et tombe évanouie dans les bras de deux de ses suivantes.

Landon, t. 7, pl. 36.

Collection de Louis XIV. — « Il a été remployé de 9 pouces sur la hauteur et élargi de 11. » (Inventaire Bailly). — Estimation : Emp. 30,000 f.; Rest. 20,000 f.

375. *La Vierge, l'Enfant-Jésus, sainte Catherine, saint Benoît et saint Georges.*

H. 0, 90. — L. 0, 90. — T. — Fig. de 0, 70.

La Vierge, assise sur un trône, tient sur ses genoux l'Enfant-Jésus debout. A droite, sainte Catherine d'Alexandrie, une palme à la main, présente au Sauveur saint Benoît à genoux. De l'autre côté, saint Georges debout, couvert d'une armure et armé de sa lance.

Gravé par Brebiette. — Landon, t. 8, pl. 53.

Collection de Louis XIV. — Estimation : Emp. 3,000 f.; Rest. id.

376. *La Vierge, l'Enfant-Jésus, saint Joseph, sainte Elisabeth, la Madeleine et une religieuse bénédictine.*

H. 0, 51. — L. 0, 43. — T. collée sur bois. — Fig. de 0, 27.

La Vierge assise tient dans ses bras l'Enfant-Jésus, dont la Madeleine soulève la main pour la donner à baiser à une religieuse bénédictine agenouillée devant lui et présentée par saint Joseph. Derrière la Vierge, sainte Elisabeth tressant une couronne de fleurs. Dans le fond, un lit à riche baldaquin, une fenêtre ouverte et un vase posé sur la balustrade.

Collection de Louis XIV. — Estimation : Emp. 7,000 f.; Rest. 6,000 f.

377. *Jésus guérit la belle-mère de Pierre.*

H. 0, 42. — L. 0, 36. — Papier collé sur toile. — Fig. de 0, 20.

Au milieu d'une espèce de vestibule, Jésus-Christ debout touche la main de la malade couchée sur un lit à pieds sculptés, surmonté d'un riche baldaquin. La belle-mère de Pierre est soutenue par une jeune fille placée derrière elle, et les disciples de Jésus, Pierre et Jean, se tiennent debout de l'autre côté du lit; un vieillard témoigne son étonnement de cette guérison subite. A droite, une femme regardant par la fenêtre; dans le fond, un portique à arcades et plusieurs figures.

Landon, t. 8, pl. 37.

Ancienne collection. — Esquisse. — Estimation : Emp. 1,000 f.; Rest. id.

378. *Les noces de Cana.*

H. 6, 66. — L. 9, 90. — T. — Fig. plus gr. que nat.

Le Christ et la Vierge, la tête entourée d'une auréole, sont assis au centre d'une immense table en fer à cheval, autour de laquelle se presse un grand nombre de convives. Les nouveaux époux occupent l'extrémité de la table, à gauche; entre les deux parties en retour, des musiciens forment un concert. Derrière la table, un balcon élevé, garni d'une balustrade, est occupé par des serviteurs qui découpent des viandes ou apportent des mets et des vases; plus loin et de chaque côté, on aperçoit des portiques d'ordre corinthien, garnis de spectateurs, et au fond un campanile.

Gravé par Mitelli et par Jackson. — Filhol, t. 10, pl. 601. — Landon, t. 8, pl. 42, 43, 44 et 45.

Paul Véronèse a introduit dans cette immense composition les portraits d'un grand nombre de personnages contemporains, mais la tradition n'a conservé que les noms de ceux qui se trouvent assis dans la partie à gauche du spectateur. Ainsi l'époux assis à l'angle de la table et à qui un nègre, debout de l'autre côté, présente une coupe, est Don Alphonse d'Avalos, marquis du Guast, et la jeune épouse placée à côté de lui, derrière laquelle est un fou, a les traits d'Eléonore d'Autriche, reine de France. François Ier, coiffé d'une façon bizarre, est assis auprès d'elle; de l'autre côté est Marie, reine d'Angleterre, vêtue d'une robe jaune. Soliman II, empereur des Turcs, est près d'un prince nègre qui parle à un des serviteurs; plus loin, Victoire Colonna, marquise de Pescaire, tient un cure-dents. A l'angle de la table l'empereur Charles V, vu de profil, porte la décoration de l'ordre de la Toison-d'Or. Paul Véronèse s'est représenté lui-même avec les plus habiles peintres de Venise, ses contemporains, au milieu du groupe de musiciens qui occupe le devant du tableau. Il est en habit blanc, et joue de la viole; derrière lui, le Tintoret l'accompagne avec un instrument semblable; de l'autre côté, le Titien joue de la basse. Enfin, celui qui est debout, vêtu d'une étoffe brochée, et qui tient une coupe remplie de vin, est Benedetto Caliari, frère de Paul. — Ce tableau, dans lequel Lanzi compte cent trente figures, fut peint vers 1570 pour le réfectoire du couvent des Bénédictins de Saint-Georges-le-Majeur, à Venise, et payé à l'artiste 90 ducats (673 livres de France). Apporté en France après la campagne d'Italie, il fut échangé en 1815 contre un tableau de Lebrun, représentant *le Repas chez le Pharisien*, toile haute de 5m90 et large de 3m21, estimée 30,000 f. et gravée par de Poilly. — Estimation : Emp. 1,000,000 f.; Rest. 750,000 f.

379. *Le repas chez Simon le Pharisien.*

H. 4, 54. — L. 9, 74. — T. — Fig. gr. nat.

Jésus-Christ, assis à l'angle d'une table, montre à Simon, placé en face de lui, la Madeleine agenouillée qui vient de répandre sur ses pieds le vase de parfums et les essuie avec ses cheveux; Judas, placé devant une autre table, se lève et adresse la parole au Christ. Les deux tables dressées sous un portique circulaire orné de colonnes, sont occupées par les disciples de Jésus et d'autres convives. Derrière les tables et de chaque côté se trouvent des dressoirs garnis de vaisselle d'or et d'argent. On aperçoit au fond des édifices d'une riche architecture, dont les balcons sont couverts de spectateurs. Deux anges, dans les airs, portent une banderolle sur laquelle on lit : GAUDIVM IN COELO SVPER VNO PECCATORE POENITENTIAM AGENTE.

Gravé par Valentin Lefebvre.

Ce tableau, peint de 1570 à 1575 environ, pour le réfectoire des pères Servites à Venise, fut donné à Louis XIV par la république de Venise, en 1665. — Estimation : Emp. 150,000 f.; Rest. 100,000 f.

Outre ces deux grandes Cènes, Paul Véronèse en peignit encore deux autres : l'une pour le réfectoire des religieux de Saint-Sébastien, à Venise, représentant le Repas de Simon le Lépreux, et exécutée en 1570 (*gravée par Mitelli; Landon, t. 8, pl. 38 et 39*); l'autre, le Repas que Levi ou Mathieu donna à Jésus-Christ lors de sa vocation; cette dernière se trouvait dans le réfectoire des religieux de Saint-Jean et Paul et fut peinte en 1573 pour remplacer le cénacle du Titien qui périt dans un incendie (*gravée par Saendran; Landon, t. 8, pl. 40 et 41*). Ces quatre grandes Cènes, exécutées chacune pour un prix qui couvrait à peine la dépense matérielle, mais qui valurent à Paul une immense réputation, étaient réunies à Paris en l'an VII-VIII.

380. *Jésus-Christ sur le chemin du Calvaire.*

H. 0, 58. — L. 0, 71. — B. — Fig. de 0, 50.

Le Christ succombe sous le poids de la croix que deux

bourreaux soutiennent. Plus loin, la Vierge évanouie dans les bras de Marie-Madeleine. Dans le fond, la ville de Jérusalem.

Filhol, t. 10, pl. 608. — Landon, t. 8, pl. 46.

Collection de Louis XIV. — Estimation : 10,000 f.

381. *Le Christ entre les larrons.*

H. 1, 02. — L. 1, 02. — T. — Fig. de 0, 45.

Jésus crucifié entre deux larrons, la tête penchée, paraît rendre le dernier soupir. Saint Jean soutient la Vierge évanouie. La Madeleine embrasse le pied de la croix, et regarde avec douleur l'agonie du Sauveur. Sur le premier plan, deux saintes femmes; l'une tient la main de la Vierge, et l'autre cache sa figure. A gauche, des bourreaux; dans le fond, Jérusalem.

Collection de Louis XIV. — Estimation : Emp. 9,000 f.; Rest. 12,000 f.

382. *Les pèlerins d'Emmaüs.*

H. 2, 90. — L. 4, 48. — T. — Fig. gr. nat.

Dans un vestibule orné de colonnes cannelées, le Christ assis au milieu d'une table, entre les deux disciples, lève les yeux au ciel et bénit le pain; derrière le Christ, trois domestiques apportent des plats. Sur un des côtés, Paul Véronèse s'est représenté, dit-on, avec une partie de sa famille. Sa femme, debout, tient un petit enfant dans ses bras. Deux de ses fils sont près d'elle; l'un paraît vouloir se cacher derrière son manteau, tandis que l'autre, agenouillé, cherche à retenir dans ses mains un petit chien épagneul. Deux petites filles vêtues de damas jouent devant la table avec un gros chien. Dans le fond, une ville et la campagne; les pèlerins et le Christ dans l'éloignement.

On lit sur ce tableau : PAOLO VERONESE.

Gravé par Thomassin. — Landon, t. 8, pl. 48.

Collection de Louis XIV. — Estimat. : Emp. 120,000 f.; Rest. 60,000 f.

383. *Portrait de femme.*

H. 1, 15. — L. 0, 93. — T. — Fig. jusqu'aux genoux, gr. nat.

Elle est vêtue d'une robe noire et tient par la main un petit garçon qui joue avec un chien.

Musée Napoléon. — Ce portrait est cité dans la *Vie de Paul Véronèse*, par le commandeur Del Pozzo. — Estimation : Emp. 2,000 f.; Rest. 6,000 f.

384. *Portrait d'une femme vêtue de noir.*

H. 1, 10. — L. 0, 90. — Fig. à mi-corps, gr. nat.

Elle est vue presque de profil tourné à droite. Elle tient d'une main des gants et de l'autre le cordon de sa ceinture.

Estimation : Emp. 1,000 f.

PELLEGRINI (Antonio), *originaire de Padoue, né à Venise en* 1675, *mort en* 1741. (Ecole vénitienne.)

Élève de Sébastien Ricci. Il ne faut pas confondre Antonio avec deux autres Pellegrini, nés à Pérouse, élèves des Baroche. Felice Pellegrini, l'aîné, était né en 1567, et l'on ignore la date de sa mort. Vincenzio, le plus jeune, dit il Pittor Bello, naquit en 1575, mourut en 1612. Il y eut encore Andrea Pellegrini, peintre milanais, qui vivait en 1555; Louis Pellegrini de la même famille, qui travaillait vers 1626, et un Pellegrini, son cousin, mort en 1634.

385. *Allégorie.*

H. 0, 99. — L. 0, 85. — T. — Fig. à mi-corps, gr. nat.

La Modestie offre le tableau de Pellegrini à l'Académie, personnifiée sous la figure de la Peinture, et le génie de la France écrit le jugement favorable qu'elle en porte.

Landon, t. 5, pl. 53.

Collection de l'Académie de peinture. — Ce tableau fut exécuté par Pellegrini pour sa réception à l'Académie royale de peinture en 1733. — Estimation : Emp. 500 f.; Rest. id.

PERINO DEL VAGA (Pierino *ou* Perino de' Ceri, Bonacorsi, *dit*), *né à Florence en* 1500, *mort en* 1547. (Ecole romaine.)

Sa mère étant morte de la peste, lorsqu'il n'avait encore que deux mois, il fut élevé par une chèvre. Son père, soldat, sans aucune fortune, ne put lui faire donner aucune éducation. Il se mit au service d'un épicier, marchand de couleurs, et plusieurs peintres lui donnèrent des leçons. Ridolfo del Ghirlandajo le prit à son école qu'il quitta ensuite avec Vaga son condisciple et son ami dont il avait pris le nom, pour aller se perfectionner à Rome, en étudiant les œuvres de Michel-Ange et de Raphaël. Ce dernier le jugea digne de l'associer à ses travaux. Après la mort de ce grand artiste, il alla successivement à Gênes et à Pise où il exécuta une quantité innombrable de peintures à fresque et à l'huile. Enfin, de retour à Rome, Paul III et le cardinal Farnèse le chargèrent d'une si grande quantité de travaux qu'il fut obligé d'appeler tous ses disciples à son aide.

386. *Le défi des Piérides.*

H. 0, 21. — L. 0, 63. — Fig. de 0, 12.

Apollon, Minerve, Bacchus, Mercure, les nymphes et trois fleuves, placés sur le sommet du Parnasse, présidant au combat des Muses et des Piérides. Au premier plan, à gauche, sur les bords de l'Hyppocrène, qui coule du Parnasse, le groupe des neuf Muses avec leurs attributs caractéristiques ; à droite, les neuf Piérides. Une Muse improvise en s'accompagnant de la lyre ; l'une des Piérides chante aussi en jouant du tympanon.

Gravé par Ænea Vico, par Augustin Vénitien, par Chauveau, et par M. Desnoyer. — Filhol, t. 9, pl. 692. — Landon, t. 8, pl. 58 et 59.

« Quoique ce tableau passe pour être de Perrin del Vague, et que la façon dont il est peint ne permette pas même d'en douter, il est cependant vrai qu'il y a une estampe, gravée par Æneas Vicus, qui certainement a été exécutée sur un dessin de Rosso, et dont la composition ne diffère en rien de celle du tableau. » (LÉPICIÉ, *Catalogue des tableaux du cabinet du roi.*) — Ce tableau, transporté en Espagne, appartint à Charles Ier. Estimé 100 livres sterling, il fut vendu 117 liv. (2,925 f.) à Jabach. Il fut ensuite possédé par Mazarin et acheté par Louis XIV aux héritiers du cardinal. Il était originairement peint sur bois et a été transporté sur toile. — Estimation : Emp. 25,000 f. ; Rest. id.

PÉRUGIN (PIETRO VANNUCCI, *dit* LE), *né à Castello della Piave di Perugia en* 1446, *mort en* 1524. (Ecole romaine.)

Il fut mis à onze ans à l'école de Bonfigli, d'où il sortit pour entrer dans celle de Piero della Francesca qui lui enseigna une meilleure manière, et les règles de la géométrie et de la perspective. Niccolo Alunno lui donna aussi des conseils, ainsi qu'Andrea Verocchio qui devint son ami ; mais l'étude approfondie des œuvres de Masaccio contribua encore plus à l'agrandissement de son style. Quoique ce peintre n'ait peint presque jamais que des sujets de piété, Vasari l'accuse d'athéisme, de mauvaise foi et d'avarice sordide. Peut-être ne faut-il pas avoir une confiance aveugle dans cette accusation du biographe Arétin qui, admirateur passionné de Michel-Ange, ne pouvait pardonner à Vannucci de s'être posé, à Florence, comme le rival du

Buonarroti. Le Pérugin eut une école nombreuse ; presque tous ses élèves se firent un nom que celui de Raphaël, leur condisciple, a rendu moins glorieux.

387. *La Nativité de Jésus-Christ.*

H. 1, 80. — L. 1, 36. — B. — Fig. dem. nat.

La Vierge, saint Joseph et trois anges, sont à genoux autour de l'Enfant-Jésus qui est couché à terre sur un linge blanc, les jambes croisées et portant à sa bouche l'index de la main droite. Derrière saint Joseph, deux bergers ; l'un tient un agneau ; l'autre, plus loin, garde son troupeau sur un monticule et écoute la parole d'un ange. On aperçoit dans le fond le cortège des rois mages et la ville de Bethléem. Trois anges placés dans le ciel tiennent une banderolle.

Ce tableau, offert en 1811 par la ville de Pérouse au baron de Gérando, chargé de la direction des affaires civiles dans les Etats-Romains, a été acquis en 1843 des héritiers de M. de Gérando pour la somme de 25,000 f.

388. *La Vierge et l'Enfant-Jésus.*

H. 0, 80. — L. 0, 38. — B. — Fig. jusqu'aux genoux, dem. nat.

La Vierge assise tient sur ses genoux l'Enfant-Jésus dans l'attitude de bénir.

Collection de Louis XIV. — Ce tableau, porté sur l'inventaire de Bailly, est attribué par lui à Raphaël « dans sa première manière. » — Estimation : Rest. 500 f.

389. *La Vierge, l'Enfant-Jésus, saint Joseph et sainte Catherine.*

H. 0, 80. — L. 0, 66. — B.— Fig. jusqu'aux genoux, pet. nat.

La Vierge, assise, tient sur ses genoux l'Enfant-Jésus dans l'attitude de bénir. Derrière la Vierge, saint Joseph debout, les mains jointes ; de l'autre côté, sainte Catherine tenant une palme.

Landon, t. 5, pl. 58.

Compris dans les 100,000 f. de tableaux acquis de M. Scitivaux en 1821.

390. *Jésus apparaît à la Madeleine.*

H. 0, 57. — L. 0, 48. — T. — Fig. de 0, 34.

Marie-Madeleine, à genoux, étend les bras vers le

Christ appuyé sur un instrument de jardinage. Dans le fond, à gauche, on aperçoit Jésus-Christ sortant du sépulcre et les gardes renversés.

Landon, t. 5, pl. 54.

Collection de Louis XIV. — Ce tableau, attribué par l'inventaire et par le Catalogue de Lépicié au Pérugin, a été aussi donné à Mariotto Albertinelli. — Estimation : Emp. 3,000 f. ; Rest. 500 f.

391. *Le Christ entre la Vierge et saint Jean.*

H. 0, 26. — L. 0, 79. — T. — Fig. de 0, 33.

Jésus-Christ, couronné d'épines et assis sur le bord de son tombeau, est soutenu par la Vierge et saint Jean.

Musée Napoléon. — Estimation : Rest. 1,000 f.

392. *Saint Paul.*

Forme ronde. Diam. 1, 02. — Fig. à mi-corps, gr. nat.

Il appuie sa main droite sur une épée.

L'inventaire attribue seulement cette belle peinture à l'école du Pérugin.

393. *Combat de l'Amour et de la Chasteté.*

H. 1, 56. — L. 1, 92. — T. — Fig. de 0, 45.

Des satyres et des amours combattent contre des nymphes dans une prairie dédiée à Vénus, comme l'indique un cartouche attaché à un pieu, sur lequel on lit : VENERI. Les amours, armés d'arcs d'or, tirent les femmes par les cheveux ou avec des cordons de soie. La Chasteté brise leurs traits, leurs arcs, et les frappe avec leurs flambeaux. On aperçoit plus loin, au bord d'un fleuve, Europe enlevée par Jupiter métamorphosé en taureau ; Daphné changée en laurier, etc., et dans les airs Mercure tenant le caducée.

Ancienne collection. — Ce tableau, peint en détrempe, faisait originairement partie du cabinet d'Isabelle d'Este, duchesse de Mantoue. Il est entré au Louvre avec le tableau de L. Costa, n° 163, et les deux Mantègne, n°s 348 et 349. — Estimation : Emp. 4,000 f.; Rest. 8,000 f.

PÉRUGIN (école du).

394. *Saint François d'Assise recevant les stigmates en présence de frère Léon.*

H. 0, 38. — L. 0, 81. — C.

Ancienne collection. — Ce tableau et le suivant sont portés sur les inventaires aux inconnus de l'école italienne, et figuraient sous ce titre au Livret de 1841, nos 989, 990.—Estimation : Rest. 200 f.

395. *Saint Jérôme dans le désert.*

H. 0, 38. — L. 0, 76. — B.

Ancienne collection. — Porté aux inconnus dans les inventaires.

PÉSARÈSE (SIMONE CANTARINI, dit LE), *peintre, graveur, né à Oropezza, près de Pesaro, en* 1612; *mort à Vérone en* 1648. (Ecole bolonaise.)

Il apprit à dessiner chez Giacomo Pandolfi, à peindre chez Claudio Ridolfi, se perfectionna en étudiant les ouvrages de Baroche, et surtout ceux du Guide, dont il fut l'imitateur le plus fidèle.

396. *Repos de la Sainte-Famille.*

H. 0, 41. — L. 0, 57. — T. collée sur bois. — Fig. de 0, 60.

La Vierge assise à terre semble bercer entre ses bras l'Enfant-Jésus qui étend les siens. Plus loin, saint Joseph dort appuyé sur le bras gauche.

Gravé à l'eau-forte par le Pésarèse. — Filhol, t. 4, pl. 284. *— Landon, t.* 5, *pl.* 60.

Ce tableau, avec celui attribué au Guide, no 255, faisait partie du cabinet de M. Pasquier, député du commerce de Rouen, dont la vente eut lieu en 1755. Ils furent vendus ensemble, et figurent ensuite dans les ventes de M. de la Live de Jully (1770), du prince de Conti (1777), de M. Boileau (1779), et du comte de Merle (1784). Cette peinture est probablement du Guide, et il y a tout lieu de croire qu'on l'aura confondue avec le Repos de la Sainte-Famille, du même cabinet, attribué au Guide, et dont l'exécution ressemble plutôt à celle du Pésarèse. Voir le no 255. — Estimation : Emp. 400 f.; Rest. 4,000 f.

397. *Sainte-Famille.*

H. 1, 48. — L. 2, 00. — T. — Fig. gr. nat.

La Vierge, l'Enfant-Jésus, sainte Anne et saint Joseph. Dans le ciel, deux anges répandant des fleurs sur la Vierge.

L'inventaire de l'empire *attribue* seulement ce tableau au Pésarèse. — Estimation : Emp. 1,200 f.; Rest. id.

PESELLINO (FRANCESCO PESELLO OU PESELLO PESELLI, *dit* IL), *né à Florence en* 1426, *mort vers* 1457. (École florentine.)

Il fut élève de Francesco Pesello, son père, et se perfectionna à l'école de Fra Lippi.

398. *Gradin de rétable divisé en deux compartiments:*

1° *Saint François d'Assise sur le mont de la Vernia, recevant les stigmates en présence de frère Léon, qui paraît ébloui par la splendeur divine du séraphin.*

H. 0, 29. — L. 0, 45. — B. — Fig. de 0, 20.

2° *Les saints frères Côme et Damien visitant un malade et lui administrant des secours.*

H. 0, 29. — L. 0, 45. — B. — Fig. de 0, 20.

Musée Napoléon. — « On voit encore dans la chapelle du noviciat de Ste-Croix, sous le tableau de fra Filippo, un merveilleux gradin dont les petites figures paraissent de la main même de fra Filippo. » (VASARI.) — Estimation : Emp. 2,400 f. ; Rest. 1,000 f.

PIETRE DE CORTONE (PIETRO BERRETTINI, *dit*), *peintre, architecte, né à Cortone, ville de Toscane, en* 1596, *mort à Rome, en* 1669. (Écoles florentine et romaine.)

Il étudia sous Baccio Ciarpi, à Florence, et sous Andrea Commodi, à Rome. Une foule de peintres suivirent sa manière ; ses principaux élèves furent Romanelli, Ciro Ferri, Pietro Testa, etc.

399. *Alliance de Jacob et de Laban.*

H. 1, 97. — L. 1, 75. — T. — Fig. pet. nat.

Laban et Jacob sont debout devant un autel sur lequel ils viennent d'immoler un bélier ; Lia et Rachel, filles de Laban et femmes de Jacob, se tiennent également debout avec leurs enfants à l'ombre d'arbres où est attachée une draperie. A gauche, sur le premier plan, un serviteur, couronné de lierre, ramasse du bois pour consumer la victime.

Gravé par Bonaccini, par Mathew Hiart. — London, t. 3, pl. 23.

Ce tableau de Cortone fut acheté à la vente de M. Ladvocat 3,620 livres, puis 36,001 livres à celle du prince de Conti, par Lebrun, pour l'Angleterre. A la vente Trudaine, Joullain exposa un tableau semblable qui fut retiré et jugé par les connaisseurs, après une vive discussion, une très belle copie seulement. Le tableau du Louvre fut acheté pour le roi à la vente de M. de Vaudreuil pour 36,001 fr., et Lebrun nous apprend dans son Recueil des Gravures aux traits à l'eau-forte, etc. (1809, t. 1, pl. 25), que cette peinture n'est autre que celle du prince de Conti *achetée pour l'Angleterre*.

400. *La Nativité de la Vierge.*

H. 1, 68. — L. 1, 21. — T. — Fig. pet. nat.

Marie, qui vient de naître, est couchée sur les genoux d'une femme qui, après l'avoir emmaillottée, se prépare à l'envelopper de bandes ; deux autres femmes agenouillées de chaque côté donnent des soins à l'enfant. Dans le fond, sainte Anne couchée et servie par deux servantes; une troisième femme apporte un vase de cuivre.

Gravé par Surugue. — Landon, t. 3, pl. 24.

Ancienne collection. — Estimation : Emp. 36,000 f.; Rest. 12,000 f.

401. *Sainte Martine.*

H. 0, 49. — L. 0, 33. — C. — Fig. de 0, 33.

L'empereur Alexandre Sévère voulut obliger Martine, chrétienne d'illustre naissance, à sacrifier aux faux dieux. A peine fut-elle entrée dans le temple d'Apollon, qu'ayant fait le signe de la croix, la statue du dieu fut renversée ainsi qu'une partie de l'édifice, dont les ruines écrasèrent le peuple et les prêtres.

Gravé par Franciscus Spierre. — Filhol, t. 6, pl. 373. — Landon, t. 3, pl. 26.

Ancienne collection. — Les reliques de la sainte furent déterrées en 1634, et le pape Urbain VIII fit élever en son honneur une église dont la construction fut confiée à Pietre de Cortone, qui eut occasion de peindre plusieurs traits de la vie de sainte Martine. —Estimation : Emp. 6,000 f.; Rest. 2,000 fr.

402. *La Vierge, l'Enfant-Jésus et sainte Martine.*

H. 1, 28. — L. 1, 60. — T. — Fig. pet. nat.

L'Enfant-Jésus, assis sur les genoux de sa mère, tient d'une main un lis, et de l'autre une palme ; sainte Martine, à genoux devant lui, s'appuie sur une fourche garnie de dents de fer, instrument de son supplice.

Landon, t. 3, pl. 25.

Collection de Louis XIV. — Ce tableau était autrefois placé sur le maître-autel de l'ancienne chapelle de Versailles. On lit dans l'inventaire Bailly : « Rehaussé de trois pouces, baissé par les coins pour suivre le cintre de sa bordure. » — Estimation : Emp. 4,000 f.; Rest. 5,000 f.

403. *La Vierge et l'Enfant-Jésus adorés par sainte Martine.*

H. 1, 15. — L. 1, 50. — T. — Fig. à mi-corps, gr. nat.

L'Enfant-Jésus, assis sur les genoux de sa mère, reçoit de sainte Martine une tige de lis; la sainte tient une palme et un instrument garni de dents de fer avec lequel elle fut martyrisée.

Gravé par Gilles Rousselet. — Landon, t. 3, pl. 27.

Acquis par Louis XV après la mort du prince de Carignan. — Estimation : Emp. 4,000 f.; Rest. 5,000 f.

404. *Romulus et Rémus recueillis par Faustulus.*

H. 2, 51. — L. 2, 66. — T. — Fig. gr. nat.

Faustulus, gardien des troupeaux d'Amulius, apporte à sa femme, dans un pan de son vêtement, un des deux enfants qu'il vient de trouver; un petit garçon s'appuie sur le genou de sa mère, et une servante se tient debout derrière elle. Dans le fond, des bergers entourent la louve qui allaite encore l'autre enfant.

Gravé par Robert Strange. — Landon, t. 3, pl. 28.

Musée Napoléon. — Estimation : Emp. 40,000 f.; Rest. 15,000 f.

405. *Rencontre d'Énée et de Didon à la chasse.*

H. 1, 20. — L. 1, 74. — T.

Énée, suivi d'un guerrier qui porte ses javelots, rencontre Didon tenant un arc à la main. Deux amours sont près d'elle. On voit dans les airs deux autres amours dont l'un dirige un trait sur Enée. Dans le fond, un vaisseau près du rivage.

Ancienne collection. — Estimation : Rest. 6,000 f.

PINTURICCHIO (BERNARDINO BETTI, *dit*), *né à Pérouse en* 1454, *mort en* 1513. (Ecole romaine.)

Elève du Pérugin, il l'aida dans ses travaux. Devenu l'ami de Raphaël, il l'employa, malgré sa grande jeunesse, dans les peintures qu'il exécuta à Sienne, et s'associa souvent aussi Benedetto Buonfiglio, son ami.

406. *La Vierge et l'Enfant-Jésus.*

H. 0, 41. — L. 0, 32. — B. — Fig. de 0, 60.

La Vierge debout, et vue plus qu'à mi-corps, porte dans ses bras l'Enfant-Jésus, qui tient de sa main gauche une banderolle.

Gravé par M. Bein.

Musée Napoléon. — Estimation : Rest. 1,000 f.

407. *Jésus mis en croix.*

H. 2, 11. — L. 1, 36. — B. — Fig. pet. nat.

Deux anges témoignent leur douleur à la vue de Jésus-Christ crucifié. Le bienheureux Gilles, franciscain, embrasse le pied de la croix. Il est accompagné de la mère du Sauveur et du disciple bien-aimé, tous deux à genoux et navrés de douleur.

Musée Napoléon. — Ce tableau, de forme cintrée, passe pour avoir été peint en 1513, l'année même de la mort du Pinturicchio. — Estimation : Rest. 6,000 f.

PIPPI. *Voir* JULES ROMAIN.

POLIDORE DE CARAVAGE (POLIDORO CALDARA), *né à Caravaggio, dans le Milanais, vers l'an* 1495, *mort à Messine en* 1543. (Ecole romaine.)

Il commença par porter le mortier qui servait à préparer les fresques du Vatican où travaillait Raphaël. La vue des ouvrages de ce grand maître lui inspira le désir de se livrer à la peinture. Jean d'Udine lui enseigna les premiers éléments de l'art. Ses progrès furent si rapides que Raphaël l'employa bientôt aux travaux des Loges. Après la mort du maître, il fit un voyage à Naples et en Sicile et au moment où il se préparait à retourner à Rome, il fut assassiné par son domestique. Les tableaux de ce maître sont très rares et presque toujours monochromes.

408. *Psyché reçue dans l'Olympe.*

H. 1, 04. — L. 1, 58. — B. — Fig. de 0, 48.

Jupiter, assis au milieu des divinités de l'Olympe, offre la coupe de l'immortalité à Psyché, présentée par Mercure.

Filhol, t. 9, pl. 649. — Landon, t. 3, pl. 12.

Collection de Louis XIV. — Esquisse peinte en détrempe. — Estimation : Emp. 24,000 f.; Rest. 8,000 f.

PONTORMO (JACOPO CARRUCCI DA), *né à Pontormo dans le Florentin, en* 1493; *mort en* 1558. (École florentine.)

Jeune encore il perdit son père, et étudia successivement sous Léonard de Vinci, Mariotto Albertinelli, Pietro di Cosimo et Andrea del Sarto. Pendant quelque temps, s'étant passionné pour les gravures d'Albert Durer, il s'efforça de copier le plus servilement possible le maître allemand. Cette inconstance naturelle le fit changer constamment de style et nuisit à ses progrès et à sa réputation.

409. *La Sainte-Famille.*

H. 2, 28. — L. 1, 76. — B. — Fig. gr. nat.

La Vierge, assise sur les genoux de sainte Anne, soutient l'Enfant-Jésus; on voit placés des deux côtés de ce groupe, saint Sébastien, l'apôtre saint Pierre, saint Benoît et le bon larron.

Landon, t. 6, *pl.* 20.

Musée Napoléon. — « Il représenta encore, dans un tableau qu'il peignit pour les religieuses de Sainte-Anne, près la porte de San Friano, une Vierge avec l'*Enfant-Jésus* à son cou. On voit par derrière sainte Anne, saint Pierre, saint Benoît, et d'autres saints. Sur le gradin il retraça, dans une composition de petites figures, la seigneurie de Florence allant en procession avec les trompettes, les fifres, les massiers, les commandeurs, les huissiers, et autres personnages de la suite. Il ajouta ce sujet, parce que ce tableau lui fut commandé par le capitaine et les officiers du palais. » (VASARI). Cette deuxième composition n'est pas peinte, comme le dit Vasari, sur un gradin, mais sur le tableau même, au-dessous du nuage qui porte la Vierge. — Cette offrande portée par la seigneurie le 26 juillet, avait été décrétée par la commune en 1343, pour célébrer l'anniversaire de l'expulsion du duc d'Athènes, qui s'était injustement emparé, à pareil jour, du gouvernement de la république de Florence. — Estimation : Emp. 15,000 f.; Rest. 4,000 f.

410. *Portrait d'un graveur en pierres fines, présumé celui de Giovanni delle Corniole ou Corniuole, contemporain du Pontormo.*

H. 0, 69. — L. 0, 50. — B. — Buste gr. nat.

Il est vu presque de face, la tête couverte d'un bonnet à oreilles; il tient de la main droite un burin, et il a près de lui, sur une table, une poignée où est fixé un bijou préparé pour le travail.

Filhol, t. 2, *pl.* 83. — *Landon, t.* 6, *pl.* 21.

Collection de Louis XIV. — Estimation : Emp. 4,000 f.; Rest. 2,000 f.

PORTA. *Voir* FRA BARTOLOMMEO.

PORTA (GIUSEPPE), *dit* SALVIATI, *peintre, mathématicien,* *architecte, graveur sur bois, né à Castel-Nuovo di Garfagnana en 1520, mort à Venise en 1570.* (École vénitienne.)

Il joignit à son nom celui de Francesco Salviati de Florence qui lui avait enseigné les premiers éléments du dessin. Il accompagna son maître à Venise, et fut choisi avec Paul Véronèse et d'autres artistes distingués, pour décorer le plafond de la *bibliothèque de Saint-Marc*. Il trouva le premier la véritable manière de tracer la volute ionique et publia cette découverte dans un opuscule très rare. Il ne faut pas le confondre avec Ferdinand Porta, de Milan, qui peignit dans cette ville une *Adoration des Mages*.

411. *Adam et Ève après leur péché.*

H. 2, 21. — L. 1, 74. — T. — Fig. gr. nat.

Adam et Ève s'éloignent avec effroi de l'arbre de la science autour duquel s'enroule le serpent tentateur.

Landon, t. 6, pl. 23.

Ancienne collection. — Estimation : Rest. 4,000 f.

PRETI (MATTIA). *Voir* CALABRESE.

PRIMATICCIO (FRANCESCO), *peintre, architecte, né à Bologne vers* 1490, *mort en* 1570. (Ecole bolonaise.)

Il apprit à dessiner chez Innocenzio Francucci da Imola, à peindre chez Bartolommeo Ramenghi, dit il Bagnacavallo, se perfectionna surtout dans l'école de Jules Romain, qui l'affectionna particulièrement et l'employa dans les travaux au palais du T à Mantoue. Appelé en France par François Ier, il y arriva en 1531, accompagné de son élève Niccolo dell' Abate. Après avoir exécuté un grand nombre de peintures à Fontainebleau, il fut renvoyé en Italie pour mouler et faire fondre les principales statues antiques dont le roi voulait décorer son château. Primatice, aidé par Vignole, s'acquitta de cette mission avec un grand succès, revint en France et fut nommé, à la mort du Rosso, surintendant des bâtiments. François Ier, en récompense de ses services, lui donna le bénéfice de l'abbaye de Saint-Martin de Tours. Primatice habita la France quarante ans, donna une grande impulsion aux arts, et servit successivement François Ier, Henri II, François II et Charles IX. Malheureusement la plus grande partie de ses travaux a été détruite.

412. *La continence de Scipion.*

H. 1, 27. — L. 1, 17. — T. — Fig. pet. nat.

Scipion, assis sur un siège élevé, montre au jeune Allatius sa fiancée qui est accompagnée d'une vieille femme; deux prisonniers sont à genoux au pied de l'estrade. Le général est entouré de ses soldats, dont un porte les faisceaux consulaires.

Landon, t. 6, pl. 24.

Musée Napoléon. — Estimation : Emp. 2,000 f.; Rest. 1,500 f.

413. *L'Amour inspirant Bocace.*

H. 1, 40. — L. 1, 38. — T. — Fig. pet. nat.

Quatre nymphes et deux enfants sont assis à terre devant une table sur laquelle se trouve un échiquier. Derrière elles, l'Amour réveille Bocace, près de qui sont deux figures endormies; un satyre et une femme jouent du cistre et du tambour de basque.

Landon, t. 6, pl. 25.

Ancienne collection. — On croit que la femme qui tient des tablettes est Diane de Poitiers, et que les deux enfants, qui s'appuient sur une suivante, sont ceux qu'elle eut du grand sénéchal de Brezé, son époux. La femme qui montre du doigt Bocace et l'Amour offre assez de ressemblance avec les portraits de Marguerite de Valois. — Estimation : Emp. 3,000 f.; Rest. 4,000 f.

PRIMATICE (école du).

414. *La Terre réveillant Morphée.*

H. 0, 96. — L. 1, 17. — T. — Fig. demi-nat.

Morphée, endormi, est couché par terre, appuyé sur des coussins. Cybèle, la tête coiffée d'un diadème formé de tours, et descendue de son char attelé d'un lion dont on n'aperçoit que la tête, pose une main sur l'épaule de Morphée et montre de l'autre le Temps s'efforçant de retenir la Nuit qui s'envole.

Ancienne collection. — Ce tableau est attribué sur l'inventaire de l'Empire à Primatice. — Estimation : 25 f.

PROCACCINI (JULIO CESARE), *peintre, sculpteur, né à Bologne vers* 1548, *mort à Milan vers* 1626. (Ecoles bolonaise et milanaise.)

Il reçut, ainsi que son jeune frère Camillo, les premiers éléments de la peinture d'Ercole Procaccini, son père. Il entra ensuite, dit-on, à l'école du Carrache où il fit des progrès rapides. Il est plus certain que l'étude des ouvrages du Corrége contribua à agrandir son style. Enfin, il vint s'établir à Milan, où il forma avec sa famille une nouvelle école. Outre son père Ercole Procaccini, né en 1520, mort en 1591, son frère Camillo qui travaillait en 1609 et fut aussi graveur, on connaît encore Carlo Antonio Procaccini de la même famille, paysagiste distingué.

415. *La Vierge et l'Enfant-Jésus adoré par saint Jean-Baptiste, saint François d'Assise et sainte Catherine d'Alexandrie.*

H. 1, 45. — L. 1, 12. — B. — Fig. gr. nat.

La Vierge, un genou en terre, tient dans ses bras l'Enfant-Jésus assis sur son autre genou. Le jeune saint Jean, accroupi à ses pieds, porte une croix de roseau et un agneau. Saint François d'Assise à genoux, tenant un livre, et sainte Catherine d'Alexandrie appuyée sur une roue brisée, sont de chaque côté de la Vierge.

Gravé par Henriquez. — Landon, t. 2, pl. 31.

Musée Napoléon. — Ce tableau qui, du vivant de l'auteur, était regardé comme celui où il avait le mieux imité la manière du Corrége, fut exécuté pour l'archevêque de Milan. — Estimation : Emp. 12,000 f.; Rest. 10,000 f.

RAFFAELLINO (RAFFAELLO DEL GARBO, *dit* IL), *né à Florence vers* 1466, *mort en* 1524. (Ecole florentine.)

Élève de Filippino Lippi. Il imita parfaitement le style de son maître, qu'il surpassa même en morbidesse et en grâce dans l'agencement des draperies, les airs de tête et l'exécution des cheveux. Il ne conserva cette supériorité que pendant quelques années. Les soins d'une nombreuse famille l'obligèrent à travailler à vil prix, et bientôt, devenu inférieur à lui-même, il tomba dans une misère affreuse.

416. *Le couronnement de la Vierge.*

H. 2, 92. — L. 1, 62. — B. — Cintré par le haut. — Fig. pet. nat.

Au milieu d'une gloire, la Vierge assise et les mains jointes reçoit de son fils la couronne de l'immortalité. Le Saint-Esprit plane sur la tête du Christ et de la Vierge dont les pieds reposent sur trois têtes de chérubins. Quatre anges, tenant un luth, un tympanon, une harpe, une viole, font entendre de célestes concerts. Dans le bas du tableau, quatre religieux : saint Benoît, tenant un livre et des verges; saint Salvi, évêque de Vérone, une crosse et un livre ; saint Jean Gualbert Azzini, fondateur de la congrégation de Valombreuse, montrant un crucifix ; saint Bernard Degli Uberti, cardinal et évêque de Parme, coiffé du chapeau rouge, une mitre à la main.

Landon, t. 6, pl. 34.

Musée Napoléon. — « Il fit à la demande de l'abbé de' Panichi pour l'église de San Salvi, hors de la porte Sainte-Croix, le tableau du maître-autel où l'on voit la Vierge, saint Jean-Gualberto, saint Salvi, saint Bernard, cardinal degli Uberti, et saint Benoit, abbé. Saint Baptiste et saint Fidèle armé, sont placés dans deux niches, de chaque côté du tableau qui est entouré de riches ornements. Dans le gradin, il représenta, en petites figures, plusieurs sujets de la vie de saint Jean-Gualberto. Raffaellino se montra très habile dans cet ouvrage, parce qu'il fut soutenu dans sa misère par le bon abbé, qui eut pitié de lui et de son honnêteté; aussi plaça-t-il, dans la composition du gradin, le portrait de son bienfaiteur et celui du général de l'ordre alors en fonction. » (VASARI. — Estimation : Emp. 10,000 f.; Rest. 6,000 f.

RAPHAEL (RAFFAELLO SANZIO), *peintre, sculpteur, architecte, né à Urbin le vendredi-saint, en* 1483, *mort en* 1520, *le vendredi-saint*. (École romaine.)

Son père, Giovanni Santi ou *Sanzio*, peintre d'un mérite supérieur à celui que quelques historiens lui ont seulement accordé, après lui avoir appris les premiers éléments du dessin, le mit, à l'âge de 12 à 13 ans, sous la direction du *Pérugin*, *artiste* célèbre alors, dont l'école, fréquentée par Domenico Paris di Alfani, Bern. Pinturicchio, etc., jouissait d'une réputation méritée. Raphaël fit de rapides progrès et surpassa bientôt son maître. En quittant l'école du Pérugin, il alla à Sienne, où il travailla avec Pinturicchio, et fit tous les cartons des grandes compositions peintes à la bibliothèque du Dôme. En 1504, il passa à Florence, étudia Masaccio, devint l'ami de Fra Bartolommeo della Porta, qui lui enseigna la perspective et un meilleur coloris, et, sauf une excursion à Pérouse en 1505, il resta dans cette ville jusqu'en 1508. C'est pendant cette période de quatre ans que furent exécutés les ouvrages de Raphaël que l'on a caractérisés du nom de sa deuxième manière ou manière florentine. Arrivé à Rome au mois de septembre 1508, Bramante, son parent, le proposa à Jules II pour l'exécution des peintures du Vatican. Mis à l'épreuve, sa première peinture fut un chef-d'œuvre qui lui valut la confiance illimitée du Souverain-Pontife. Accablé de travaux, son activité redouble, son génie s'élève de plus en plus, il suffit à tout. On le voit en même temps étudier les sculptures antiques, faire ses admirables fresques, diriger tous les travaux ordonnés au Vatican par Jules II et Léon X, et fonder cette école où se formèrent Jules Romain, Polidoro, Perino del Vaga, And. Sabbatini, Garafolo, Jean d'Udine, etc., artistes célèbres qui ne travaillèrent pour leur propre compte et ne consentirent à être gravés qu'après la mort du maître auquel ils s'étaient entièrement dévoués.

417. *La Vierge, l'Enfant-Jésus et saint Jean; composition connue sous le nom de* la Belle Jardinière.

H. 1,22. — L. 0, 80. — B. — Cintré par le haut. — Fig. pet. nat.

La Vierge assise contemple l'Enfant-Jésus, qui est debout, appuyé sur elle et la regarde ; le jeune saint Jean, à genoux devant le Christ, tient une petite croix de jonc. On aperçoit dans l'éloignement une vaste campagne et une église. On lit sur le bord de la robe de la Vierge la signature de RAPHAEL et la date de MDVII.

Gravé par Chéreau, par Audouin, par M. Boucher Desnoyers (Cal. nat.). — Filhol, t. 6, pl. 427. — Landon, t. 6, pl. 47.

Collection de François Ier. — Plusieurs critiques ont pensé que cette Vierge, de la deuxième manière de Raphaël et de sa période florentine, pouvait être celle qui lui fut commandée, suivant Vasari (*Vies de Raphaël et de Ghirlandajo*), par un gentilhomme siennois, et qu'il laissa, lors de son départ de Florence pour Rome, dans les mains de Ridolfo Ghirlandajo, afin que ce peintre terminât une draperie bleue. D'autres critiques prétendent au contraire que le tableau dont Vasari veut parler est celui connu sous le nom de la *Madonna di Casa Colonna*, et qui se trouve maintenant au Musée de Berlin. Quoi qu'il en soit, et pour résumer la discussion, nous ferons observer qu'il n'est pas d'usage qu'un artiste signe un tableau qui n'est pas fini, et que le départ de Raphaël pour Florence n'ayant eu lieu que dans l'été de 1508, Ghirlandajo, en terminant le tableau et en le signant pour Raphaël, l'aurait daté de 1508 et non de 1507, époque à laquelle Raphaël était encore à Florence. Lépicié fait observer que cette Vierge a dû être peinte à Florence vers le *même temps que* le Christ porté au tombeau, que Raphaël exécuta dans cette ville pour Atalante Baglione, parce qu'on trouve des études pour ce dernier tableau au verso d'un excellent dessin que M. Mariette possédait du tableau du Roi. — Estimation : Emp. 400,000 f.; Rest. 300,000 f.

418. *Le sommeil de Jésus.*

H. 0, 68. — L. 0, 44. — B. — Fig. de 0, 60.

L'Enfant-Jésus repose sur un drap et un oreiller placé sur une pierre ; la Vierge, le front ceint d'un diadème et accroupie devant son fils, soulève le voile dont il est couvert pour le montrer au jeune saint Jean à genoux et en adoration. Dans le fond, édifices en ruine.

Gravé par A. Poilly, par M. Desnoyers. — Filhol, t. 4, pl. 217. — Landon, t. 6, pl. 40.

On a désigné cette composition de plusieurs manières. Lépicié dit qu'elle est connue sous le nom du *Silence de la Sainte-Vierge*. D'anciens catalogues lui donnent le nom de *Vierge au Linge* ; on lui a aussi donné le titre du *Sommeil*. On sait peu de chose sur l'histoire de ce tableau, qui n'est pas cité par Vasari. On croit cependant qu'il a longtemps appartenu à la famille du marquis de La Vrillière, petit-fils de M. de Châteauneuf, qui possédait une magnifique collection de peintures précieuses. Ce tableau fut, dit-on, acheté pour Louis XV à la vente du prince de Carignan. Cependant il ne figure pas sur son catalogue imprimé. — Estimation : Emp. 300,000 f.; Rest. id.

419. *Sainte-Famille.*

H. 2, 07. — L. 1, 40. — T. — Fig. gr. nat.

L'Enfant-Jésus s'élance de son berceau dans les bras

de sa mère ; il est adoré par saint Jean, qui lui est présenté par sainte Elisabeth. Un ange répand des fleurs sur la Vierge ; un autre se prosterne ; saint Joseph est absorbé dans la méditation. On lit sur le bord du manteau de la Vierge : RAPHAEL VRBINAS. P. MDXVIII.

Gravé par Gérard Edelinck (Calc. nat.), par G. Rousselet, par Richomme, par Greger. — Filhol, t. 9, pl. 709. — Landon, t. 6, pl. 44.

Raphaël fit ce tableau en 1518, deux ans avant sa mort, pour François Ier, roi de France. On dit que François Ier, dans son admiration pour le tableau de saint Michel que Raphaël lui avait envoyé, récompensa le grand artiste avec une telle munificence, que celui-ci, à son tour, voulut reconnaître la libéralité du monarque en peignant pour lui une Sainte-Famille qu'il le priait d'accepter à titre d'hommage. François Ier répondit à Raphaël « Que les hommes célèbres dans les arts partageant l'immortalité avec les grands rois, pouvaient traiter avec eux. » Il accepta le tableau, doubla le prix qu'il avait donné à l'artiste pour le saint Michel, et l'invita à venir à sa cour ; mais Léon X s'opposa à son départ de Rome. Le père Dan rapporte que François Ier paya la Sainte-Famille 24,000 livres, qui feraient au moins 250,000 fr. de notre époque, et ajoute que de son temps un fameux peintre « la considérant exactement, offrit d'en faire vingt mille écus s'il estait à vendre. » — On trouve dans l'inventaire Bailly (1709-10), cette note : « Peint sur bois et dans une bordure dorée avec deux volets doublés de velours vert, peint par dessus d'ornements rehaussés d'or. » Les volets ont dû être détruits à la Révolution, et le tableau a été depuis transporté sur toile. — Estimation : Emp. 600,000 f. ; Rest. 750,000 f.

420. *Sainte-Famille.*

H. 0, 38. — L. 0, 32. — B. — Fig. de 0, 35.

L'Enfant-Jésus debout, appuyé sur la Vierge et les pieds posés sur son berceau, caresse le jeune saint Jean que sainte Elisabeth lui présente.

Gravé par de Poilly, par Massard, par M. Desnoyers. — Filhol, t. 4, pl. 56. — Landon, t. 6, pl. .

On lit dans le Catalogue raisonné du roi, par Lépicié : « Ce tableau appartenait à M. Loménie de Brienne, lorsque Louis XIV le fit acheter. M. Félibien croit qu'il vient de la maison de Boissy, et qu'il a été apporté en France par Adrien Gouffier, cardinal de Boissy, à qui Raphaël l'avait donné en reconnaissance des bons offices que ce prélat lui avait rendus auprès de François Ier. Il ajoute que Mazarin en avait eu un semblable du marquis de Fontenay-Mareuil, ambassadeur de France auprès d'Urbain VIII, et que ce ministre, persuadé par le chevalier del Pozzo, l'avait acheté à Rome comme original, d'après lequel le tableau que le roi a présentement avait été copié par Jules Romain. Félibien prétend que Raphaël n'a peint aucun de ces tableaux, et qu'ils ont été peints l'un et l'autre par des élèves de ce grand peintre, sur ses dessins, mais que celui du roi a été retouché et fini par Raphaël. » Nous ajouterons, pour compléter ces renseignements, que le même Félibien dit que ce tableau était couvert d'un volet de bois peint et orné d'une *manière aussi agréable que savante*. On ignore le sort de ce volet qui a disparu depuis longtemps. Mariette (*Recueil d'estampes de Crozat*, t. 1, pl. 9, nº 17) croit reconnaître dans le tableau du Louvre l'exécution du Garofolo, et suppose que cet élève de Raphaël l'avait peint d'après un dessin de son maître. On voit, par ce qui précède, que ces critiques sont bien d'accord pour attribuer cette composition à Raphaël, mais qu'ils ne sont pas aussi unanimes sur le nom de l'artiste qui a fait ce tableau. Quoi qu'il en soit, il a dû être exécuté de 1517 à 1518, époque à laquelle Raphaël travaillait pour François Ier, et non en 1511 comme l'a prétendu Florent Lecomte. — Estimation : Emp. 110,000 f.; Rest. 100,000 f.

421. ***La Vierge, l'Enfant-Jésus et saint Joseph, composition connue sous le nom de*** **la Vierge de la maison Loreto.**

H. 1, 21. — L. 0, 91. — B. — Fig. gr. nat.

La Vierge contemple l'Enfant-Jésus couché sur une table et soulève le voile qui le couvrait; le Sauveur tend les bras à sa mère, derrière laquelle est saint Joseph.

Gravé par Richomme, par Fr. Muller.— Landon, t. 6, pl. 45.

On prétend que l'original de ce tableau avait été donné en 1717 à la chapelle de Notre-Dame de Lorette par un Romain nommé Jérôme Lotterius. Enlevé, à l'approche des Français, dans le mois de pluviôse an VI, par le général Colli, commandant les troupes romaines, il fut transporté à Rome, chez le prince Braschi, neveu de Pie VI, et passa ensuite au musée Napoléon. Cependant ce tableau, considéré comme copie, fut, par autorisation du 27 juin 1820, remis à M. Landon pour la commune de Morangis; celui que possède le Musée avait été acquis en 1816 par Louis XVIII, et se trouvait compris dans les 100,000 fr. de tableaux achetés à M. de Scitivaux. Une composition semblable faisait en outre partie de la galerie d'Orléans, au Palais-Royal. En 1847 on exposa rue Pinon, dans le local de l'ancienne mairie du deuxième arrondissement, une répétition fort belle de ce tableau, que le possesseur affirmait être l'original. Suivant la notice qu'il publia à cette époque, les moines de Loreto substituèrent une copie à l'original, quand Napoléon demanda au pape ce tableau avec un grand nombre d'autres objets d'art, et le possesseur actuel ne connut la valeur historique de cette peinture que quatre ans après qu'elle fût tombée dans ses mains par une suite d'événements singuliers.

422. ***Sainte Marguerite.***

H. 1, 78. — L. 1, 22. — T. — Fig. pet. nat.

Sainte Marguerite, debout et tenant une palme, foule du pied un monstre renversé dont on voit la gueule béante.

Gravé par Philippe Thomassin, par Louis Surugue, par Gilles Rousselet; par M. Desnoyers. — Landon, t. 6, pl. 59.

Selon Vasari, ce tableau fut peint par Jules Romain sur le dessin de Raphaël, qui l'envoya à François Ier avec la grande Sainte-Famille et le portrait de la vice-reine de Naples. D'après le père Dan, il aurait été donné par un seigneur florentin à l'église Saint-Martin-des-Champs, d'où Henri IV le fit retirer; mais on ne sait sur quelle preuve le père Dan se fonde en rapportant cette provenance. On trouve dans le livre des dépenses du roi à Fontainebleau, en 1530 : « Donné la somme de unze livres à Francisque Primatice de Boulogne, le peintre, pour avoir vaqué, durant le mois d'octobre 1530, à laver et nettoyer le vernis à quatre grands tableaux appartenant au roy, de la main de Raphaël d'Urbain, à savoir le saint Michel, la sainte Marguerite, sainte Anne et le portrait de la reine de Naples. » Depuis, ce tableau a été abîmé par le nettoyage et les restaurations. Il était peint sur bois et a été reporté sur toile. — Estimation : 1,000 f.

423. *Saint Michel.*

H. 0, 31. — L. 0, 27. — B. — Fig. de 0, 18.

L'archange, couvert d'un casque et d'une armure, frappe de son épée un dragon dont la queue s'est enlacée autour de sa jambe. Autour de lui se pressent des monstres fantastiques. On aperçoit dans l'éloignement une ville enflammée, des hommes vêtus d'une chape de plomb, et plusieurs damnés tourmentés par des figures fantastiques.

Gravé par Augustin Vénitien et par Claude Duflos. — Landon, t. 6, pl. 36.

Ce tableau, ainsi que le suivant, est de l'époque où Raphaël, abandonnant la manière du Pérugin qu'il avait suivie exclusivement jusqu'alors, essaie un nouveau style et entre dans cette période que l'on a caractérisée du nom de florentine, parce qu'elle comprend l'époque de son séjour à Florence (1504-08). Ils appartinrent tous deux au cardinal Mazarin, sont estimés, sur son inventaire, 2,000 livres, et ont été acquis des héritiers du cardinal par Louis XIV. Félibien prétend que le tableau porté sous ce numéro a été exécuté pour François Ier. Il ne donne aucune bonne raison à l'appui de son opinion que les faits contredisent. — En peignant ce tableau, Raphaël paraît avoir eu en vue l'Enfer du Dante, et notamment le passage du 23e chant, *Fratri godenti fummo, etc.* — Estimation : Emp. 15,000 f.; Rest. id.

424. *Saint Georges.*

H. 0, 32. — L. 0, 27. — B. — Fig. de 0, 16.

Saint Georges, monté sur un cheval blanc et couvert d'une armure, combat avec un cimeterre un dragon qu'il a déjà percé de sa lance dont les débris sont à terre. On aperçoit dans l'éloignement une jeune fille couronnée qui fuit, symbole de la Cappadoce arrachée à l'idolâtrie.

Gravé par Nicolas Larmessin, par Vorsterman, par J. L. Petit. — Filhol, t. 1, pl. 19. — Landon, t. 6, pl. 61.

Il est probable que ce tableau est celui cité par Lomazzo (liv. 1, ch. 8, p. 48), exécuté pour le duc d'Urbin, lors du voyage de Raphaël à Urbin, en 1505, et peint sur le revers d'un damier. On ne trouve plus de trace de damier sur le panneau, mais il peut très bien avoir été effacé ou noirci, à moins que Lomazzo n'ait confondu le saint Georges avec le saint Michel, son pendant, sur le revers duquel on apercevait encore des traces de damier, il y a quelque temps, avant qu'on n'ait mis une épaisse couche de couleur à l'huile sur l'envers du tableau. Félibien prétend que Raphaël a peint cette composition pour Henri VIII, roi d'Angleterre, mais il confond le saint Georges du Louvre, vu presque de face, avec un autre saint Georges combattant le dragon, vu presque de dos, décoré de l'ordre de la Jarretière, portant le nom de Raphaël en lettres d'or sur le poitrail du cheval, qui appartint à Henri VIII. On trouve sur l'inventaire fait après la mort de Charles Ier un saint Georges combattant le dragon, que le roi avait acquis du comte de Pembrock, en échange d'un recueil de dessins d'Holbein. Il fut estimé 150 liv. sterl. et adjugé à ce prix. Tout porte à croire que ce tableau est celui qui fut la propriété d'Henri VIII. Ce dernier tableau, du temps de Félibien, était la propriété du comte de Sourdis, passa dans les cabinets Crozat, du baron Thiers son neveu, et fut vendu à l'impératrice Catherine de Russie avec les autres tableaux de la collection. Il se trouve maintenant à l'Ermitage, à Saint-Pétersbourg. — Collection de François Ier. — Estimation : Emp. 8,000 f.; Rest. 15,000 f.

425. *Saint Michel terrassant le démon.*

H. 2, 68. — L. 1, 60. — T. — Fig. gr. nat.

Au milieu d'un affreux désert, hérissé de rochers dont les fentes laissent échapper les flammes du gouffre infernal, l'archange saint Michel, couvert d'une armure de fer et d'or, soutenu dans les airs par le balancement de ses ailes, vient de renverser Satan en le touchant à peine de son pied, et s'apprête à le frapper de sa lance. On lit sur le bord du vêtement de saint Michel : RAPHAEL VRBINAS. PINGEBAT M. D. XVII.

Gravé par Rousselet (Calc. nat.), par Larmessin, par A. Tardieu. — Filhol, t. 4, pl. 235. — Landon, t. 6, pl. 35.

Vasari dit formellement que ce tableau a été peint pour le roi François Ier. Il fut commandé à l'artiste par l'entremise d'Adrien Gouffier, cardinal de Boissy, frère du fameux amiral Bonnivet. Le père Dan (*Trésor des Merveilles de Fontainebleau*) prétend qu'il fut donné au roi de France par Clément VII. Mais c'est une erreur manifeste, car en 1517 Léon X était encore pape, puisqu'il ne mourut qu'en 1521. François Ier, ravi de cette peinture, récompensa si généreusement l'artiste, que celui-ci envoya au monarque, en témoignage de reconnaissance, une grande Sainte-Famille, autre chef-d'œuvre (no 419), et donna au cardinal la petite Sainte-Famille qui figure au Louvre sous le no 420. Dans cette composition, Raphaël voulut faire allusion à la puissance royale combattant le protestantisme et les factions. On voit dans Félibien (t. 3, p. 83) que Louis XIV avait fait placer ce tableau au-dessus de son trône, et l'on trouve dans l'inventaire Bailly (1709-10) qu'il avait « deux volets doublés de velours vert peints par dessus d'ornements rehaussés d'or. » La peinture de Raphaël, exécutée originairement sur bois, fut promptement altérée, et le Primatice la rastaura en 1530. (Bottari. *Notes sur la Vie de Raphaël, par Vasari, t. 2, p.* 120.) M. Picault le transporta de bois sur toile en 1753 ; en 1776, la toile se trouva gâtée et M. Haquin rentoila ce tableau. Il fut enfin rentoilé pour la troisième fois, en 1800, par M. Picault fils, suivant un nouveau procédé qui n'est pas très solide, car le tableau a beaucoup souffert depuis et demande un nouveau rentoilage pour refixer des écailles prêtes à tomber. — Estimation : Rest. 200,000 f.

426. *Portrait de Balthazar Castiglione.*

H. 0, 82. — L. 0, 67. — T. — Buste, fig. gr. nat.

Il est coiffé d'une toque noire, porte une longue barbe et est vêtu d'une robe garnie de fourrure.

Gravé par John Godefroy (Calc. nat.); Nic. Larmessin; Boutrois; Scater; Nic. Edelinck. — Filhol, t. 5, *pl.* 359.

Ce portrait, peint par Raphaël entre 1516 et 1518, passa, suivant Lépicié, du cabinet du duc de Mantoue dans celui de Charles Ier, et fut acheté, après la mort de ce prince, par un amateur d'Amsterdam, nommé Lopez. Sandrart le fit graver, à cette époque, par Regnier Persyn ; il devint ensuite la propriété de Mazarin et fut estimé sur son inventaire 3,000 livres. Louis XIV l'acheta des héritiers du cardinal. Il a été peint sur bois et a été transporté sur toile. — Estimation : Emp. 50,000 f.; Rest. id.

Le comte Balthazar Castiglione naquit en 1478, à Casatico, ville du Mantouan, dont sa famille était souveraine ; il accompagna en 1499 François de Gonzague, marquis de Mantoue, lorsqu'il alla recevoir Louis XII à Milan, puis il entra au service du duc d'Urbin, qui l'envoya en 1505 en qualité d'ambassadeur auprès de Henri VII, roi d'Angleterre, et en 1507, près de Louis XII, alors à Milan. Il épousa, en 1516, Marie-Hippolyte Torella, morte en 1520. Devenu veuf, il prit les ordres, fut nommé évêque d'Avila, et mourut à Tolède en 1529. Son corps fut transporté dans l'église de la Madone-des-Grâces, près de Mantoue, où un tombeau lui fut érigé sur les dessins de Jules Romain. Castiglione est auteur d'*il Cortigiano* et de poésies italiennes et latines parmi lesquelles se trouve une pièce sur la mort de Raphaël, son intime ami. Dans une lettre en vers latins, composée par Castiglione sous le nom de sa femme Hippolyte, il la fait parler ainsi, en son absence, de son portrait peint par Raphaël :

Sola tuos vultus referens, Raphaelis imago
Picta manu curas, allevat usque meas.
Huic ego delicias facio, arrideoque, jocorque,
Alloquor, et tanquam reddere verba queat.
Assensu nutuque mihi sæpe illa videtur
Dicere velle aliquid, et tua verba loqui
Agnoscit, balboque patrem puer ore salutat,
Hoc solor longos decipio que dies.

« Seule, la représentation des traits de ton visage, peinte de la main de Raphaël, allège toujours mes soucis ; je l'accable de douceurs, je lui souris, je me joue avec elle, je lui parle comme si elle pouvait répondre à mes paroles. Souvent ce portrait me semble vouloir exprimer ta volonté ou ton assentiment ; ton enfant le reconnaît et balbutie une parole de respect. Par lui je console et je charme la longueur de mes journées. »

427. *Portrait de Jeanne d'Aragon.*

H. 1, 20. — L. 0, 95. — T. — Fig. à mi-corps, gr. nat.

Cette princesse, vice-reine de Sicile, fille de Ferdinand d'Aragon, duc de Montalto, petite-fille de Ferdinand Ier, roi de Naples, mariée au prince Ascagne Colona et morte en 1577, est représentée coiffée d'une toque de velours rouge ornée de pierres précieuses et vêtue d'une robe de même étoffe. Elle est assise dans un intérieur richement décoré.

Gravé par Jacques Chereau, par Raphaël Morghen, par M. Leroux.

La tête seule, suivant Vasari, a été peinte par Raphaël, et le reste par Jules Romain. Le cardinal Hippolyte de Médicis fit faire ce portrait d'une princesse qui passait pour être une des plus belles femmes de l'Italie, et l'envoya à François Ier. On connaît beaucoup de copies de ce portrait, mais l'authenticité de celui du Louvre n'est point contestable. Il était peint originairement sur bois et a été transporté sur toile. — Estimation : Emp. 90,000 f.; Rest. id.

428. *Portraits connus sous le nom de Raphaël et de son maître d'armes.*

H. 0, 99. — L. 0, 83. — T. — Fig. à mi-corps, gr. nat.

Gravé par Nicolas Larmessin.

Collection de François Ier. — Le père Dan prétend que ce tableau est du Pontormo et qu'il représente cet artiste et Raphaël. Lépicié le regarde comme un ouvrage de Raphaël, et dit que ces deux portraits sont ceux du Sanzio et de son maître d'armes. On ignore quel motif a pu faire donner le titre de maître d'armes à l'une des deux figures, par cela seul qu'elle porte la main sur la garde de son épée. — M. Waagen veut que ce tableau soit de Sébastien del Piombo, et se fonde sur l'analogie qui existe comme raccourci et exécution entre la main droite d'une des deux figures et la main gauche de la sainte Elisabeth de la Visitation peinte par Sébastien et exposée sous le no 465. Enfin, à en juger par les portraits connus de Marc Antoine, le prétendu Raphaël pourrait bien être ce célèbre graveur.—On voit, par l'inventaire Bailly, que ce tableau a été « rehaussé de 9 pouces et demi et élargi de 11 pouces. » —Estimation : Emp. 8,000 f.; Rest. 60,000 f.

429. *Portrait d'un jeune homme.*

H. 0, 59. — L. 0, 44. — B. — Buste, fig. pet. nat.

Ce jeune homme, âgé de 15 à 16 ans, a les cheveux blonds, et porte une toque noire. Il est accoudé sur un appui en pierre et sa tête repose sur sa main droite.

Gravé par Nicolas Edelinck. — Filhol, t. 6, pl. 371.

Collection de Louis XIV. — On lit dans l'inventaire de Bailly (1709-10) : « Tableau estimé de Raphaël représentant son portrait ; il a été rehaussé de 6 pouces et demi et élargi de 3 pouces et demi. » Mariette dit dans la description du cabinet Crozat : « Parmi quelques uns, il passe pour être le portrait de ce peintre ; mais on a peine à se persuader que dans un âge si peu avancé que l'est le jeune homme représenté dans ce tableau, Raphaël fût déjà aussi éloigné de sa première manière qu'il le paraît dans l'ouvrage dont nous parlons. » — Estimation : Emp. 12,000 f. ; Rest. 40,000 f.

430. *Portrait d'un jeune homme.*

H. 0, 68. — L. 0, 50. — B. — Fig. pet. nat.

Il est debout, vêtu de noir et coiffé d'une toque à oreilles. Il appuie le bras gauche sur l'angle d'un socle de pierre et sa main droite repose sur le poignet de la main gauche. Le fond représente un paysage.

Gravé par Nicolas Edelinck. — London, t. 6, pl. 67.

Collection de Louis XIV. — Ce portrait a passé longtemps pour être celui de Domenico Alfani, un des élèves du Pérugin, puis du graveur Marc-Antoine, sans qu'on puisse donner aucune preuve à l'appui de l'une ou l'autre assertion. Enfin la vigueur du coloris et l'entente du clair-obscur l'a fait attribuer, successivement par différents connaisseurs, au Giorgion, à Sébastien del Piombo, enfin à Francesco Francia, par M. Waagen. Crozat dit que ce tableau avait 22 pouces de haut sur 16 de large. — Du temps de Bailly, il avait la même dimension (h. 0,59, l. 0,42). Les dimensions données dans le Catalogue de Lépicié (1752) sont celles actuelles. — Estimation : Emp 25,00 f. ; Rest. 35,000 f.

431. *L'Abondance, modèle pour une fontaine.*

H. 0, 38. — L. 0, 31. — B. — Fig. de 0, 25.

La nymphe, tenant une corne remplie de fruits, est debout dans une niche revêtue de compartiments de marbre de différentes couleurs. Au-dessous, un mascaron, dont une coquille forme la bouche. Cette grisaille est signée : RAPHAEL VRBINAS.

London, t. 6, pl. 18.

Collection de Louis XIV. — Ce tableau est attribué, dans l'inventaire Bailly (1709-10), à Jules Romain. On l'a également attribué à Jean d'Udine qui peignit souvent dans les tableaux de Raphaël des arabesques et des ornements. — Estimation : Emp. 1,000 f. ; Rest. 5,000 f.

RAPHAEL (école de).

432. *Portrait d'homme vêtu de noir.*

H. 0, 68. — L. 0, 58. — B. — Buste gr. nat.

Ancienne collection. — Estimation : Rest. 8,000 f.

RENI (GUIDO). *Voir* GUIDE.

RIBERA. *Voir* ESPAGNOLET.

RICCI ou RIZZI (SEBASTIANO), *né à Cividal di Belluno, dans les Etats de Venise, vers* **1660**; *mort à Venise en* **1734**. (Ecole vénitienne.).

Il fut élève de Federigo Cervelli et d'Alessandro Magnasco, dit Il Lissandrino. Il travailla avec succès à Milan, à Venise, à Vicence, à Florence, à Londres, passa à Paris en 1718, et se fit recevoir de l'académie de peinture de cette ville. Il eut divers styles. Gaspero Diziani, Francesco Ponte Basso et Antonio Pellegrini furent ses élèves. Il ne faut pas le confondre avec Camillo Ricci, élève de Scarcellino et François Ricci, peintre et architecte espagnol.

433. *Sujet allégorique.*

H. 1, 13. — L. 0, 85. — T. — Fig. de 0, 60.

La France, revêtue d'un costume moitié civil et moitié militaire, foule aux pieds l'Ignorance et couronne la Vertu guerrière assise par terre, appuyée sur son genou et tenant une lance. Le Génie des arts, un flambeau à la main, et d'autres Génies portant les attributs de la France et une corne d'abondance entourent le groupe principal. Dans le bas du tableau, une palette, un livre de musique et divers accessoires relatifs aux sciences et aux arts.

Landon, t. 7, pl. 26.

Collection de l'Académie royale de peinture. — Ce tableau fut peint par Ricci pour sa réception à l'Académie royale de peinture. — Estimation : Emp. 600 f.; Rest. 1,000 f.

434. *Jésus-Christ donnant les clefs du Paradis à saint Pierre.*

H. 0, 80. — L. 0, 44. — T. — Fig. de 0, 23.

Jésus-Christ, entouré de ses disciples, debout sur la deuxième marche d'un escalier conduisant à un édifice dont on n'aperçoit qu'une colonne, remet à saint Pierre prosterné devant lui les clefs de l'Église. A gauche, saint Jacques, un bâton de pèlerin à la main ; par terre, un livre ouvert, une épée; dans le ciel, des anges portés sur des nuages.

Ancienne collection. — Estimation : Emp. 400 f. ; Rest. 500 f.

435. *Polyxène devant le tombeau d'Achille.*

H. 0, 56. — L. 0, 98. — T. — Fig. de 0, 28.

Polyxène va être sacrifiée aux mânes d'Achille à qui elle fut fiancée. Un guerrier la conduit par la main devant le monument qui renferme les cendres du héros. A droite, un prêtre agenouillé faisant des libations sur un trépied, un jeune acolyte portant le couteau sacré sur un plat d'argent, et dans le fond, d'autres prêtres faisant les apprêts du sacrifice. A gauche, des soldats et une jeune fille effrayée cachant sa figure et prosternée sur les genoux de sa mère.

Ancienne collection. — Estimation : Rest. 1,000 f.

436. *Continence de Scipion.*

H. 0, 56. — L. 0, 98.

Scipion, assis sur un trône exhaussé de trois marches, étend la main vers le jeune Allatius, agenouillé devant lui. A droite, un vieillard tenant par la main la jeune fiancée. De chaque côté, des soldats et des pages. Sur le devant, des vases et une cassette renversés.

Ancienne collection. — Estimation : Rest. 1,000 fr.

RICCIARELLI. *Voir* DANIEL DE VOLTERRE.

RICCIO (FELICE). *Voir* BRUSASORCI.

RIZZO DE SANTA CROCE (FRANCESCO), *né dans l'Etat de Bergame, on ignore à quelle époque; il vivait de* 1507 *à* 1541. (Ecole vénitienne.)

On n'a aucun renseignement sur la vie de ce peintre. On sait seulement qu'il fut élève de Vittore Carpaccio.

437. *Le mariage de la Vierge.*

H. 0, 82. — L. 0, 66. — B.

Sous le péristyle du temple de Jérusalem, le grand-prêtre Zacharie unit saint Joseph et la Vierge accompagnée de sainte Anne et soutenue par deux anges.

Acquis de M. Langeac, en 1822, et compris dans le lot de tableaux qui fut payé 20,000 fr.

ROBUSTI. *Voir* TINTORET.

ROMANELLI (GIO. FRANCESCO), *né à Viterbe en* 1617, *mort en* 1662. (Ecole romaine.)

Élève de Pietro de Cortone ; il fut protégé par le cardinal Barberini, et surtout par le cardinal Mazarin qui le fit venir en France pour décorer son palais, actuellement la Bibliothèque nationale. Après un voyage en Italie, il revint en France, où il peignit, au Louvre, les salles des bains de la Reine, maintenant salle des Saisons, de la Paix, des Romains et du Centaure (*Musée des Antiques*). Romanelli a fait peu de tableaux de chevalets et a peint surtout à fresque. Urbain Romanelli son fils et son élève mourut à la fleur de l'âge.

438. *Vénus versant le dictame sur la blessure d'Énée.*

H. 1, 60. — L. 2, 17. — T. — Fig. pet. nat.

Ancienne collection. — Estimation : Emp. 6,000 f. ; Rest. 3,000 f.

439. *Vénus et Adonis.*

H. 0, 54. — L. 0, 66. — T. — Forme ovale en largeur.

L'Amour montre à Vénus, assise sur un lit de repos, Adonis qui s'approche tenant un chien en laisse.

Ancienne collection. — Estimation : Emp. 400 f. ; Rest. id.

ROSA. *Voir* SALVATORE.

ROSSELLI (COSIMO), *né à Florence en* 1416, vivait encore en 1496. (Ecole florentine.)

Le nom de son maître est inconnu. Sa passion pour l'alchimie lui fit dépenser tout ce qu'il avait acquis par son travail. Piero di Cosimo fut son élève.

440. *La Vierge et l'Enfant-Jésus.*

H. 1, 89. — L. 1, 77. — B. — Fig. pet. nat.

La Vierge présente son fils à l'adoration des anges, de sainte Marie-Madeleine et de saint Bernard, qui écrit sous l'inspiration divine.

Musée Napoléon. — Le Livret de 1841 attribuait à tort ce tableau à Piero di Cosimo. — Estimation : Emp. 3,000 f. ; Rest. id.

ROSSELLI (PIERO DI COSIMO), *né à Florence en* 1441, *mort en* 1521. (Ecole florentine.)

On ignore le nom de famille de ce peintre et il n'est connu que sous celui de son maître Cosimo Rosselli. André del Sarto fut son élève.

441. *Le couronnement de la Vierge.*

H. 2, 72. — L. 1, 94. — B. — Forme cintrée. — Fig. pet. nat.

Le Père-Éternel, la tête ceinte d'une tiare, pose, au milieu du chœur des anges, la couronne de l'immortalité sur la tête de la Vierge agenouillée devant lui. Dans le bas du tableau, saint Jérôme, saint François d'Assise, saint Bonaventure et saint Louis, évêque de Toulouse, sont debout avec leurs attributs.

Landon, t. 7, pl. 31.

Musée Napoléon. — « Il se mit à faire pour une chapelle de San Piero Gattolini une Vierge assise, entourée de quatre figures et couronnée par deux anges. Cet ouvrage, exécuté avec tout le soin possible, lui fit beaucoup d'honneur et fut très loué. On voit maintenant cette composition à San Friano, où elle fut transportée après la démolition de la première église. » (VASARI.) — Estimation : Emp. 15,000 f. ; Rest. 4,000 f.

ROSSELLI (MATTEO), *né en* 1578, *mort en* 1650. (École florentine.)

Élève de Gregorio Pagani et de Domenico Cresti da Passignano. Il a été surtout supérieur dans la peinture à fresque et forma un grand nombre d'élèves, entre autres Carlo Dolce et Jean de Saint-Jean. Il ne faut pas le confondre avec Antonio Boselli de Bergame, qui vivait de 1509 à 1536, et avec Paolo Rosselli, ou Rossetti qui exécuta beaucoup de tableaux en mosaïques.

442. *Le repos en Égypte.*

H. 1, 73. — L. 2, 18. — T. — Fig. gr. nat.

Saint Joseph, assis au pied d'un arbre, tient sur ses genoux l'Enfant-Jésus, auquel la Vierge présente des fruits; à ses pieds sont une gourde et un paquet. Deux anges, dont un est près de la Vierge, offrent des fleurs à l'Enfant-Jésus; deux autres voltigent au-dessus de sa tête et lui jettent les fruits d'un palmier.

Landon, t. 7, pl. 32.

Acquis sous l'empire, de M. Fabre, à Florence. — Estimation : Emp. 5,000 f. ; Rest. 6,000 f.

443. *Le triomphe de David.*

H. 2, 35. — L. 2, 95. — T. — Fig gr. nat.

David, vainqueur de Goliath, tient la tête et l'épée

du géant; plusieurs femmes l'accompagnent en jouant de divers instruments. On lit sur ce tableau : OPUS MATTHÆI ROSSELLII FLORENTINI 1630.

Collection de Louis XIV. — Ce tableau était placé dans la chapelle du château de Saint-Germain-en-Laye. — Estimation : Rest. 15,000.

ROSSO, *peintre, architecte, né à Florence en 1496, mort en France en 1541.* (Ecole florentine.)

On ignore le nom de son maître ; il se forma un style en étudiant le fameux carton de Michel-Ange et les dessins du Parmesan. Appelé en France par François Ier, il jouit d'une extrême faveur, fut nommé surintendant des travaux de Fontainebleau dont il construisit la grande galerie, et devint chanoine de la Sainte-Chapelle de Paris. L'arrivée du Primatice excita une haine implacable entre les deux artistes et leurs partisans. François Ier fut obligé d'éloigner momentanément ce dernier en lui donnant mission de rapporter des objets d'art d'Italie. Rosso termina sa vie par le poison, pour fuir le déshonneur d'avoir accusé injustement de vol Francesco di Pellegrino, son ami, et de l'avoir fait mettre à la torture. Le Primatice, rappelé en France, lui succéda.

444. *La Visitation de la Vierge.*

H. 2, 75. — L. 1, 68. — B. — Forme cintrée. — Fig. pet. nat.

La Vierge reçoit, sur les marches extérieures de la maison de Zacharie, les hommages respectueux de sainte Elisabeth, qui fléchit le genou devant elle. Derrière la mère du précurseur, saint Joseph, appuyé sur un bâton, paraît rendre compte à un vieillard de l'objet du voyage. Le peintre a supposé que Zacharie était jeune ; il l'a représenté debout sur la seconde marche qui conduit à son habitation, et tenant un grand livre ouvert, emblème qui sert à le faire reconnaître. Sur le premier plan, à gauche, une femme assise sur les degrés, et, derrière elle, une autre femme debout portant un paquet sur la tête.

Landon, t. 7, pl. 33.

Musée Napoléon. — Il existe une composition analogue peinte à fresque par le Pontorme, dans la cour de l'*Annonciata* des Servites (V. *Etruria pittrice*, pl. 14.) — Estimation : Emp. 40,000 f. ; Rest. 20,000 f.

445. *Le Christ au tombeau.*

H. 1, 25. — L. 1, 62. — T. — Fig. pet. nat.

Le corps du Christ, déposé à l'entrée de la grotte sur un coussin, est soutenu par Nicodème; la Madeleine tient ses pieds exhaussés ; la Vierge à genoux, les bras étendus, s'évanouit dans les bras d'une des saintes femmes.

Landon, t. 7, pl. 34.

Musée Napoléon. — Estimation : Emp. 2,400 f. ; Rest. 3,000.

SABBATINI (ANDREA), *né à Salerne vers* 1480, *mort vers* 1545. (École napolitaine.)

Un tableau peint par le Pérugin, pour la cathédrale de Salerne, fit prendre à Sabbatini la résolution d'aller à Pérouse pour entrer à son école. Ayant entendu dire par hasard dans une auberge que le jeune Raphaël lui était de beaucoup supérieur en talent, il changea de résolution, vint se mettre sous la discipline de ce grand peintre, et se distingua par ses progrès rapides. De retour dans sa patrie, il influa par ses ouvrages sur le style de l'école napolitaine.

446. *La Visitation.*

H. 1, 19. — L. 0, 73. — B. — Fig. de 0,60.

Sainte Elisabeth reçoit Marie au milieu d'une espèce de place et près d'une maison, dont Zacharie descend les degrés. Dans le fond, un édifice de style gothique; et à droite, près d'un arbre, deux anges.

Landon, t. 7, pl. 35.

Musée Napoléon. — On dit que, sous la figure de la Vierge, le peintre a représenté la dernière princesse de Salerne, de la famille Villa Marina; sous les traits de sainte Elisabeth, un eunuque de la maison, et sous ceux de Zacharie, Bernardo Tasso, secrétaire des princes de Salerne, auteur d'*Amadigi*, poème en cent chants, et père du célèbre Torquato Tasso, auteur de la Jérusalem délivrée. — Estimation : Emp. 1,000 f. ; Rest. 1,500 fr.

SABBATTINI (LORENZO), *dit* LORENZINO DA BOLOGNA, *mort jeune en* 1577. (École bolonaise.)

On ignore le nom de son maître. Il se forma sur les ouvrages du Parmesan et de Raphaël, dont il ne fut pourtant pas élève comme quelques personnes ont paru le croire. Il fut très employé à Rome sous le pontificat de Grégoire XIII, qui le choisit pour présider aux travaux du Vatican. Il eut pour élève Calcar et Pasqualini.

447. *La Vierge, l'Enfant-Jésus et saint Jean.*

H. 1, 73. — L. 1, 42. — T. — Fig. gr. nat.

Jésus, debout sur son berceau et soutenu par sa mère,

montre le ciel au jeune précurseur, qui fléchit le genou devant lui en lui présentant une croix de jonc.

Landon, t. 7, pl. 36.

Musée Napoléon. — Ce tableau est attribué sur les inventaires de la Restauration et de 1832 à Andrea Sabbatini. — Estimation : Emp. 6,000 f. ; Rest. 4,000 fr.

SACCHI DI PAVIA (PIER FRANCESCO), *peignait à Milan dès l'an* 1460. (Ecole milanaise.)

On ignore le nom de son maître, mais sa manière tient beaucoup de celle de l'école milanaise et de Carlo del Mantegna. Comme l'on sait qu'il peignait à Milan en 1460, et que des ouvrages conservés à Gênes, avec les dates de 1512 à 1526, ont été attribués à un même Sacchi, on pense, et Lanzi est de cet avis, qu'une si longue carrière n'a pas été fournie par un même artiste, et que les ouvrages de plusieurs peintres différents, mais du même nom, ont été donnés à un seul.

448. *Les docteurs de l'Église avec les symboles des évangélistes.*

H. 1, 98. — L. 1, 67. — B.

Sous un portique ouvert, soutenu par des pilastres décorés de riches arabesques, les quatre docteurs de l'église latine sont assis autour d'une table de marbre blanc; auprès d'eux, on remarque les symboles donnés aux évangélistes : l'aigle est à côté de saint Augustin, évêque d'Hippone; le bœuf, près du pape Grégoire-le-Grand; l'ange, près de saint Jérôme ; le lion ailé, près de saint Ambroise, occupé à tailler une plume. Devant lui, une discipline indique sa conduite sévère envers l'empereur Théodose, qui avait puni trop rigoureusement les habitants de Thessalonique. Sur un cartel posé près du pied de la table, on lit : PETRI FRANCISCI SACHI DE PAPIA, OPVS 1516.

Musée Napoléon. — Estimation : Emp. 4,000 f. ; Rest. 30,000 f.

SALAI *ou* **SALAINO** (ANDREA), *de Milan, vivait de* 1495 *à* 1503. (Ecole milanaise.)

Il fut un des élèves chéris de Léonard de Vinci, qui se servait de lui comme modèle lorsqu'il voulait faire de belles têtes d'homme ou d'ange. Léonard, suivant Vasari, lui enseigna une foule de secrets et retoucha même ses ouvrages. Un des trois cartons de sainte Anne, exécutés par le Vinci, fut colorié par Salaï, jouissait d'une grande réputation et se voyait dans la sacristie de Saint-Celse, à Milan.

449. *Le Crucifiement.*

H. 1, 10. — L. 0, 77. — B. — Fig. de 0, 35.

Le Christ, étendu sur la croix, est entouré de soldats et de cavaliers romains; l'un d'eux tient à la main la lance dont il vient de percer le côté du Sauveur. Sur le devant, la Vierge, évanouie, est soutenue par une sainte femme; près d'elle, saint Jean lève les yeux vers le Christ. Au côté opposé, deux soldats accroupis jouent aux dés la robe sans couture. On aperçoit dans l'éloignement une ville devant laquelle passe un fleuve couvert de galères et de vaisseaux. — Ce tableau est signé: ANDREAS. MEDIOLANENSIS. FA. 1503.

La signature de ce tableau ne peut guère désigner qu'Andrea Salaï à qui nous avons attribué cette peinture. On trouve encore cependant un Andrea cité par Lanzi comme ayant étudié à Venise, et par Zanetti comme ayant exécuté un tableau d'autel à Murano en 1495. Au reste, ce tableau n'est porté sur aucun inventaire ancien.

SALVATORE ROSA, *peintre, graveur, poëte, musicien, né à Naples le* 20 *juin* 1615, *mort à Rome le* 15 *mars* 1673. (École napolitaine.)

Il passa de l'école de Francesco Francanziani dans celles d'Aniello Falcone et de l'Espagnolet. Lanfranc lui donna aussi des conseils. Salvatore, après avoir connu, dans sa jeunesse, les horreurs de la misère, parvint, par un travail assidu, à acquérir une fortune et une réputation qu'il dut à la célérité et à la vigueur de son pinceau.

450. *L'ange Raphaël et le jeune Tobie.*

H. 0, 26. — L. 0, 21. — B.

L'ange tenant à la main une baguette, ordonne au jeune Tobie de saisir par les ouïes le poisson qui menaçait de le dévorer.

Gravé par Guttemberg. — Filhol, t. 2, pl. 3. — Landon, t. 7, pl. 43.

Ancienne collection. — Estimation : Emp. 1,500 f. ; Rest. 500 f.

451. *L'ombre de Samuel apparaît à Saül.*

H. 2, 73. — L. 1, 94. — T. — Fig. gr. nat.

L'ombre de Samuel, enveloppée d'une longue draperie blanche, est évoquée par la Pythonisse qui attise le feu d'un trépied. Saül, prosterné à terre, lève les yeux vers Samuel et l'interroge sur l'issue de la guerre entreprise contre David et les Philistins : derrière la Pythonisse, des hiboux et des squelettes aux formes fantastiques; dans le fond, les deux gardes de Saül frappés d'épouvante.

Filhol, t. 11, pl. 67. — Landon, t. 7, pl. 29.

Collection de Louis XIV. — Estimation : Emp. 45,000 f.; Rest. 25,000 f.

452. ***Une bataille.***

H. 2, 17. — L. 3, 51. — T. — Fig. de 0, 60.

Des guerriers, vêtus à l'antique, combattent à pied et à cheval près des ruines d'un temple. On aperçoit dans l'éloignement un corps de cavalerie poursuivant des fuyards; au pied d'un massif de rochers, et sur un autre point, des vaisseaux embrasés près d'un rivage escarpé. — Ce tableau est signé : SALUATOR ROSA.

Ce tableau, exécuté dans l'espace de quarante jours, en 1652, fut commandé par Monsignor Corsini, nonce du pape, pour en faire hommage à Louis XIV et fut payé à l'artiste 200 doubles. — Estimation : Emp. 50,000 f.; Rest. 40,000.

453. ***Paysage.***

H. 1, 42. — L. 1, 93. — T.—Fig. de 0, 20.

A droite, un chasseur tue un oiseau d'un coup de fusil; des guerriers se reposent sur la cime d'un rocher.

Gravé par Fortier.

Acquis en 1816 de Mme Rigo, pour 4,000 f.

454. ***Paysage et marine.***

H. 0, 48. — L. 0, 63. — T.

A gauche, sur une hauteur, des guerriers couverts de leur armure; et plus bas, une barque et des mariniers.

Gravé par Niquet.

Ancienne collection. — Estimation : Emp. 10,000 f.; Rest. 6,000 f.

SALVATORE ROSA (imitation de).

455. ***Marine.***

H. 0, 48. — L. 0, 72. — T. — Fig. de 0, 08.

Sur le premier plan, un homme debout, un bâton à

la main, s'entretenant avec un autre homme assis devant lui. Plus loin des pêcheurs et des barques. Dans le fond, à droite, des rochers.

Acquis en 1824 de M. Mauco (Musée européen).

SALVI (GIO. BATISTA). *Voir* SASSOFERRATO.

SALVIATI (FRANCESCO ROSSI DE), *né à Florence en* 1510, *mort à Rome en* 1563. (Ecole florentine.)

Son premier maître fut Baccio Bandinelli. Il passa ensuite à l'école de Raffaello da Brescia, peintre peu connu; puis dans celle d'Andrea del Sarto. Appelé par le roi François Ier, il vint en France en 1554, et y fit quelques ouvrages; mais, jaloux du Rosso et du Primatice, il n'y resta que vingt mois et retourna en Italie, laissant dans toutes les villes où il passa des ouvrages que son caractère inquiet ne lui permettait pas d'achever. On ne lui connaît que deux élèves, Joseph Porta dit Salviati et Annibal Nanni.

456. *L'incrédulité de saint Thomas.*

H. 2, 75. — L. 2, 32. — T. — Fig. gr. nat.

Le Christ, debout au milieu des apôtres, et ayant près de lui une petite bannière où est peinte une croix, montre ses plaies à saint Thomas, agenouillé devant lui.

Gravé par un anonyme. — Landon, t. 7, pl. 41.

Musée Napoléon.—Ce tableau, peint originairement sur bois, ayant été rompu en trois morceaux, a été reporté sur toile. — Estimation : Emp. 24,000 f.; Rest. 12,000 f.

SALVIATI. *Voir* **PORTA.**

SANZIO. *Voir* RAPHAEL.

SASSOFERRATO (GIOVANNI BATISTA SALVI DA), *né en* 1605, *mort en* 1685. (Ecole romaine.)

Son père Tarquinio Salvi fut son premier maître et l'on ignore s'il en eut d'autres. On sait seulement qu'il copia un grand nombre d'ouvrages de l'Albane, du Guide, du Baroche et surtout de Raphaël. Il ne peignit presque jamais que des têtes, et ses peintures qui atteignent la dimension d'un buste, sont extrêmement rares.

457. *La Vierge et l'Enfant-Jésus.*

H. 0, 76. — L. 0, 62. — T. — Fig. à mi-corps, gr. nat.

La Vierge assise tient sur ses genoux l'Enfant-Jésus

endormi. Dans la partie supérieure, de chaque côté, une tête de chérubin.

Landon, t. 7, pl. 44.

Acquis de M. l'abbé de Sambucy, le 22 mai 1816, avec un chasseur tenant une perdix, attribué à Cuyp, pour 4,500 f.

458. *L'Assomption de la Vierge.*

H. 1, 43. — L. 0, 85. — T. — Fig. pet. nat.

La Vierge, debout, les mains jointes, les yeux levés vers le ciel, est transportée par des chérubins au céleste séjour.

Ancienne collection. — Estimation : Emp. 400 f. ; Rest. 1,000 f.

459. *Tête de Vierge en adoration.*

H. 0, 47. — L. 0, 36. — T. — Fig. gr. nat.

Ancienne collection. — Estimation : Rest. 500 f.

SAVOLDI (Giovanni Girolamo), *né à Brescia, vivait en* 1540. (Ecole vénitienne.)

On ignore le nom de son maître. On sait seulement qu'il se forma en étudiant les ouvrages de Titien. Appartenant à une famille noble et riche, il se plaisait à orner gratuitement les églises de ses peintures qui sont très rares dans les galeries. Ridolfi nous apprend qu'il était connu à Venise sous le nom de *Girolamo Bresciano*.

460. *Portrait de Gaston de Foix, duc de Nemours, né en 1489, mort en 1512.*

H. 0, 91. — L. 1, 23. — T. — Fig. à mi-corps, gr. nat.

Il est assis dans un lieu orné de glaces qui réfléchissent son portrait. Ce tableau est signé : *Opera di Jovanni Jeronimo di Bressia di Savoldi.*

Collection de François Ier. — On trouve dans le père Dan (*Trésor des merveilles de Fontainebleau*) : « Hierome de Bresse, dit Saluody, voulant faire paraître l'excellence de la peinture au-dessus de la sculpture, fit un grand portrait de Gaston de Foix à demy couché, lequel est à l'opposite de plusieurs miroirs et ainsi paraît de tous costez ; afin de montrer le mérite de la peinture, qui par cette invention représente comme la sculpture, une figure de toutes parts. Ce tableau en son original est encore une pièce considérable de ce cabinet des peintures. » Ce tableau, cité ensuite par Félibien sous le véritable nom du peintre, a été depuis attribué, sur les inventaires de Bailly, de l'Empire, de la Restauration, et dans le Livret de 1841, à Giorgion. — Estimation : Emp. 50 f. ; Rest. 2,000 f.

SCHIAVONE (ANDREA MEDOLA, *dit* LE), *né à Sebenico, en Dalmatie, en* 1522, *mort en* 1582. (Ecole vénitienne.)

Il apprit à dessiner en copiant les estampes du Parmesan et à peindre en étudiant les ouvrages du Giorgion et du Titien. Malgré son grand talent, sa prodigieuse facilité, et la protection que lui accordait le Titien, ce peintre vécut dans la misère, peignant à vil prix, sur des coffres et des meubles, des compositions remarquables par leur élégance et par leur belle couleur. Il mourut sans laisser de quoi se faire enterrer, et ses ouvrages ne furent appréciés qu'après sa mort.

461. *Buste de saint Jean-Baptiste.*

H. 0, 49. — L. 0, 37. — T. — Forme ov., gr. nat.

Il a les yeux baissés, et est vêtu d'une peau d'agneau.

Ancienne collection. — Quelques personnes ont voulu attribuer ce tableau à Raphaël. — Estimation : Rest. 600 f.

SCHIDONE *ou* **SCHEDONE** (BARTOLOMMEO), *né vers* 1580 *à Modène, où il mourut jeune en* 1615. (Ecole de Parme.)

On sait peu de chose sur la biographie de ce peintre. Quelques auteurs le prétendent élève des Carrache. Rien ne le prouve. Tout porte à croire au contraire qu'il se forma par une étude approfondie des ouvrages du Corrége dont il imita le style avec beaucoup d'habileté dans plusieurs de ses plus importants ouvrages. Ses peintures sont fort rares. Absorbé par la passion du jeu, il produisit peu et mourut, âgé d'environ trente-six ans, de chagrin d'avoir perdu en une nuit une somme considérable qu'il ne pouvait acquitter.

462. *La Sainte-Famille.*

H. 1, 05. — L. 0, 88. — T. — Fig. à mi-corps, gr. nat.

La Vierge tient, debout sur une table, l'Enfant-Jésus qui montre du doigt saint Joseph appuyé sur une béquille.

Landon, t. 7, pl. 45.

Musée Napoléon. — Estimation : Emp. 40,000 f. ; Rest. 8,000 f.

463. *Le Christ porté au tombeau.*

H. 0, 36. — L. 0, 29. — B. — Fig. de 0, 26.

Le corps du Christ est soutenu par Nicodème et saint Jean à genoux ; Joseph d'Arimathie est près d'eux. Un ange, tenant un flambeau, les éclaire et les guide.

Filhol, t. 4, pl. 43. — Landon, t. 7, pl. 48.

Ancienne collection. — Estimation : Emp. 5,000 f. ; Rest. 3,000 f.

464. *Le Christ au tombeau.*

H. 2, 48. — L. 1, 81. — T. — Fig. gr. nat.

Le corps du Christ, prêt à être enseveli, est posé sur le bord du sépulcre, tandis que saint Jean et Joseph d'Arimathie le prennent par les bras et la partie supérieure du corps; la Madeleine, agenouillée, soulève les pieds pour aider à le déposer dans le tombeau. La Vierge, accompagnée d'une sainte femme, et Nicodème, placé derrière saint Jean, contemplent ce spectacle avec douleur.

Filhol, t. 8, pl. 517. — Landon, t. 7, pl. 49.

Musée Napoléon. — Estimation : Emp. 120,000 f. ; Rest. 6,000 f.

SCIARPELLONI (LORENZO). *Voir* CREDI.

SÉBASTIEN DEL **PIOMBO** (FRA BASTIANO LUCIANO, *dit*), *né à Venise en* 1485, *mort à Rome en* 1547. (Ecole vénitienne.)

Gio. Bellini fut son premier maître; il le quitta ensuite pour entrer à l'école du Giorgion. Etant venu à Rome, au moment où les partisans de Raphaël et ceux de Michel-Ange se faisaient une guerre implacable et tâchaient d'attirer dans leur camp les artistes célèbres, Sébastien se déclara pour Michel-Ange qui, flatté de cette préférence, l'aida de ses conseils, de ses dessins, et lui fournit, dit-on, des cartons pour ses tableaux. Nommé scelleur de la chancellerie par Clément VII, les revenus de cette charge lui permirent de se livrer entièrement à son penchant pour la paresse. Il abandonna la grande peinture, et c'est à peine si on put obtenir de lui des portraits, genre dans lequel il excellait.

465. *La visitation de la Vierge.*

H. 1, 68. — L. 1, 32. — T. — Fig. jusqu'aux genoux, gr. nat.

La Vierge, accompagnée de deux femmes, est reçue par sainte Elisabeth : on aperçoit plus loin Zacharie qui descend les degrés d'un péristyle. Un homme, vu de dos, lui annonce l'arrivée de la Vierge. Signé : SEBASTIANVS VENETVS FACIEBAT ROMÆ M. D. XXI.

Filhol, t. 7, pl. 469. — Landon, t. 7, pl. 51.

Collection de François Ier. — Le père Dan dit : « On croit que le visage de Nostre-Dame a esté fait par Michel-Ange. » — Ce tableau, après avoir longtemps décoré les palais de Fontainebleau, de Versailles, du Louvre, avait été relégué dans un grenier où il subit de graves détériorations. Le panneau était séparé en trois morceaux, et de nombreuses écailles étaient tombées. La direction du Musée Napoléon fit transporter le tableau sur toile, rapporter les écailles, et la restauration fut faite aussi bien que possible. — Estimation : Emp. 60,000 f. ; Rest. id.

466. *Portrait de Baccio Bandinelli, peintre et sculpteur florentin.*

H. 1, 11. — L. 0, 91. — B. — Fig. à mi-corps, gr. nat.

Il est vêtu de noir et tient une petite statue de bronze.

Filhol, t. 4, pl. 257.

Collection de Louis XIV. — M. Waagen attribue ce portrait à Andrea del Sarto. — Estimation : Emp. 20,000 f. ; Rest. 30,000 f.

SERVANDONI (GIOVANNI NICOLO), *architecte, peintre-décorateur, né à Florence le* 22 *mai* 1695, *mort à Paris le* 19 *janvier* 1766. (Ecole romaine.)

Élève de Jean Paul Pannini. Il exécuta un grand nombre de décorations en France, en Allemagne, en Angleterre, en Espagne. Le portail de l'église de Saint-Sulpice a été élevé d'après ses dessins.

467. *Ruines de monuments antiques.*

H. 2, 62. — L. 1, 96. — T. — Fig. de 0, 17.

Un arc en ruines laisse apercevoir un obélisque; sur le devant, deux guerriers près d'une femme assise et tenant un enfant. Dans le fond, une colonnade d'ordre dorique et plusieurs cavaliers.

Collection de l'Académie de peinture. — Ce tableau fut peint par Servandoni pour sa réception en 1731. — Estimation : Emp. 1,200 f. ; Rest. 1,000 f.

SGUAZZELLA *ou* **SQUAZZELLA** (ANDREA), *florissait en* 1519. (Ecole florentine.)

Sguazzella, dit le *Nannoccio*, fut un élève habile d'Andrea del Sarto, et passa en France avec lui lorsqu'il fut appelé à la cour de François Ier. Sguazzella aida beaucoup son maître, resta en France après le départ de celui-ci pour l'Italie, fut attaché au service du cardinal de Tournon et donna des conseils à Cellini lorsqu'il vint à Paris. Il imita si bien le style d'Andrea que les Français se plaignaient que le Sarte refaisait trop souvent les mêmes sujets.

468. *Le Christ mis au tombeau.*

H. 1, 54. — L. 1, 93. — B. — Fig. pet. nat.

Le corps du Christ, étendu à terre à l'entrée de la grotte, est soulevé par Nicodème. La Vierge, à genoux devant lui, tombe sans connaissance entre les bras de Joseph d'Arimathie, et est secourue par Marie Salomé. Marie Madeleine, prosternée à terre, lui baise les pieds; saint Jean et une sainte femme à genoux contemplent avec attendrissement sa piété fervente.

Gravé par Ab. Girardet. — Filhol, t. 7, pl. 443.

Musée Napoléon. — Ce tableau a été gravé par Æneas Vicus, sous le nom de Raphaël, et probablement d'après un dessin que possède le Louvre. Il a été attribué aussi à Andrea del Sarto, et même par quelques auteurs à Otto Venius, maître de Rubens. — Estimation : Emp. 2,000 f.; Rest. id.

SIGNORELLI (LUCA), *né à Cortona en 1440, mort en 1521.* (Ecole florentine.)

Élève de Pietro della Francesca, il fut, dit-on, un des premiers artistes qui se livrèrent à une étude sérieuse de l'anatomie. Michel-Ange étudia ses ouvrages.

469. *La naissance de la Vierge.*

H. 0, 33. — L. 0, 70. — B. — Fig. de 0, 23.

Sainte Anne, couchée dans son lit, remet à une femme l'enfant qui vient de naître. Un vieillard, vu de dos, s'appuie sur le pied du lit. Une femme se baisse pour prendre un vase et un bassin. A droite, saint Joachim, assis par terre, écrit sur ses genoux. A gauche, un homme entr'ouvre la porte de l'appartement.

Acquis de M. Mauco (Musée européen) en 1824.

SOLARI *ou* **SOLARIO** (ANDREA), *ou* DEL GOBBO, *vivait en 1530.* (Ecole milanaise.)

On n'a presque aucuns renseignements biographiques sur Solario; on sait seulement qu'il fut élève de Gaudenzio Ferrari et imitateur de Léonard. On l'a confondu souvent avec Andrea Salaï ou Salaïni, ou Salaïno, ou même Salario, qui fut disciple de Léonard de Vinci, Milanais comme Solari et son contemporain.

470. ***Salomé, fille d'Hérodiade, recevant la tête de saint Jean-Baptiste.***

H. 0, 62. — L. 0, 53. — B. — Fig. à mi-corps pet. nat.

La fille d'Hérodiade reçoit dans un bassin la tête de saint Jean-Baptiste, qui lui est présentée par un bourreau dont on ne voit que le bras.

Landon, t. 7, pl. 56.

Ce tableau, acquis sous Louis XIV comme étant de Solario, a été aussi attribué à Léonard de Vinci. Il paraît être de la main de Luini et offre les plus grands rapports avec le nº 309. C'est le même faire et les mêmes modèles ont posé pour les têtes dans les deux tableaux. — Estimation : Emp. 30,000 f.; Rest. 15,000 f.

471. ***La Vierge allaitant l'Enfant-Jésus.***

H. 0, 60. — L. 0, 50. — B. — Fig. pet. nat.

La Vierge donne le sein à l'Enfant-Jésus couché sur un coussin recouvert d'une étoffe verte et posée sur une table de marbre. On aperçoit dans le fond une vaste campagne. — Signé : ANDREAS DE SOLARIO FECIT.

Gravé par Demeulemeester (Calc. nat.); C. Vemer.—Filhol, t. 9, pl. 656. — Landon, t. 7, pl. 55.

Félibien rapporte que « Marie de Médicis étant à Blois, et ayant su qu'il y avait dans le couvent des Cordeliers un tableau de la main d'André Solari, qu'on appelle *la Vierge à l'oreiller vert*, pour avoir ce tableau, fit quelques libéralités à la maison, et leur en donna une copie qu'elle fit faire par Mosnier. » Estimé 1,000 liv. tourn. sur l'inventaire de Mazarin et acheté à ses héritiers par Louis XIV.— Estimation : Emp. 30,000 f.; Rest. 15,000 f.

SOLIMENE (FRANCESCO SOLIMENA), *dit l'*ABBATE CICCIO, *né à Nocera di Pagani, dans le territoire de Naples, en 1657, mort à Naples en 1747.* (Ecole napolitaine.)

Élève pendant deux ans de son père Angelo Solimena. Il alla à Naples à l'âge de dix-sept ans, et ne passa que quelques jours dans l'atelier de Francesco di Maria. Ayant quitté ce maître, il chercha à se faire une manière expéditive en étudiant les ouvrages de Lanfranc, du Calabrèse, de Pietre de Cortone, du Guide et de Carle Maratte.

472. ***Adam et Ève dans le paradis terrestre, épiés par Satan.***

H. 0, 54. — L. 0, 44. — C. — Fig. de 0, 32.

Adam, assis sur un rocher, s'entretient avec Ève

debout devant lui, le coude appuyé sur une pierre; divers animaux jouent autour d'eux. Plus loin, Satan, sous une forme humaine, les ailes déployées, tient le serpent dont il doit emprunter la figure, et l'introduit dans l'Eden. Dans les airs, plusieurs groupes d'anges.

Landon, *t.* 7, *pl.* 57.

Ancienne collection. — Estimation : Emp. 600 f.; Rest. 800 f.

473. ***Héliodore chassé du temple.***

H. 1, 50. — L. 2, 00. — T. — Fig. de 0, 35.

Malgré les vives représentations du grand-prêtre Onias, Héliodore, pour obéir aux ordres de Séleucus, est entré dans le temple de Jérusalem dans le dessein d'en enlever le trésor; mais ceux qui le suivent sont renversés par une vertu divine; et, saisi d'une grande frayeur lui-même, foulé aux pieds d'un cheval monté par un guerrier revêtu d'armes éblouissantes, fouetté par deux jeunes gens d'une force et d'une beauté surprenantes, frappé d'aveuglement, chassé du temple, il ne doit le rétablissement de sa santé qu'aux prières d'Onias.

Ancienne collection. — Estimation : Emp. 3,000 f.; Rest. 4,000 f.

SPADA (LIONELLE), *né à Bologne en* **1576,** *mort en* **1621.** **(Ecole bolonaise.)**

Il commença par broyer les couleurs à l'atelier des Carrache et devint bientôt l'un de leurs meilleurs élèves. Il reçut aussi des conseils de César Baglione et de Girolamo Certi, dit le Dentone. Pour se venger d'un sarcasme du Guide, il fit le voyage de Rome et de Malte, afin d'étudier les ouvrages de M. A. Caravage et opposer une manière vigoureuse à celle de Reni, délicate et claire.

474. ***Le retour de l'enfant prodigue.***

H. 1, 60. — L. 1, 19. — T. — Demi-fig. gr. nat.

Couvert de haillons, presque nu, l'enfant prodigue, appuyé sur un bâton, se présente à son père, qui le couvre de son manteau et lui pardonne.

Gravé par Morel (*Calc. nat.*). *Filhol, t.* 1, *pl.* 13. — *Landon, t.* 7, *pl.* 59.

Musée Napoléon. — Estimation : Emp. 12,000 f.; Rest. 10,000 f.

475. *Martyre de saint Christophe.*

H. 3, 10. — L. 2, 00. — T. — Fig. gr. nat.

Saint Christophe, Cananéen de nation et d'une taille gigantesque, est agenouillé, dépouillé de ses vêtements; ses bras sont attachés derrière le dos par une corde que tient un bourreau. Un autre bourreau, la tête couverte d'une toque à plumes, tire l'épée dont il va le frapper; un soldat romain assiste à ce supplice. Dans les airs, un ange qui apporte au saint la palme du martyre.—On lit au bas du tableau : DECOLATIO SANCTI CHRISTOPHORI, et au-dessous on trouve le monogramme de l'artiste, composé d'une épée (en italien *spada*) traversée par la lettre L.

Filhol, t. 4, pl. 213. — Landon, t. 7, pl. 61.

Musée Napoléon. — Estimation : Emp. 20,000 f.; Rest. 15,000 f.

476. *Le concert.*

H. 1, 42. — L. 1, 72. — T. — Fig. à mi-corps gr. nat.

Quatre jeunes gens, réunis autour d'une table, se préparent à exécuter un morceau de musique. L'un d'eux accorde son luth; un autre, debout aussi et tenant un violon, indique avec son archet à un jeune homme assis un cahier de musique qu'il tient à la main; le plus jeune, placé à l'angle de la table, met un doigt sur sa bouche pour imposer le silence.

Gravé par Etienne Picart, sous le nom du Dominiquin. (Calc. nat.)— Gravé par Chauveau.

Lépicié dit, dans son Catalogue des tableaux du roi, que ce tableau fut fait à Rome pour le cardinal Ludovisi et qu'il devint ensuite la propriété du prince Ludovisi son neveu. Le prince le vendit à M. de Nogent qui l'apporta en France. Jabach l'ayant acheté de M. de Nogent avec la sainte Cécile du Dominiquin, comme un ouvrage du même maître, le céda plus tard à Louis XIV. Cette peinture passa longtemps dans la collection du Louvre pour être du Dominiquin.

SPAGNUOLO (Lo). *Voir* CRESPI.

STROZZI *ou* **STROZZA** (BERNARDO), *né à Gênes en 1581, mort à Venise en 1644. Il est encore appelé il Capuccino ou il Prete Genovese, pour avoir été capucin et prêtre sécularisé.*

Il fut élève de Pierre Sorri, peintre de l'école de Sienne, et forma son coloris à l'étude des maîtres vénitiens.

477. *La Vierge et l'Enfant-Jésus portés sur des nuages.*

H. 2, 21. — L. 1, 32. — T. — Fig. gr. nat.

Au-dessous de la Vierge, un ange montre les attributs de la puissance souveraine : un glaive, un sceptre, une couronne, un livre sur lequel on lit ces mots : *Suprema lex esto*; à gauche, on voit près de la bordure un faisceau d'armes, et à droite un niveau.

Musée Napoléon. — Estimation : Emp. 8,000 f.; Rest. 7,000 f.

478. *Saint Antoine de Padoue et l'Enfant-Jésus.*

H. 0, 98. — L. 0, 77. — T. — Fig. gr. nat.

Le saint, vêtu de l'habit de son ordre, est vu à mi-corps; il tient de la main gauche une branche de lis, et de la droite un livre sur lequel est assis l'Enfant-Jésus qui le caresse.

Ancienne collection. — Estimation : Emp. 500 f.; Rest. 2,000 f.

TIARINI (ALESSANDRO), *né à Bologne en* 1577, *mort en* 1668. (Ecole bolonaise.)

Elève de Prospero Fontana, de Bartolommeo Cesi, à Bologne, et de Passignano, à Florence. Louis Carrache, qui avait d'abord refusé de le recevoir dans son école, reconnut plus tard son mérite et devint son ami.

479. *Le repentir de saint Joseph.*

H. 3, 20. — L. 2, 12. — T. — Fig. gr. nat.

Saint Joseph, rassuré par un songe sur l'innocence de son épouse, est conduit par un ange aux pieds de la Vierge, et lui demande pardon des soupçons qu'il avait conçus sur sa grossesse. La Vierge le relève et lui montre le ciel pour lui faire connaître que ce miracle a été fait par l'opération du Saint-Esprit, et qu'il faut se résigner aux décrets de la Providence. L'ange placé derrière saint Joseph recommande le silence à d'autres anges qui entourent les deux époux et volent sur leurs têtes. Dans le fond, un portique.

Landon, t. 7, pl. 63.

Musée Napoléon. — Louis Carrache, suivant Malvasia, ne pouvait se lasser d'admirer la composition, l'exécution et l'expression de cette peinture. — Estimation : Emp. 18,000 f. ; Rest. 30,000 f.

TINTI (GIOVANNI BATISTA), *de Parme, vivait en* 1590. (Ecole parmesane.)

Il fut élève d'Orazio Sammacchini, et se perfectionna en étudiant les ouvrages de Tibaldi, du Corrége et du Parmesan.

480. *Le mystère de la Passion.*

H. 2, 53. — L. 1, 86. — T. — Fig. gr. nat.

L'Enfant-Jésus, nu et endormi, est couché sur les genoux de la Vierge. Pendant son sommeil, les anges lui présentent les instruments de la Passion : les clous, la couronne d'épines, le calice. Près de la Vierge, saint Joseph et un saint évêque. Sur le devant du tableau, saint Jean-Baptiste joue avec un mouton.

Musée Napoléon. — Estimation : Emp. 4,500 f.; Rest. 2,500 f.

TINTORET (JACOPO ROBUSTI, *dit* LE), *né à Venise en* 1512, *mort en* 1594. (Ecole vénitienne.)

Fils d'un teinturier, il montra de bonne heure de grandes dispositions pour la peinture, et entra à l'atelier du Titien où il fit des progrès si rapides que ce maître ne voulut pas, dit-on, garder longtemps un disciple qui s'annonçait comme un rival redoutable. Congédié de l'école du Titien, Tintoret n'en conserva pas moins une grande admiration pour son coloris et chercha à allier à la science de la couleur et du clair-obscur celle du dessin que Michel-Ange, suivant lui, possédait au plus haut degré ; aussi, écrivit-il sur un mur de son atelier comme but de ses études : *le dessin de Michel-Ange et le coloris du Titien.* Doué d'une prodigieuse facilité d'exécution dont il abusa même souvent, étudiant jour et nuit, désintéressé au point d'aider gratuitement ses confrères, ou de travailler pour le déboursé des couleurs, il acquit bientôt une réputation que celle de Titien et de Paul Véronèse pouvait seule balancer. Le nombre des œuvres de Tintoret est immense. Son fils et sa fille exercèrent la peinture avec succès. Cette dernière excellait surtout dans les portraits et mourut à la fleur de l'âge. Ses autres élèves sont Paolo Franceschi, Martin de Vos d'Anvers qui peignait souvent des paysages dans ses tableaux, et Odoardo Fialetti. Il eut aussi pour imitateurs Cesaro della Niafe, Flaminio Floriano et Melchior Colonna.

481. *Suzanne au bain.*

H. 1, 67. — L. 2, 38. — T. — Fig. gr. nat.

Suzanne assise sous des arbres, près d'un bassin, pose le pied gauche sur le genou d'une de ses suivantes, qui lui coupe les ongles; une autre femme placée derrière, lui peigne les cheveux. On aperçoit dans l'éloignement les deux vieillards debout près d'une table. Des grenouilles, des canards, une poule et une foule d'animaux se jouent dans l'herbe et sur l'eau.

Landon, t. 8, pl. 1.

Collection de Louis XIV. — Estimation : Emp. 9,000 f.; Rest. 8,000 f.

482. *Le Christ mort et deux anges.*

H. 0, 29. — L. 0, 19. — B. — Fig. de 0, 15.

Le Christ, assis sur le bord du sépulcre et à demi-enveloppé de son linceul, est soutenu par un ange. Devant lui, un autre ange, appuyé sur une pierre et tenant un flambeau, essuie ses larmes.

Landon, t. 8, pl. 5.

Ancienne collection — Estimation : Emp. 800 f.; Rest. 600 f.

483. *La Cène.*

H. 0, 80. — L. 1, 22. — T. — Fig. de 0, 36.

Jésus-Christ, à table et entouré de ses disciples, pose la main sur saint Jean couché sur la table, et prononce ces paroles : *un de vous me trahira*. Les apôtres expriment par leur attitude leur étonnement, et semblent protester de leur innocence. Sur le devant, un disciple agenouillé tenant une coupe et prenant une bouteille de vin garnie de paille, posée à terre. A gauche, près d'une colonne, un vase. Dans le fond, assise sur un escalier, une femme qui file. A droite, sur un tabouret, une draperie et un livre.

Landon, t. 8, pl. 2.

Ancienne collection. — Landon et Lépicié disent que cette esquisse a appartenu au prince de Carignan. Elle ne figure pourtant pas sur le catalogue des tableaux de son cabinet vendu en 1742. — Estimation : Emp. 800 f. ; Rest. 600 f.

484. *Le Paradis.*

H. 1, 43. — L. 3, 62. — T. — Fig. 0, 45.

Entouré de la gloire céleste, Jésus-Christ couronne la Vierge ; autour d'eux sont rangés les apôtres ; puis, dans l'ordre hiérarchique, les évangelistes, les pères et docteurs de l'Église, les vierges, les confesseurs, les martyrs, et tous les ordres de la milice céleste, qui tous, les yeux fixés sur Jésus-Christ, le chantent et le glorifient.

Musée Napoléon. — Cette peinture n'est pas, comme on l'a prétendu, l'esquisse du tableau du Tintoret qui décore le fond de la grande salle du Palais Saint-Marc à Venise, et qui a 30 pieds vénitiens de hauteur sur 72 de largeur. L'esquisse de cette composition gigantesque, mieux conservée que le tableau maintenant fort noirci et très retouché, se voit dans un des palais de la famille Mocenigo. — Estimation : Emp. 12,000 f.; Rest. 10,000 f.

485. *Réception de Henri III par le doge de Venise.*

H. 0, 85. — L. 1, 82. — T. — Fig. de 0, 20.

Le patriarche de Venise, suivi de son clergé, vient au-devant de Henri III; il est accompagné de six sénateurs qui portent un dais d'étoffe d'or. Le doge présente le dais au roi, qui est accompagné d'un cardinal. La cérémonie se passe sur un pont en tête duquel a été élevé un arc de triomphe. A gauche, le bucentaure. Sur le premier plan, des barques dorées, des gondoles. Dans le fond, une foule de spectateurs assistant à cette réception.

Cette esquisse est attribuée, dans le Catalogue de Bailly et de Lépicié, à Paul Véronèse. — Rentoilé en 18.0. — Estimation : Rest. 500 f.

486. *Portrait du Tintoret.*

H. 0, 61. — L. 0, 51. — T. — Buste gr. nat.

Il s'est peint lui-même dans sa vieillesse, avec les cheveux courts, une longue barbe blanche et revêtu d'une toge noire bordée d'une fourrure. On lit au haut du tableau : IACOBUS. TENTORETUS. PICTOR. VENTIVS. Et plus bas à droite : IPSIUS F.

Filhol, t. 5, pl. 299.

Ancienne collection. — Estimation : Emp. 1,500 f.; Rest. 1,000 f.

487. *Portrait d'homme.*

H. 1, 14. — L. 0, 90. — T. — Fig. à mi-corps, gr. nat.

Il a la tête chauve et porte une longue barbe; il est vêtu d'une robe noire, et tient de la main gauche un mouchoir et de la droite un bonnet.

Collection de Louis XIV. — Estimation : Emp. 1,500 f.; Rest. 1,000 f.

TITIEN (**Tiziano Vecellio**), *né au petit château de Cadore sur la Piave en 1477, mort de la peste le 27 août 1576, à 99 ans.* (**Ecole vénitienne.**)

Élève d'abord de Sébastiano Zuccato, maître mosaïste, il passa ensuite de l'école de Gentil Bellino dans celle de Giovanni, son frère, où il devint l'émule du Giorgione, dont la manière large et fière le mit sur la voie de ce style, qu'après la mort de son rival il porta au plus haut point de perfection. Titien figure au rang des plus grands coloristes, et son dessin est aussi savant que fin et naturel. Il excella dans le paysage, et personne ne l'a surpassé dans l'art de peindre des portraits. Sa longue carrière fut un long triomphe qu'aucun revers ne vint attrister. Il eut pour protecteurs tous les princes de son siècle; pour amis, tous les personnages illustres de son temps. Il peignit jusqu'à sa dernière heure, et en mourant, à 99 ans, plus épris que jamais de son art, il répétait qu'il commençait à comprendre ce que c'était que la peinture. — Francesco Vecellio, frère aîné du Titien, naquit en 1475, dans le Cadore, eut les mêmes maîtres que son frère, et devint un peintre très habile. Cependant, désespérant de surpasser le Titien et le Giorgion, il se fit successivement soldat, marchand, sans toutefois abandonner la peinture, car il produisit un nombre considérable d'ouvrages à fresque et à l'huile. Il mourut en 1560, âgé d'environ 85 ans. — Orazio Vecellio, fils du Titien, fut élève de son père et fit surtout des portraits dignes de lui. Marco Vecellio, son neveu, eut encore une certaine célébrité. Le nombre des élèves du Titien est considérable. Presque tous les artistes de Venise furent à son école; des Flamands tels que Jean Calcar, Barent, Lambert, Zeustris, imitèrent parfaitement sa manière et multiplièrent ses tableaux par de belles copies qu'il retoucha souvent lui-même.

488. *La Vierge, l'Enfant-Jésus, saint Étienne, saint Ambroise et saint Maurice.*

H. 1, 08. — L. 1, 32. — T. — Fig. à mi-corps, gr. nat.

La Vierge, assise, tient sur ses genoux l'Enfant-Jésus étendu sur un lange et soulève le voile qui lui couvre le sein. Près d'elle, saint Ambroise, évêque de Milan, debout, en robe et en bonnet rouges, un livre ouvert dans les mains; saint Étienne, diacre et martyr, portant une palme; et saint Maurice, chef de la légion thébaine en Arménie, couvert de son armure.

Collection de Louis XIV. — Une composition semblable du Titien, avec la seule différence que la tête du saint Ambroise est nue, se trouve dans la galerie de Vienne. Elle a été gravée par Pierre Van Leysebetten, dit Lisebetius, dans le cabinet de l'archiduc Léopold Guillaume, publié en 1660, à Bruxelles, sous la direction de Téniers; cette collection, transportée dès 1637 à Vienne, fait maintenant partie de la galerie impériale de cette ville. — Estimation : Emp. 30,000 f.; Rest. 80,000 f.

489. *La Vierge et l'Enfant-Jésus adoré par deux anges.*

H. 0, 73. — L. 0, 63. — Toile collée sur bois. — Fig. à mi-corps, demi-nat.

La Vierge assise, les mains jointes, tient sur ses genoux l'Enfant-Jésus étendu sur un linge dont un ange soutient un des coins; près de la Vierge, un autre ange les mains croisées sur sa poitrine, en adoration.

Landon, t. 8, pl. 8.

Collection de Louis XIV. — L'inventaire de l'Empire attribue ce tableau à un élève de Titien.—Estimation : Emp. 500 f.; Rest. 2,000 f.

490. *Saint-Famille, dite* la Vierge au Lapin.

H. 0, 70. — L. 0, 84. — T. — Fig. demi-nat.

La Vierge, assise à terre, pose la main gauche sur un lapin blanc que l'Enfant-Jésus, dans les bras de sainte Catherine, paraît lui demander. A droite, au deuxième plan, saint Joseph, accroupi à terre, caresse une brebis noire; un troupeau paît autour de lui, et l'on aperçoit dans le fond une vaste campagne. — Ce tableau est signé : *Ticianvs F.*

Filhol, t. 7, pl. 493. — Landon, t. 8, pl. 9.

Collection de Louis XIV.—Estimation : Emp. 50,000 f.; Rest. 60,000 f.

491. *La Vierge, l'Enfant-Jésus, saint Agnès et saint Jean.*

H. 1, 57. — L. 1, 60. — T. — Fig. pet. nat.

Prosternée devant la Vierge assise qui tient l'Enfant-Jésus debout sur ses genoux, sainte Agnès a dans la main gauche une palme et pose la droite sur la tête d'un agneau conduit par le jeune saint Jean.

Landon, t. 8, pl. 17.

Collection de Louis XIV. — M. Waagen pense que ce tableau n'est pas de Titien, mais de la main d'un de ses élèves. Ce tableau a été anciennement agrandi, probablement pour le faire entrer dans une place donnée. — Estimation : Emp. 40,000 f.; Rest. 70,000 f.

492. *Sainte-Famille.*

H. 0, 81. — L. 1, 08. — T. — Fig. de 0, 37 à 0, 40.

La Vierge, assise, soutient l'Enfant-Jésus, à qui le

jeune saint Jean apporte un agneau ; saint Joseph est près d'eux. Deux anges portés sur un nuage tiennent une croix.

Ce tableau estimé 1,500 fr. dans l'inventaire Mazarin, fut acheté par Louis XIV à ses héritiers. Il figure sur les inventaires de Bailly (1709-10) et dans le Catalogue de Lépicié (1752). Malgré le mauvais état de ce tableau, dit ce dernier, on y découvre encore de grandes beautés. Dans l'inventaire de 1832, il est cité comme appartenant seulement à l'école du Titien. — Une composition semblable existait dans la galerie du Palais-Royal et a passé à Londres dans la collection de William Wilkins; c'est d'après ce tableau qu'a été exécutée la gravure de Tessier. — Estimation : Emp. 1,000 f.; Rest. 500 f.

493. ***Les pèlerins d'Emmaüs.***

H. 1, 69. — L. 2, 44. — T. — Fig. pet. nat.

Jésus-Christ, assis à table entre ses deux disciples, bénit le pain ; près de lui, un serviteur debout, les bras nus et les mains passées dans sa ceinture ; derrière un des disciples, à gauche, un jeune page apportant un plat ; sous la table, un chat et un chien.

Gravé par Masson (Calc. nat.); l'estampe est connue sous le nom de la Nappe de Masson, *à cause de la perfection avec laquelle cet accessoire est traité.*

Landon, t. 8, pl. 43.

Si l'on en croit la tradition, le pèlerin qui est à droite du Sauveur représente l'empereur Charles V ; celui que l'on voit à sa gauche, le cardinal Ximenès; et le page Philippe II, qui fut roi des Espagnes. — Ce tableau peint pour l'église de Pregadi, passa de la collection du duc de Mantoue dans celles de Charles Ier, de Jabach, et fut vendu par ce dernier à Louis XIV.—Estim. : Emp. 150,000 f.; Rest. id.

494. ***Le Christ entre un soldat et un bourreau.***

H. 1, 14. — L. 1, 14. — B. forme ronde. — Fig. à mi-corps, gr. nat.

Collection de Louis XIV. — On a quelquefois attribué cet ouvrage à Pâris Bordone et surtout à Schiavone. Le père Dan (*Trésor des merveilles de Fontainebleau*), cite une peinture de Bordone représentant un « Christ avec Pilate et un Juif qui tient notre Seigneur lié, » qui pourrait bien être le tableau inscrit sous ce numéro. — Estimation : Emp. 1,500 f.; Rest. 4,000 f.

495. ***Le couronnement d'épines.***

H. 3, 03. — L. 1, 80. — B. — Fig. gr. nat.

Le Christ, un roseau à la main, dépouillé de ses vêtements et couvert d'un manteau écarlate qu'on lui a mis par dérision, est assis sur les degrés du prétoire.

Un soldat placé sur le devant et vu par le dos lui tient les mains liées, d'autres lui crachent au visage, le frappent de leurs roseaux et lui font entrer de force sur la tête une couronne d'épines. La cour du prétoire est d'une architecture rustique à bossage; et au-dessus de la porte de la prison, on voit le buste de Tibère avec ces mots : TIBERIUS CÆSAR, placé là par le peintre pour indiquer que c'est sous le règne et par l'ordre de cet empereur, que Jésus-Christ a été crucifié. — On lit au bas d'une marche : TITIANVS F.

Gravé par Luigi Scaramuccia et par Valentin Lefebre, par Riffaut. — Filhol, t. 7, pl. 457. — Landon, t. 8, pl. 21.

Musée Napoléon. — Ce tableau fut peint vers 1553 par Titien, âgé par conséquent de 76 ans, Tintoret en possédait l'esquisse. — Estimation : Emp. 300,000 f.; Rest. 400,000 f.

496. *Le Christ porté au tombeau.*

H. 1, 48. — L. 2, 05. — T. — Fig. gr. nat.

Le corps du Christ, soutenu par Joseph d'Arimathie, Nicodème et un troisième disciple, va être déposé dans le sépulcre; saint Jean soutient la Vierge accablée de douleur.

Gravé par G. Rousselet (Calc. nat.). — Filhol, t. 9, pl. 619. — Landon, t. 8, pl. 12.

Ce tableau faisait d'abord partie de la collection du duc de Mantoue, et passa ensuite dans celle de Charles Ier. Acquis à la vente faite après la mort de ce prince par Everard Jabach, banquier de Cologne, au prix de 120 livres sterl. (3,000 fr.), il fut ensuite acheté par Louis XIV. — La même composition se retrouve dans la galerie du palais Maufrin, à Venise. — Estim. : Emp. 200,000 f.; Rest. 300,000 fr.

497. *Saint Jérôme à genoux devant un crucifix.*

H. 0, 80. — L. 1, 02. — T. — Fig. de 0, 40.

Dans un désert entrecoupé d'arbres et de rochers, le saint, agenouillé devant un crucifix attaché à un tronc d'arbre, se frappe la poitrine avec une pierre; un chapeau de cardinal est posé devant lui sur un rocher. A droite, le lion qui fut compagnon du saint dans sa solitude.

Landon, t. 8, pl. 19.

Collection de Louis XIV. — Estim. : Emp. 2,000 f.; Rest. 1,500 f.

498. *Première session du concile de Trente.*

H. 1, 17. — L. 0, 76. — T. — Fig. de 0, 27.

Dans le fond du tableau, les prélats rangés en demi-cercle à la droite et à la gauche du président, et, derrière eux, les chefs d'ordre avec une garde d'officiers et de soldats. A droite, un évêque lisant en chaire, et, dans une espèce de tribune, des prêtres placés devant un pupitre.

Cette première session du concile fut tenue le 13 décembre 1545; les seuls ambassadeurs de Ferdinand, roi des Romains, y assistèrent; celui de l'empereur d'Autriche était demeuré malade à Venise; ceux de François Ier, roi de France, avaient été rappelés à cause du long retardement de l'ouverture du concile. — Ce tableau fut donné au roi Louis XV par M. de la Châtaigneraye. Quelques critiques l'attribuent à Bonifazio, M. Waagen le donne à Schiavone, et Lépicié l'appelle une esquisse terminée. — Estimation : Emp. 40,000 f.; Rest. 25,000 f.

499. *Jupiter et Antiope, composition connue sous le nom de* la Vénus del Pardo.

H. 1, 96. — L. 3, 85. — T. — Fig. gr. nat.

Jupiter sous la forme d'un satyre est assis aux pieds d'Antiope endormie sous un arbre, et écarte le voile qui la couvre; au-dessus d'elle, l'Amour, posé sur une branche, lance un trait contre Jupiter. Plus loin, une femme, des fleurs à la main, est assise auprès d'un satyre, et un chasseur, tenant deux chiens en laisse, montre à son compagnon, qui souffle dans une corne, un cerf forcé par des chiens.

Gravé par Bernard Baron dans le Cabinet Crozat.

Ce tableau, peint probablement pour Philippe II, était autrefois en Espagne, dit Crozat (*Recueil d'estampes*, 1742). Philippe IV en fit présent à Charles Ier, roi d'Angleterre, qui aimait passionnément la peinture, lorsque, n'étant encore que prince de Galles, ce monarque vint à Madrid pour épouser l'Infante. Après la mort tragique de ce prince, le tableau du Titien, estimé 500 livres sterling dans son inventaire, fut acheté 600 livres sterling (15,000 fr.) par Jabach à la vente qui eut lieu à Londres en 1650-51 par ordre de Cromwell, et passa ensuite dans la collection du cardinal Mazarin. Il fut estimé 10,000 livres tournois sur l'inventaire du cardinal, et Louis XIV l'acheta de ses héritiers. « Ce tableau avait échappé aux flammes lorsque le feu prit, en 1608, au palais du Pardo; il courut risque d'être encore réduit en cendre dans l'incendie du Vieux-Louvre, en 1661. Mais s'il fut sauvé de l'embrasement, ce ne fut que pour éprouver un nouveau désastre : comme il avait souffert dans le dernier incendie, un peintre, aussi présomptueux qu'ignorant, voulut le nettoyer et le raccommoder, enleva la couleur en plusieurs endroits, et désespérant de pouvoir remettre le tableau dans son premier état, il se contenta du dommage qu'il y avait causé, et laissa à feu M. Antoine Coypel, premier peintre du Roi, le soin de le rétablir et de lui donner sa première vie. » Depuis, ces anciennes retouches ayant été enlevées, le tableau fut restauré de nouveau par M. Bonnemaison, et enfin rentoilé en 1829. — Estimation : Emp. 10,000 f.; Rest. 20,000 f.

500. *Portrait de François Ier, roi de France.*

H. 1, 09. — L. 0, 89. — T. — Fig. à mi-corps, gr. nat.

Ce prince, vu de profil, est coiffé d'une espèce de toque de velours noir ornée d'une plume blanche et d'un bouton de diamant. Il porte un cordon d'or d'où pend une médaille. Son pourpoint, tailladé de satin rouge, est recouvert d'un habit doublé de fourrure également tailladé. Sa main est posée sur la garde de son épée.

Gravé par Gilles-Edme Petit, par M. Leroux. — Filhol, t. 6, pl. 430.

Collection de François Ier. — La date de l'exécution de ce portrait, et le lieu où il a été fait, ont mis la sagacité de plusieurs érudits à l'épreuve. Vasari et tous les biographes affirment que Titien peignit François Ier dans sa jeunesse et avant son retour en France. Ce fut donc en 1515, lorsque, vainqueur à Marignan, il eut une conférence à Bologne avec le pape Léon X, immédiatement avant de rentrer en France. François Ier n'avait alors que vingt-et-un ans. Crozat et Mariette, trouvant que ce portrait représente un homme plus âgé, pensent qu'il a pu être peint d'après une médaille. Cependant, comme Vasari cite après le portrait de François Ier celui du doge Andrea Gritti exécuté en 1523, il pourrait se faire qu'il y eût une erreur de date et que l'imprimeur eût mis 1515 au lieu de 1525. Titien aurait pu peindre alors François Ier, âgé de trente-et-un ans, à son deuxième voyage en Italie, après la bataille de Pavie ou de Pizzighitone. — Il existe plusieurs répétitions de ce portrait. Ridolfi en cite une possédée par la famille Barbarighi de San-Polo, à Venise. — « Un portrait de François Ier, habillé de noir et de rouge avec une plume blanche au chapeau (H. 3 pieds 2 pouces. L. 2 pieds 8 pouces) » est porté sur l'inventaire de Mazarin au nom de Dossi Dosso et estimé 300 livres tournois. Ces dimensions et cette description pourraient faire croire que celui du Musée est celui cité dans cet inventaire; cependant Lépicié dit que ce portrait est conservé dans le Cabinet du Roi depuis François Ier. — Estimation : Emp. 15,000 f.; Rest. 20,000 f.

501. *Portrait d'Alphonse d'Avalos, marquis de Guast et de sa maîtresse.*

H. 1, 21. — L. 1, 07. — T. — Fig. à mi-corps, gr. nat.

Le marquis de Guast debout, en cuirasse et la tête nue, pose la main droite sur le sein d'une femme assise et tenant un globe de cristal. L'Amour portant un faisceau de flèches, Flore la tête couronnée de lauriers et

Zéphyre offrant une corbeille de fleurs, sont devant elle.

Gravé par M. Natalis. — Filhol, t. 10, pl. 674.

Collection de Louis XIV. — Alphonse d'Avalos fut le lieutenant-général des armées de Charles V en Italie, et mourut en 1526, à l'âge de quarante-deux ans. Il perdit la célèbre bataille de Cerizoles, gagnée par François de Bourbon, comte d'Enghien, le 14 avril 1544. — Estimation : Emp. 60,000 f.; Rest. 80,000 f.

502. *Portraits présumés du Titien et de sa maîtresse.*

H. 0, 96. — L. 0, 76. — T. — Fig. à mi-corps, gr. nat.

La jeune femme debout, sa robe à moitié défaite, tient d'une main ses cheveux et de l'autre une petite fiole de parfum. Son amant, placé derrière elle, lui présente deux miroirs.

Gravé par Forster et par Henri Dancken. — Filhol, t. 7, pl. 455. — Landon, t. 8, pl. 21.

Ce tableau, estimé 1,000 livres sterl. dans l'inventaire de Charles Ier, fut acheté à ce prix par Jabach, et cédé ensuite par lui à Louis XIV. — Une répétition de cette composition, mais avec des différences, après avoir appartenu à Christine, reine de Suède, se voyait dans la galerie du duc d'Orléans. En 1815, on trouva à Ferrare un troisième tableau représentant les mêmes figures et la même action, mais encore avec des différences importantes dans les accessoires. M. Ticozzi, s'appuyant sur le témoignage de médailles et de portraits authentiques, reconnaît dans ces deux personnages Alphonse Ier, duc de Ferrare, et Laura de' Dianti. Il croit que Titien représenta Laura presque nue dans le tableau de Ferrare quand elle n'était encore que la maîtresse du prince, et que, depuis, il la peignit habillée quand elle fut honorée du titre de son épouse et surnommée *Eustochia* par Alphonse pour désigner l'excellence de son choix. — Lépicié fait observer que le tableau du Louvre, haut de 2 pieds 10 pouces, et large de 2 pieds 4 pouces, a été agrandi sur la hauteur de 1 pied et sur la largeur de 1 pied 6 lignes. — Estimation : Emp. 45,000 f.; Rest. 50,000 f.

503. *Portrait d'homme.*

H. 1, 18. — L. 0, 96. — T. — Fig. à mi-corps, gr. nat.

Il porte barbe et moustaches ; sa main droite est posée sur la hanche, et le pouce de sa main gauche passé dans une écharpe qui lui ceint le corps.

Collection de Louis XIV. — Quelques personnes ont présumé que ce portrait était celui de l'Arétin. Rien n'autorise cependant une pareille présomption, car les portraits et les médailles de l'Arétin offrent des traits entièrement différents de ceux du personnage inscrit sous ce numéro. — Estimation : Emp. 6,000 f.; Rest. 12,000 f.

504. ***Portrait d'un jeune homme vêtu de noir, connu sous le nom de* l'Homme au gant.**

H. 1, 00. — L. 0, 89. — T. — Fig. à mi-corps, gr. nat.

Il a le coude appuyé sur un socle; sa main droite est nue, la gauche est gantée. Ce tableau est signé : TICIANVS F.

Collection de Louis XIV. — Estimat. : Emp. 6,000 f.; Rest. 12,000 f.

505. ***Portrait d'homme.***

H. 0, 99. — L. 0, 82. — T. — Fig. à mi-corps, gr. nat.

Sa tête est découverte et il porte une longue barbe; il est vêtu d'un pourpoint noir et s'appuie contre un pilastre en posant la main droite sur la garde de son épée.

Filhol, t. 7, pl. 449.

Acquis à Rome de la marquise Sanesi par le cardinal Mazarin, ce tableau, estimé dans son inventaire 200 livres, passa après sa mort dans la collection de Louis XIV. C'est à tort que Lépicié indique ce tableau sous le titre de : *Portrait d'un vieillard.* Le personnage représenté par l'artiste n'a pas plus de quarante-cinq ans. — Estimation : Emp. 5,000 f.; Rest. 10,000 f.

506. ***Portrait d'homme.***

H. 0, 99. — L. 0, 82. — T. — Fig. à mi-corps, gr. nat.

Il est vêtu d'une robe noire; il tient la main droite ouverte et la gauche est posée sur son genou; dans le fond, une colonne avec un piédestal; sur le devant, une table.

Ancienne collection. — Estimation : Emp. 6,000 f.; Rest. 10,000 f.

507. ***Portrait d'homme.***

H. 0, 90. — L. 0, 73. — T. — Fig. à mi-corps, gr. nat.

Il a la tête nue et porte une robe noire qui laisse voir sa chemise plissée sur la poitrine. Sa main gauche est gantée, la droite tient un autre gant.

Collection de Louis XIV. — Estimation : Emp. 4,000 f.; Rest. 6,000 f.

508. ***Portrait en buste d'un commandeur de l'ordre de Malte.***

H. 0, 60. — L. 0, 51. — T. — Buste gr. nat.

Il porte une barbe longue et rousse, la croix de Malte

est suspendue sur sa poitrine par une chaîne faisant trois tours, et il est vêtu d'une pelisse fourrée.

Ancienne collection. — Estimation : Emp. 100 f. ; Rest. 8,000 f.

509. *Portrait du cardinal Hippolyte de Médicis.*

H. 0, 64. — L. 0, 53. — B. — Buste gr. nat.

Il est coiffé d'une toque rouge à plumes droites et ornée d'une agrafe en pierreries.

Collection de Louis XIV. — On trouve dans l'inventaire Bailly (1709-10) : « Portrait du cardinal de Médicis, figure de grandeur naturelle, ayant 2 pieds 7 pouces de haut sur 2 pieds 10 pouces de large (H. 0,82, L. 0,91.) » Ces dimensions prouvent que le tableau a été diminué depuis. Il ne faut pas confondre ce portrait, qui du reste n'est pas cité dans le Catalogue des tableaux du roi par Lépicié (1752), avec un autre portrait du cardinal à mi-corps, qui provenait du palais Pitti et qui a figuré au Musée sous l'Empire. La coiffure était la même dans les deux peintures. — Hippolyte était fils naturel de Julien de Médicis ; il fut créé cardinal en 1529 par le pape Clément VII, son cousin, et mourut en 1553, âgé de vingt-quatre ans. Ce prélat guerrier ne portait le costume de cardinal que dans les cérémonies publiques. — Estimation : Emp. 200 f. ; Rest. id.

TITIEN (attribué au).

510. *Portrait d'homme.*

H. 0, 62. — L. 0, 52. — T. — Buste fig. gr. nat.

Sa tête est couverte d'une toque noire ; il porte la main droite sur sa poitrine, et tient des gants dans la main gauche.

Donné au roi Louis XVIII en 1819, par lord Sommerville. — Quelques critiques pensent que ce tableau doit être plutôt attribué à Holbein. On lit derrière ce tableau :

GREGORIVS PACTHVS
THOMAE. P. F. CVM BONON. ESCRT IMAGINEM SVAM
QVAE SE SIBI SVISQ. REFERRET. PING. CVR. NATVS
ANN. XX. ANN. M. DXXVI.

TORBIDO (Francesco), *dit* il Moro, *né à Vérone en* 1470. (École vénitienne.)

Élève de Giorgion et de Liberale, peintre de Vérone, qui le fit son héritier.

511. *Le nain de Charles-Quint.*

H. 1, 27. — L. 0, 93. — B. — Fig. gr. nat.

Il est représenté en pied, de grandeur naturelle, en

costume de cour, une chaîne d'or au cou, l'épée au côté et une masse d'armes dans la main droite, portant la gauche sur un chien d'Espagne qui est debout à ses côtés.

Collection de Louis XIV. — Ce tableau était attribué autrefois avec plus de raison à Antonio Moro, peintre de portraits, né à Utrecht en 1518, qui travailla beaucoup pour Charles V. Il est probable que le surnom de *il Moro* donné à Torbido a fait connaître cette erreur d'attribution. — Estimation : Emp. 15,000 f. ; Rest. id.

TREVISANI (Francesco), *né à Trevigi en* 1656, *mort à Rome en* 1746. (Ecole vénitienne.)

Il fut élève d'Antonio Zanchi dont il abandonna la manière en arrivant à Rome pour se conformer au goût dominant. C'est dans cette ville que se trouvent ses plus importants ouvrages. Son style, qui appartient à la dernière époque de l'école romaine, est intermédiaire entre celui de Carle Maratte, de Raphaël Mengs, et de Battoni. Il imita fort habilement la manière des anciens maîtres, et l'on cite de lui des *pastiches* de Cignani et même du Corrége, qui ont trompé des connaisseurs. Il ne faut pas confondre Francesco Trevisani avec Angelo Trevisani, son contemporain, né à Venise, qui ne quitta pas cette ville et qui appartient complétement à l'école vénitienne. Il vivait encore en 1753.

512. *Le sommeil de l'Enfant-Jésus.*

H. 1, 51. — L. 1, 26. — T. — Fig. gr. nat.

La Vierge couvre d'une draperie l'Enfant-Jésus endormi dans son berceau ; le jeune saint Jean lui baise la main ; trois anges debout près du berceau forment un concert.

Gravé par N. Pigné. — Landon, t. 8, pl. 24.

Collection de Louis XIV. — Estimation : Rest. 3,000 f.

513. *La Vierge et l'Enfant-Jésus.*

H. 0, 71. — L. 0, 56. — C. — Buste gr. nat.

L'Enfant-Jésus, assis sur une table, montre à sa mère une grenadille, symbole mystique de la passion ; la Vierge, qui le soutient, lui présente une tige de lis.

Landon, t. 8, pl. 23.

Ancienne collection. — Estimation : Emp. 1,000 f. ; Rest. 600 f.

TURCHI. *Voir* Alexandre Véronèse.

UCCELLO (PAOLO), *né en* 1349, *mort à Florence en* 1432. (Ecole florentine.)

Son surnom lui vient de son affection pour les oiseaux. Il ne connaissait pas, disait-il, de plus douce chose que la perspective. Tout dans ses tableaux, fabriques, plantes, animaux, figures en raccourcis, était tracé soigneusement suivant les règles les plus rigoureuses de cette science dont l'amour excessif finit par lui faire négliger la peinture.

514. *Portraits de Giotto, d'Uccello, de Donatello, de Brunelleschi et de Giovanni Manetti.*

H. 0, 42. — L. 2, 10. — B. — Buste gr. nat.

Ils sont représentés en buste, et on lit au-dessous de chacun d'eux leur nom écrit en lettres d'or.

Ce tableau, acquis en 1847 à la vente de M. Steven pour la somme de 1,467 fr., est cité par Vasari dans la vie de Paolo Uccello.

UGGIONE *ou* **OGGIONE** (MARCO); *on ignore la date de sa naissance; il mourut en* 1530. (Ecole milanaise.)

Il est connu aussi sous le nom de Marco Uglone ou da Oggione, hameau du Milanais, où il était né. Il fut élève de Léonard de Vinci et copia avec beaucoup de fidélité ses principaux ouvrages (voir le n° 65). Ses peintures sont rares, surtout hors du Milanais.

515. *Sainte-Famille.*

H. 1, 18. — L. 0, 71. — B. forme cintrée. — Fig. de 0, 55.

Sainte Anne, saint Joachim, la Vierge et saint Joseph sont en adoration devant l'Enfant-Jésus, qui est assis à terre et refuse au jeune saint Jean l'oiseau qu'il tient à la main. Sur un plan plus éloigné, des bergers contemplent avec étonnement trois anges qui célèbrent dans le ciel les louanges du Seigneur, et le pasteur conduisant l'âne et le bœuf dont l'haleine servit à réchauffer Jésus lorsqu'il vint au monde.

Musée Napoléon. — Lanzi met ce tableau au rang des meilleures productions d'Uggione dont il loue surtout les fresques. — Estim.: Emp. 5,000 f.; Rest. 4,000 f.

VACCARO (ANDREA), *né à Naples en* 1598, *mort en* 1670. (Ecole napolitaine.)

Élève de Girolamo Imperato, il imita d'abord le Caravage et prit ensuite le Guide pour modèle.

516. *Vénus et Adonis.*

H. 2, 05. — L. 2, 64. — T. — Fig. gr. nat.

Vénus laisse éclater sa douleur à la vue d'Adonis, victime de la jalousie du dieu Mars, et blessé à mort par un sanglier.

Musée Napoléon. — Estimation : Emp. 1,800 f.; Rest. 2,000 f.

VANNI (FRANCESCO), *peintre, graveur, architecte et mécanicien, né à Sienne en* **1565**, *mort vers* **1610.** (Ecole de Sienne.)

Il reçut les premières leçons de Ventura Salimbeni, et entra à l'âge de douze ans dans l'école de Bart. Passaroti, à Bologne. Il étudia ensuite à Rome les statues antiques, et Raphaël; Gio. Vecchi fut son maître dans cette ville. De retour à Sienne, il quitta le style qu'il avait suivi jusqu'alors pour s'attacher à celui du Baroche et du Corrége, et acquit une grande réputation. Clément VIII fut son protecteur, et le Guide son ami intime. Il eut deux fils, Rafaello et Michel Vanni. Ses élèves furent Rutillo, Manetti, Astolfo et Petrazzi. — Il ne faut pas confondre Francesco Vanni avec Gio. Battista Vanni et Turino Vanni.

517. *Le repos de la Sainte-Famille.*

H. 0, 28. — L. 0, 21. — C. — Fig. à mi-corps de 0, 30.

La Vierge tenant l'Enfant-Jésus emmaillotté dans ses bras prend des aliments dans un plat que lui présente un ange. Près d'elle, saint Joseph appuyé sur un rocher tient des cerises.

Landon, t. 8, pl. 26.

Ancienne collection. — Estimation : Emp. 1,000 f.; Rest. 600 f.

518. *Le repos en Égypte.*

H. 0, 31. — L. 0, 37. — B. — Fig. de 0, 40.

L'Enfant-Jésus nu et debout sur les genoux de la Vierge assise, renverse sa tête en arrière pour regarder deux cerises que saint Joseph lui présente; par terre, un paquet et un petit tonneau.

Landon, t. 8, pl. 25.

Musée Napoléon. — Landon attribue ce tableau à Gio. Battista Vanni, peintre, graveur, né à Pise, élève d'Empoli et d'Allori, mort à Florence en 1660, âgé de 64 ans. — Estimation, 150 f.

519. *Martyre de sainte Irène.*

H. 0, 51. — L. 0, 37. — B. — Fig. de 0, 40.

Cette vierge, ayant caché les livres saints contre les ordres de l'empereur Dioclétien, fut mise en prison, et après avoir été percée d'une flèche, brûlée par ordre de Dulcétius.

Ancienne collection. — Estimation : Rest. 1,000 f.

VANNI (école de FRANCESCO).

520. *La Vierge et l'Enfant-Jésus.*

H. 0, 83. — L. 0, 44. — T.

L'Enfant-Jésus debout, appuyé sur les genoux de la Vierge assise, retourne la tête pour regarder saint Joseph placé derrière lui et tenant des fruits dans sa main.

Musée Napoléon. — Estimation : Emp. 450 f.; Rest. 300 f.

VANNI (TURINO DI), *de Pise, florissait en* 1340. (Ecole florentine.)

521. *La Vierge et l'Enfant-Jésus.*

H. 1, 30. — L. 0, 71. — B. — Fig. pet. nat.

La Vierge, assise sur un trône, tient sur ses genoux l'Enfant-Jésus. Deux anges, agenouillés de chaque côté du trône, jouent, l'un de la viole, l'autre du psaltérion; au-dessus d'eux, d'autres esprits célestes en adoration. — On lit dans la partie inférieure de ce tableau : TVRINVS VANNIIS DE PISIS ME PIQSIT.

Musée Napoléon. — Ce tableau est peint sur fond doré. — Estimation : Emp. 500 f.; Rest. 1,000 f.

VANNUCCHI. *Voir* ANDRÉ DEL SARTE.

VANNUCCI (PIETRO DELLA PIEVE). *Voir* PÉRUGIN.

VAROTARI. *Voir* PADOUAN.

VASARI (Giorgio), *peintre, architecte, né à Arezzo en* 1512, *mort à Florence en* 1574. (École florentine.)

Il étudia d'abord sous Guillaume de Marseille, peintre français sur verre, puis sous M. A. Buonarrotti, Andrea del Sarto, le Rosso. Il fut comblé de biens par le cardinal Hippolyte de Médicis et exécuta des travaux considérables par ordre de Clément VII, Paul III, Jules III, Pie V, Alexandre et Côme de Médicis; il produisit un nombre immense de tableaux, et il est peu d'églises ou de monastères, en Italie, qui ne possèdent de ses ouvrages. Il a écrit la vie des artistes italiens, depuis la renaissance des arts jusqu'à l'époque où il vivait, et quoiqu'on *puisse reprocher à cet ouvrage* de nombreuses erreurs de dates, une grande partialité en faveur des artistes florentins et beaucoup d'inexactitudes, il n'en sera pas moins le répertoire biographique le plus vaste et le plus précieux que nous possédions jusqu'à ce jour.

522. *La Salutation angélique.*

H. 2, 16. — L. 1, 67. — B. — Fig. pet. nat.

La Vierge assise près de son lit, les yeux baissés, porte modestement une main sur sa poitrine, et tient un livre de l'autre. L'ange Gabriel à genoux sur des nuages, une branche de lis à la main, accomplit avec respect son message divin. Le Saint-Esprit plane sur leur tête et éclaire la chambre de ses rayons.

Landon, t. 8, pl. 27.

Musée Napoléon. — Vasari fit présent de ce tableau à des religieuses d'Arezzo lorsqu'elles reçurent dans leur communauté l'une de ses sœurs qui prit le voile et dont il paya la dot.

523. *La Passion de Jésus-Christ.*

H. 0, 61. — L. 0, 51. — B. — Fig. de 0, 15.

Ce tableau est divisé en dix compartiments qui contiennent divers sujets de la Passion. Celui du milieu représente le Christ en croix. On voit dans les neuf autres, J.-C. lavant les pieds aux apôtres, — la Cène, — J.-C. au jardin des Oliviers, — le baiser de Judas, — J.-C. devant Pilate, — la flagellation, — J.-C. montré au peuple, — le chemin du Calvaire, — la mise au tombeau.

Compris dans le lot de 20,000 f. de tableaux acquis de M. Mauco (Musée européen), en 1824.

VECELLI. *Voir* Titien.

VELASQUEZ (DON DIEGO RODRIGUEZ DE SILVA Y), *né en 1599, à Séville, mort à Madrid, le 7 août 1660.* (Ecole espagnole.)

Élève de Francisco Herrera le Vieux et de Francisco Pacheco. — Philippe IV l'envoya en Italie en 1648 pour acheter des tableaux, des antiques, et copier plusieurs peintures qu'on ne pouvait transporter. Il s'acquitta si bien de sa mission que le roi le nomma grand maréchal-des-logis du palais. Il fut le chef de l'école de Madrid. Il y eut en Espagne trois peintres plus modernes et du nom de Gonzalès Velasquez.

524. *Portrait de l'infante Marguerite-Thérèse.*

H. 0, 70. — L. 0, 59. — T.

Elle était fille de Philippe IV, roi d'Espagne et de Marie-Anne d'Autriche son épouse. Elle naquit le 12 juillet 1651, fut mariée à l'empereur Léopold en 1666, et mourut le 11 mars 1673.

Ancienne collection. — On présume que ce portrait est l'étude de Velasquez pour le tableau où le peintre s'est représenté faisant le portrait de l'Infante à qui une suivante présente *un bucaro*, vase de l'Inde en terre rougeâtre et odoriférante.

VINCI (DA). *Voir* LÉONARD.

ZAMPIERI. *Voir* DOMINIQUIN.

ANONYMES.

Ecole byzantine.

525. *La Vierge embrassant l'Enfant-Jésus.*

En haut, de chaque côté, un ange.

H. 0, 70. — L. 0, 53. — B. — Fig. à mi-corps, pet. nat.

Peinture du VIIIe siècle, d'après l'inventaire.

526. *La Vierge allaitant l'Enfant-Jésus.*

H. 0, 56. — L. 0, 41. — B. — Fig. à mi-corps, pet. nat.

Sur la bordure, et dans huit médaillons, les évangélistes avec leurs attributs.

Peinture grecque trouvée à Aquilée et acquise, en 1828, de M. Sauvinet.

527. *La Vierge et l'Enfant-Jésus.*

Leur teint est noir.

H. 0, 91. — L. 0, 70. — C. — Fig. à mi-corps, gr. nat.

Ce tableau est porté sur l'inventaire aux inconnus de l'École flamande.

ÉCOLE ITALIENNE PRIMITIVE.

528. *La Vierge, l'Enfant-Jésus, saint Jean-Baptiste et saint François.*

H. 0, 34. — L. 0, 20. — B.

La Vierge, assise sur un trône, tient l'Enfant-Jésus dans ses bras. A droite, saint Jean-Baptiste tenant une banderolle sur laquelle on lit : ECCE AGNUS DEI QUI TOLIT PECCATA MUNDI. A gauche, saint François, un lis dans la main droite, un livre dans la gauche.

Acquis de M. Revoil, en 1828.

529. *Le Calvaire.*

H. 0, 42. — L. 0, 77. — B.

Saint Jean est debout au pied de la croix ; de l'autre côté, la Vierge évanouie dans les bras des saintes femmes.

Ce tableau, peint sur fond d'or, faisait partie de la collection Révoil et était, suivant cet amateur, une peinture grecque du XIVe siècle.

530. *Jésus-Christ et les douze apôtres.*

H. 0, 30. — L. 2, 80. — B. — Fig. à mi-corps.

Gradin de rétable divisé en treize compartiments.

Cette peinture, dont le style et l'exécution rappellent l'école de Giotto, est portée sur l'inventaire aux inconnus de l'École flamande.

531. *Saint Jérôme.*

H. 0, 35. — L. 0, 15. — B.

Il est debout, vêtu d'une robe de bure, et tient un livre; un chapeau de cardinal est à ses pieds. Sur la bordure on lit en caractères gothiques : SANCTA FIESOLA.

532. *La Vierge et l'Enfant-Jésus.*

H. 0, 56. — L. 0, 21. — B.

La Vierge, assise sur un trône, tient l'Enfant-Jésus sur ses genoux. Saint Jean-Baptiste et saint Pierre sont en adoration au pied du trône; d'autres saints personnages sont placés derrière eux. Dans la partie supérieure de l'ornementation ogivale, en relief, Jésus-Christ assis, tenant un livre, la main levée, dans l'attitude de bénir, et accompagné de quatre séraphins.

Acquis de M. Revoil en 1828. — Ce tableau pourrait être attribué à Bartolo (Taddeodi), peintre Siennois.

533. *Sainte Claire et saint Louis, roi de France.*

H. 1, 50. — L. 0, 14. — B.

Ces figures, ainsi que celles des trois numéros suivants, sont peintes l'une au-dessus de l'autre, dans des niches figurées. — Elles sont toutes les huit portées sur l'inventaire de 1832, à l'Ecole flamande.

534. *Saint Jérôme et saint Jean-Baptiste.*

H. 1, 50. — L. 0, 14. — B.

535. *Saint Roch et Saint Jean-Baptiste.*

H. 1, 50. — L. 0, 14. — B.

536. *Saint Jérôme et saint François d'Assise.*

H. 1, 50. — L. 0, 14. — B.

Ce tableau est porté aux inconnus de l'Ecole flamande, sur l'inventaire.

537. *Rétable divisé en deux parties formant six compartiments.*

Partie inférieure.

1° *Au milieu. — Le Christ apparaissant à la Madeleine.*

H. 1, 26. — L. 0, 71. — B.

2° *A gauche. — Saint Pierre, martyr, et saint François.*

H. 1, 16. — L. 0, 53. — B.

3° *A droite. — Saint Antoine de Padoue et saint Nicolas de Tolentino.*

H. 1, 16. — L. 0, 33. — B.

Partie supérieure.

4° *A droite. — La Vierge à genoux.*

H. 0, 65. — L. 0, 30. — B.

5° *A gauche. — L'ange Gabriel.*

H. 0, 65. — L. 0, 30. — B.

6° *Au milieu. — Le Christ en croix entre la Vierge et saint Jean.*

H. 0, 70. — L. 0, 41. — B.

Ces six ouvrages sont renfermés dans un même cadre, sur la partie inférieure duquel on lit:

Hoc opus fecit fieri nobile dùs xlas angelus de facis 1477.

ÉCOLE VENITIENNE.

538. *Les rois mages.*

H. 0, 55. — L. 0, 91. — B.

Les trois rois sont représentés à mi-corps. Au-dessus d'eux on lit sur une banderolle: EGREDETUR VIRGA DE RADICE JESSE ET FLOS DE RADICE EJUS ASCENDET. (*Isaïe, XI.*)

Ce tableau, qui provient de Marseille, y était attribué au roi René. Il a été donné ensuite, sur les inventaires, à l'Ecole vénitienne. Il pourrait être de l'Ecole de Cologne, ville où les trois rois sont en grande vénération. — Estimation: Rest. 2,000 f.

539. *Repas de dix personnages assis devant une table; fond d'architecture.*

H 0, 23. — L. 0, 40. — T. — Fig. à mi-corps.

Ancienne collection. — Esquisse portée sur l'inventaire à l'Ecole française et comme représentant un repas chez Simon le Lépreux.

540. *Tête d'homme portant barbe.*

H. 0, 58. — L. 0, 46. — T. — Buste gr. nat.

Ancienne collection. — Estimation: Rest. 3,000 f.

541. *Portrait d'un vieillard.*

H. 0, 63. — L. 0, 52. — Buste gr. nat.

La tête est couverte d'une toque, et la couleur de la barbe tire sur le roux.

ÉCOLE ITALIENNE MODERNE.

542. *La Sainte-Famille servie par les anges.*

H. 0, 69. — L. 0, 54. — T.

La Vierge, assise sur un siège sculpté, tient entre ses genoux l'Enfant-Jésus : sainte Elisabeth, debout, est appuyée sur le dossier du siège de la Vierge ; plus loin, saint Joseph, assis et tenant un bâton, indique le jeune saint Jean vu de dos. Trois anges offrent du raisin à l'Enfant-Jésus, et trois autres, montés dans un arbre, cueillent des fruits et en remplissent un panier. Plus loin, un jeune homme et un vieillard marchant dans un chemin situé entre deux monticules boisés et ornés de fabriques.

Gravé par Nicolas Tardieu, dans le recueil de Crozat, sous le nom d'André Luigi, dit l'Ingegno.

Collection de Louis XIV. — Ce tableau, sur l'inventaire de Bailly et sur celui de l'Empire, est attribué à un peintre nommé *André Azio*, artiste dont aucun historien ne fait mention. Il y a tout lieu de penser que le nom a été altéré par l'ignorance d'un copiste. Ce tableau appartient à la fois, comme couleur, à l'Ecole du Parmesan et, comme style, à l'Ecole florentine ; aussi, dans la recherche du nom de son véritable auteur, deux hypothèses sont également permises. Francesco Mazzuola, dit le Parmesan, eut deux oncles, Andrea et Michelli Mazzuoli, peintres distingués. *Zio*, en italien, signifiant oncle, ne pourrait-il pas se faire qu'un copiste peu érudit, chargé de transcrire l'attribution de *Andrea Zio del Parmigiano* sur l'inventaire, n'ait écrit que *Andrea Zio*, dont, par une nouvelle erreur, on aurait fait plus tard *Andrea Azio?* Ou bien l'erreur viendrait-elle toujours d'un copiste qui aurait coupé en deux le nom d'*Andreasi*, élève habile de Jules Romain, et aurait ajouté un *o* à la fin du mot? Ce tableau a été aussi attribué à Michel-Ange Anselmi. — Estimation : Emp. 10,000 f. ; Rest. 6,000 f.

543. *Portrait de Michel-Ange.*

H. 0, 58. — L. 0, 36. — B. — Tête gr. nat.

Il est vu presque de face et coiffé d'une manière bizarre avec des espèces de bandelettes de linge. On lit dans la partie inférieure du tableau : *Micha. Ange. Bo-*

narottanus. Florentinus sculptor. Optimus. Anno. Ætatis. Suœ 47.

Estimation : Rest. 600 f.

514. *Portrait d'un architecte.*

H. 0, 83. — L. 0, 60. — B. — Buste fig. gr. nat.

Il tient d'une main un chapiteau corinthien et de l'autre un compas. On lit sur le tableau l'inscription suivante : *Ætatis. Suœ* 30. 15. 1.

Ancienne collection.

545. *L'ange du Seigneur apparaît à saint Pierre dans la prison.*

H. 1, 19. — L. 1, 89. — T.

Saint Pierre est couché par terre ainsi que d'autres prisonniers et un soldat. L'ange agenouillé montre du doigt, à saint Pierre, la porte de la prison.

Ancienne collection. — Tableau attribué à l'un des élèves du Caravage ; quelques auteurs pensent qu'il pourrait être de Vallentin. — Estimation : Rest. 600 f.

546. *Vue perspective de la ville de Rome, vers* 1660.

H. 1, 21. — L. 2, 21. — T.

On distingue le dôme de Saint-Pierre et le château Saint-Ange. A gauche, un homme, une femme et un enfant habillés en pèlerins.

Ancienne collection.

547. *Paysanne de la Sabine.*

H. 0, 98. — L. 0, 74. — T. — Buste gr. nat.

Elle tient un panier de fleurs.

Acquis de M. Giraud en 1819, *comme attribué à Michel-Ange.*

548. *Danse à la porte d'une hôtellerie.*

Haut. 0, 50. — L. 0, 66. — T. — Fig. de 0, 15.

Au milieu du tableau, un paysan, vêtu d'une peau de chèvre, danse avec une paysanne, qu'il tient par la main. A droite, deux musiciens, l'un jouant du flageolet, l'autre de la musette ; un homme à cheval, appuyé sur un panier, une femme filant à la porte de l'auberge, des enfants, des chèvres; à gauche, dans le fond, une charrette attelée de deux bœufs.

COPIES D'APRÈS RAPHAEL.

549. *L'École d'Athènes.*

H. 5, 01. — L. 8, 07. — T. — Fig. plus gr. que nat.

Collection de Louis XIV. — Cette copie et les autres, exécutées par Bon Boulogne, ont été commandées par Colbert pour être exécutées en tapisseries.

550. *La messe.*

H. 5, 01. — L. 6, 91. — T. — Fig. plus gr. que nat.

Collection de Louis XIV. — Copie de Bon Boulogne.

551. *La bataille de Constantin.*

H. 4, 55. — L. 10, 50. — T. — Fig. gr. nat.

Collection de Louis XIV. — Copie de Bon Boulogne.

552. *La dispute du Saint-Sacrement.*

H. 5, 80. — L. 8, 10. — T. — Fig. gr. nat.

Ancienne collection. — Copie par Tiersonier.

553. *Une femme assise posant le pied sur la tête d'un agneau; figure allégorique.*

H. 2, 26. — L. 1, 20. - T. — Fig. plus gr. que nat.

Ancienne collection.

TABLE CHRONOLOGIQUE

DES

ARTISTES ITALIENS ET ESPAGNOLS

DONT LES OUVRAGES SONT DÉCRITS DANS LA PREMIÈRE PARTIE DE LA NOTICE DES TABLEAUX EXPOSÉS DANS LES GALERIES DU LOUVRE.

Lanzi, dans sa savante histoire de la peinture en Italie, reconnait l'existence de quatorze écoles principales, qui sont :

L'école florentine,	L'école de Parme.
— siennoise,	— de Crémone,
— romaine,	— milanaise,
— napolitaine,	— bolonaise,
— vénitienne,	— de Ferrare,
— de Mantoue,	— génoise,
— de Modène,	— piémontaise.

Sans discuter si cette classification est la plus juste et la plus naturelle, on a cru devoir l'adopter ici, parce qu'elle est la plus généralement suivie. Seulement, aux écoles d'Italie, on a joint l'école espagnole, afin de réunir dans une même notice les tableaux espagnols faisant partie de la collection depuis une époque assez reculée et avant la création d'un musée spécial.

Dans la table suivante, on a d'abord inscrit les artistes dont les dates de naissance et de mort sont connues ; on a placé ensuite, et à part, ceux pour qui ces dates sont ignorées ou incertaines, mais qui vivaient dans le même siècle.

Il n'est pas inutile de rappeler ici que si ces dates, fournies par des documents italiens, sont indiquées le plus ordinairement suivant l'usage romain, elles sont exprimées cependant, pour les peintres toscans, conformément à l'usage en vigueur à l'époque où ces artistes vivaient. La Toscane n'adopta l'ère commune qu'en 1750 : auparavant on comptait les années à partir de l'Annonciation, ou *ab Incarnatione*. L'ignorance de cet usage abandonné, repris, changé, selon les temps et les villes de la Toscane, peut donner lieu à beaucoup de méprises, qu'on évitera facilement en consultant l'ouvrage de Filippo Brunetti, où cette matière assez obscure est traitée de façon à ne rien laisser à désirer.

TABLE.

XIIIe SIÈCLE.

	Naissance.	Mort.
Cimabue ou Gualtieri (Giovanni). — (Ec. Flor.)	1240	1300
Giotto di Bondone di Vespignano. — (Ec. Flor.)	1276	1336
Memmi (Simone di Martino di Simone). — (Ec. de Sien.)	1284	1344

XIVe SIÈCLE.

Gaddo Gaddi (Taddeo). — (Ec. Flor.)	1300	1352
Orcagna ou Orgagna (Andrea). — (Ec. Flor.)	1320	1389
Uccello (Paolo). — (Ec. Flor.)	1349	1432
Fabriano (Gentile da). — (Ec. Rom.)	1393	1473
Vanni (Turino di). — (Ec. Flor.)	Florissait en 1340	
Bartolo (Taddeo di). — (Ec. de Sien.)	Florissait en 1414	

XVe SIÈCLE.

Lippi (Fra Filippo). — (Ec. Flor.)	1400	1469
Gozzoli (Benozzo). — (Ec. Flor.)	1400	1478
Rosselli (Cosimo). — (Ec. Flor.)	1416, vivait encore en	1496
Pesellino (Francesco Pesello Peselli, *dit* Il). — (Ec. Flor.)	1426	1457
Bellin (Giovanni Bellini, *dit* J.). — (Ec. Vénit.)	1426	1516
Mantegna (Andrea). — (Ec. de Mantoue)	1431	1506
Botticelli (Alessandro Felipepi, *dit* Sandro). — (Ec. Flor.)	1437	1515
Signorelli (Luca). — (Ec. Flor.)	1440	1521
Rosselli (Piero di Cosimo). — (Ec. Flor.)	1411	1521
Pérugin (Pietro Vannucci, *dit* le). — (Ec. Rom.)	1446	1524
Ghirlandajo (Domenico Corradi del). — (Ec. Flor.)	1451	1495
Léonard de Vinci. — (Ec. Flor.)	1452	1519
Credi (Lorenzo Sciarpelloni di). — (Ec. Flor.)	1453	1531
Pinturicchio (Bernardino Betti di). — (Ec. Rom.)	1454	1513
Ghirlandajo (Benedetto Corradi del). — (Ec. Flor.)	1458	1497
Raffaellino (Raffaello del Garbo, *dit* Il). — (Ec. Flor.)	1466	1524
Albertinelli (Mariotto). — (Ec. Flor.)	1467	1512
Beltraffio (Giovanni Antonio). — (Ec. Milan.)	1467	1516

Fra Bartolommeo (Baccio della Porta, *dit*). — (Ec. Flor.)........	1469	1517
Torbido (Francesco, *dit* Il Moro). — (Ec. Vénit.)................	1470	»
Assisi (Andrea Luigi di *dit* l'Ingegno). — (Ec. Rom.)............	1470	1556
Giorgion (Giorgio Barbarelli, *dit* le). — (Ec. Vénit.)............	1477	1511
Titien (Tiziano Vecellio, *dit* le). — (Ec. Vénit.)................	1477	1576
André del Sarte (Andrea Vannucchi, *dit*). — (Ec. Flor.).........	1478	1530
Sabbatini (Andrea). — (Ec. Napol.)................................	1480	1545
Mazzolini (Ludovico). — (Ec. de Fer.).............................	1481	1530
Garofolo (Benvenuto Tisio da). — (Ec. de Fer.)....................	1481	1559
Raphaël (Raffaello Sanzio, *dit*). — (Ec. Rom.)...................	1483	1520
Beccafumi (Domenico Mecherino, *dit*). — (Ec. de Sien.)...........	1484	1549
Ferrari (Gaudenzio). — (Ec. Mil.).................................	1484	1550
Sébastien del Piombo (Fra Bastiano Luciano, *dit*). — (Ec. Vén.).	1485	1547
Ghirlandajo (Ridolfo Corradi del). — (Ec. Flor.)..................	1485	1560
Bandinelli (Baccio). — (Ec. Flor.)................................	1487	1559
Primaticcio (Francesco). — (Ec. Bol.).............................	1490	1570
Anselmi (Michel Angelo). — (Ec. de Parme.)........................	1491	1554
Jules Romain (Giulo Pipi, *dit*). — (Ec. Rom.)....................	1492	1546
Pontormo (Jacopo Carrucci da). — (Ec. Flor.)......................	1493	1558
Corrége (Antonio Allegri, *dit* le). — (Ec. de Parme).............	1494	1534
Polidore de Caravage (Polidoro Caldara). — (Ec. Rom.).............	1495	1543
Rosso — (Ec. Flor.)...	1496	1541

Juste (Giusto di Alemagna). — (Ec. Gén.)...............	Vivait en	1451
Alunno (Niccolo). — (Ec. Rom.).........................	Vivait de	1458 à 1492
Sacchi di Pavia (Pier Francesco). — (Ec. Mil.).......	Vivait en	1460
Cima da Conegliano (Giambatista). — (Ec. Vénit.)	Né en 1460 ou 1480, vivait encore en 1511	
Machiavelli (Zenobio da). — (Ec. Flor.)............	Florissait en	1474
Bianchi Ferrari (Francesco). — (Ec. de Mod.).	Florissait en 1481, mort en 1510	
Andria (Tuccio ou Tizio di). — (Ec. Gén.)............	Vivait en	1487
Massone (Giovanni). — (Ec. Gén.).......................	Vivait en	1490
Costa (Lorenzo). — (Ec. de Fer. et de Bol.).........	Vivait de	1488 à 1530
Salai ou Salaino (Andrea). — (Ec. Mil.)...............	Vivait de	1495 à 1503
Gentile (Bartolommeo di). — (Ec. Rom.)...............	Vivait en	1508
Lorenzo di Pavia. — (Ec. Gén.).........................	Vivait en	1513
Fassolo (Bernardino). — (Ec. Mil.)....................	Vivait en	1518
Sguazzella ou Squazella (Andrea). — (Ec. Flor.)..	Florissait en	1519
Carpaccio (Vittore). — (Ec. Vénit.).....................	Vivait en	1521

XVIe SIÈCLE.

Perino del Vaga (Pierino Bonacorsi, *dit*). — (Ec. Rom.)........	1500	1547
Palme le Vieux (Jacopo Palma, *dit*). — (Ec. Vénit.)................	1500	1548
Bonifazio. — (Ec. Vénit.)..	1500	1562

Bordone (Paris). — (Ec. Vénit.) 1500 1571
Bronzino (Angiolo). — (Ec. Flor.) Né vers 1502, mort après 1567
Parmesan (Francesco Mazzuola, *dit* le). — (Ec. de Parme) 1503 1540
Daniel de Volterre (Daniele Ricciarelli, *dit*). — (Ec. Flor.) 1503 1566
Moralès (Christoforo Peres ou Luis de). — (Ec. Esp.) 1509 1586
Salviati (Francesco Rossi de'). — (Ec. Flor.) 1510 1563
Alfani (Orazio di Paris). — (Ec. Rom.) 1510 1583
Bassan (Jacopo da Ponte, *dit* le). — (Ec. Vénit.) 1510 1592
Abati ou Abate (Nicolo dell'). — (Ec. de Mod.) Né vers 1512 1570
Vasari (Giorgio). — (Ec. Flor.) 1512 1574
Tintoret (Jacopo Robusti, *dit* le). — (Ec. Vénit.) 1512 1594
Porta (Guiseppe *dit* Salviati). — (Ec. Vénit.) 1520 1570
Schiavone (Andrea Medula, *dit* le). — (Ec. Vénit.) 1522 1582
Paul Véronèse (Paolo Caliari, *dit*). — (Ec. Vénit.) 1528 1588
Mutien (Girolamo Muziano). — (Ec. Vénit. et Rom.) 1528 1590
Baroche (Federigo Barocci). — (Ec. Rom.) 1528 1612
Brusasorci (Felice Riccio, *dit* Il). — (Ec. Vénit.) 1540 1605
Bassan (Francesco da Ponte, *dit* le). — (Ec. Vénit.) 1546 1592
Procaccini (Julio Cesare). — (Ec. Bol. et Mil.) 1548 1626
Empoli (Jacopo Chimenti da). — (Ec. Flor.) 1554 1640
Carrache (Ludovico Carracci, *dit* L.). — (Ec. Bolon.) 1555 1619
Cigoli (Ludovico Cardi da). — (Ec. Flor.) 1559 1613
Feti (Dominico). — (Ec. Rom.) 1559 1624
Velasquez (Don Diego Rodriguez di Silva y). — (Ec. Esp.) 1559 1660
Carrache (Annibale Carracci, *dit* A.). — (Ec. Bolon.) 1560 1609
Passignano (Dominico Cresti da). — (Ec. Flor.) 1560 1638
Josépin (Guiseppe Cesari, *dit* le). — (Ec. Napol.) 1560 1640
Gentileschi (Orazio Lomi, *dit*). — (Ec. Flor.) 1563 1646
Vanni (Francesco). — (Ec. de Sien.) 1565 1610
Caravage (Michel-Angiolo Amerighi, *dit* le). — (Ec. Rom.) 1569 1609
Guide (Guido Reni, *dit* le). — (Ec. Bol.) 1575 1642
Mastellata (Gio. Andrea Donducci, *dit* le). — (Ec. Bol.) 1575 1655
Gobbo de' Carracci (Piet. Paolo Bonzi, *dit* le). (Ec. Bol.) 1575 1665
Spada (Leonello). — (Ec. Bol.) 1576 1621
Allori (Christoforo). — (Ec. Flor.) 1577 1621
Tiarini (Alessandro). — (Ec. Bol.) 1577 1668
Albane (Francesco Albani, *dit* l'). — (Ec. Bol.) 1578 1660
Rosselli (Matteo). — (Ec. Bol.) 1578 1650
Schidone (Bartolommeo). — (Ec. de Parme) 1580 1615
Alex. Véronèse (Alessandro Turchi, *dit*). — (Ec. Vénit. et Rom.) 1580 1650
Dominiquin (Dominico Zampieri, *dit* le). — (Ec. Bol.) 1581 1641
Strozzi (Bernardino). — (Ec. Gén.) 1581 1644
Lanfranc (Giovanni Lanfranco, *dit*). — (Ec. de Parme) 1581 1647
Carrache (Antonio Marziale, *dit* Ant.). — (Ec. Bol.) 1583 1618

Maxime (Massimo Stanzioni, *dit* le Chevalier). — (Ec. Napol.)..... 1585 1656
Ribera (Josepe, *dit* l'Espagnolet). — (Ec. Esp.)........................ 1588 1656
Padouan (Ales. Varotari, *dit* le). — (Ec. Vénit.)......................... 1590 1650
Guerchin (Giov. Francesco Barbieri, *dit* le). — (Ec. Bol.)......... 1590 1666
Pièrre de Cortone (Pietro Barrettini, *dit*). — (Ec. Flor. et Rom.)... 1596 1669
Vaccaro (Andrea). — (Ec. Napol.).. 1598 1670
Collantes (Francesco). — (Ec. Esp.).. 1599 1656

Rizzo da Santa Croce (Francesco). — (Ec. Vénit.)........ Vivait de 1507 à 1541
Boselli (Antonio). — (Ec. Vénit.)............................ Vivait de 1510 à 1536
Bonvicino (Alessandro). — (Ec. Vénit.)..................... Vivait de 1516 à 1547
Mazzuoli (Jeronimo Mazzuola ou). — (Ec. de Parme).... Vivait de 1520 à 1550
Luini da Luino (Bernardino). — (Ec. Mil.)....... Vivait encore en 1530
Solari ou **Solario** (Andrea). — (Ec. Mil.)................ Vivait en 1530
Uggione ou **Oggione** (Marco). — (Ec. Mil.).............. Mort en 1530
Savoldi (Giov. Girolamo). — (Ec. Vénit.)............ Vivait en 1540
Calcar (Jean van). — (Ec. Vénit.)............................ Mort en 1546
Dossi Dosso. — (Ec. de Fer.).................................... Mort en 1560
Sabbatini (Lorenzo). — (Ec. Bol.)............................ Mort en 1577
Lotto (Lorenzo). — (Ec. Vénit.).................. Vivait en 1554, mort vers 1580
Tinti (Gio. Batista). — (Ec. de Parme)............. Vivait en 1590
Campi (Bernardino). — (Ec. de Crémone)....... Vivait encore en 1590
Manfredi (Bartolommeo). — (Ec. Rom.)................ Vivait en 1605

XVIIe SIÈCLE.

Falcone (Aniello). — (Ec. Napol.).. 1600 1680
Cagnacci (Guido). — (Ec Bolon.).. 1601 1681
Sasso Ferrato (Gio. Batista Salvi da). — (Ec. Rom.)..................... 1605 1685
Bolognèse (Gio. Francesco Grimaldi, *dit* le). — (Ec. Bol.).......... 1606 1680
Boschi (Francesco). — (Ec. Flor.)... 1610 1675
Pésarèse (Simone Cantarini, *dit* le). — (Ec. Bol.)...................... 1612 1648
Gaspre Poussin (Gasparo Dughet). — (Ec. Rom.).......................... 1613 1675
Calabrèse (Mattia Preti, *dit* le). — (Ec. Napol.)........................ 1613 1699
Rosa (Salvator). — (Ec. Napol.)... 1615 1670
Castiglione (Gio. Benedetto, *di*. le Benedetto). — (Ec. Gén.)...... 1616 1670
Romanelli (Gio. Francesco). — (Ec. Rom.)................................. 1617 1662
Murillo (Bartholome Esteban). — (Ec. Esp.)............................... 1618 1682
Mola (Piet. Francesco). — (Ec. Bol.)... 1621 1666
Lauri (Filippo). — (Ec. Rom.)... 1623 1694
Maratte (Carlo Maratta, dit C.). — (Ec. Rom.)............................. 1625 1713
Giordano (Luca). — (Ec. Napol.)... 1632 1704-1705
Gennari (Cesare). — (Ec. Bol.).. 1641 1688

Trevisani (Francesco). — (Ec. Vénit.)	1656	1746
Soliméno (Francesco Solimena, *dit*). — (Ec. Napol.)	1657	1747
Ricci ou **Rizzi** (Sebastiano). — (Ec. Vénit.)	1600	1734
Crespi (Giuseppe-Maria). — (Ec. Bol.)	1665	1747
Luti (Benedetto). — (Ec. Flor.)	1666	1724
Creti (Donato). — (Ec. Bol.)	1671	1749
Pellegrini (Antonio). — (Ec. Vénit.)	1675	1741
Pannini (Giampolo). — (Ec. Rom.)	1691	1764
Servandoni (Gio. Nicolo). — (Ec. Rom.)	1695	1766
Canaletto (Antonio Canal, *dit*). — (Ec. Vénit.)	1697	1768

Angeli (Filippo d', *dit* Il Napolitano). — (Ec. Napol.)	Mort vers	1640
Bonini (Girolamo, *dit* l'Anconitano). — (Ec. Bol.)	Vivait en	1660
Dolci (Agnese). — (Ec. Flor.)	Morte après	1686

XVIIIe SIÈCLE.

Battoni (il cavaliere Pompeo). — (Ec. Rom.)	1708	1787
Guardi (Francesco). — (Ec. Vénit.)	1712	1793
Bellotto (Bernardo). — (Ec. Vénit.)	1724	1780

Lucatelli (Andrea). — (Ec. Rom.)	Mort en	1741
Angeli (Giuseppe). — (Ec. Vénit.)	Vivait en	1763

www.ingramcontent.com/pod-product-compliance
Lightning Source LLC
Chambersburg PA
CBHW071531220526
45469CB00003B/723

* 9 7 8 2 0 1 2 7 4 1 3 4 8 *